大学テキスト 観光地理学
世界と日本の都市と観光

寺阪昭信 著

古今書院

はじめに

　本書は観光地理学の教科書として世界と日本の諸都市を対象とした都市ツーリズムに焦点を当てた書である。観光地理学を教科においている大学は少ないと思われるが，観光学系学部を設置する大学が増加している状況にあり，地理学においても研究が増えつつある分野であるから，この種の書物が必要と考えた。従来の地理学における観光研究の多くは温泉地，保養地を取り上げてきたが，都市を観光の面から考察するということは比較的新しい課題である。1993年のC.M.Lawの著書『アーバン・ツーリズム』（1997年訳）が体系的な先駆けではなかろうか。他方，都市研究は都市形態から始まりクリスタラーの影響を受けて，中心地，経済基盤，さらには都市空間構造，内部の社会地域といった存立基盤と居住についての研究が軸になって展開してきた。都市ツーリズム研究は都市の経済基盤の課題につながるが，サービス業のなかでも観光産業を分析する例は多くない。しかし，非居住者がいかに都市の諸資源（文化的資産）を利用し，それにより都市の活性化が図られるという視点からはベーシック活動研究の系譜につながると考えられる。都市景観の研究からは，現代的な建物群の形成とともに伝統的な街並みや世界遺産という過去からの景観の連続性にも関心が高まり，それがツーリズムの対象となっており，この視点から都市の再評価することになり，都市地理学研究にも貢献する。世界と日本の主要都市の説明に重点を置いた故に，外国地誌，日本地誌にも参考になると思う。

　著者自身も従来，都市系の研究を続けてきたが，観光に関心をもつようになったのは1990年代の後半トルコ，アンタリヤの調査においてドイツからの観光客を受け入れることにより，この都市が大きく変わりつつあることに関心を寄せてからである。その後，観光の本場であるヨーロッパ諸都市のツーリズムに注目するようになり，さらに日本の都市へもツーリズムとしての眼を向けるようになった。そのような流れの中で，流通経済大学で前任者の中川浩一先生が担当されていた観光地理学を引き継ぐことになった。その後いくつかの大学でも特殊講義として半期の授業させてもらった。その授業の講義ノートを基にすれば，比較的簡単にできると思っていたが，いざ原稿を書き始めると，もともとの専門性の不足から都市の選択にまよい，軸足が揺れて時間を経ってしまった。担当された長田信男さんにもご迷惑をおかけした。また，都市ツーリズムの教科書を書く予定だと話したところ，大いに賛同されて励ましてくださった先達の浮田典良先生と先にお名前を挙げた中川浩一先生は既に異界に旅立たれ，見ていただく機会を失した。執筆に費やした時間の長さを改めて想う次第である．

　ともかく基本的に対象として取り上げた都市は（表は除く）ここ四半世紀の間にすべて著者が訪れ場所であり（かかわりの長さはさまざま），写真はごく一部を除いて記録として撮った自前主義をとった（とくに断りのないもの）。図もすべてとはいえないが，できるだけ多く自ら作成した。その一部の図版を娘の桂子がパソコン処理による清書と表紙デザインを引き受けてくれた。お名前を記すスペースはないが，いく度かにわたる科研費による海外調査や研究会などで一緒に行動した多くの方々，内外の旅行をともに過ごした友人と家族に感謝する次第である。

2009年9月　　　　　　　　　　　　　　　　　　　　　　　　　　　　　　　　著　者

目　　次

はじめに………………………………………………………………………………… i

第Ⅰ章　ツーリズムと地理学……………………………………………………… 1
  1. ツーリズムと地理学…………………………………………………………… 2
      1）地理学にとってのツーリズム　2／2）ツーリズムの経済効果　3
  2. 国際間ツーリストの流動と観光国…………………………………………… 4
      1）ツーリストの送出国と受入国　4／2）ツーリストの流動パターン　4／3）日本人の海外旅行と観光客の受入れ　6
  3. ツーリズムのインフラストラクチャー……………………………………… 7
      1）交通手段の発達　7／2）宿泊施設　10／3）旅行会社　11／4）ガイドブック　12
  4. アーバンツーリズム…………………………………………………………… 13
      1）都市観光資源の分類と立地　14／2）世界遺産　15／3）博物館・美術館　16／4）文化・芸術系イベント　18／5）スポーツ系イベント　21／6）国際会議と見本市・メッセ　23

第Ⅱ章　世界の観光都市…………………………………………………………… 25
  1. 世界の観光都市………………………………………………………………… 26
  2. フランス………………………………………………………………………… 28
      1）フランスの観光都市　28／2）パリ：世界一美しい街　30／3）パリ近郊都市（ヴェルサイユ，ポワッシー，ランスとシャルトル，リール）　34／4）フランスの地方都市（リヨン，ストラスブール，ニース）　36
  3. イギリス………………………………………………………………………… 38
      1）イギリスの観光都市　38／2）二つの核からなるロンドン　40／3）ロンドン郊外とイギリスの地方都市（グリニッジ，レッチワース，オックスフォード，バース，リヴァプール）　42
  4. ドイツ…………………………………………………………………………… 44
      1）ドイツの観光都市　44／2）東西分断から再統一へ：首都ベルリン　46／3）ドイツの地方都市（ミュンヘン，リューベック，ハイデルベルク）　48
  5. イタリア………………………………………………………………………… 50
      1）イタリアの観光都市　50／2）古代遺跡と共存する都市：ローマ　52／3）その他のイタリア都市（ヴェネツィア・フィレンツェ・ミラノ）　54
  6. スペイン………………………………………………………………………… 56

　　　　1）スペインの観光都市　56／2）国土の中心：マドリード　58／3）ガウディの町：バルセロナ　59／4）アンダルシア地方等の都市（コルドバ，グラナダ，セビリャ，ビルバオ）　60

　7．中央・北ヨーロッパ諸国··62
　　　　1）中央・北ヨーロッパ諸国の観光都市（スイス，中央ヨーロッパ，ベネルックス諸国，北ヨーロッパ・バルト三国）　62／2）スイスの都市（ベルン，チューリッヒ，ジュネーブ，ツェルマット）　64／3）中央ヨーロッパの都市（ウィーン，プラハ）　66／4）アムステルダム・コペンハーゲン　68

　8．地中海圏諸国··70
　　　　1）地中海圏の観光都市（ギリシャ，トルコ，エジプト，モロッコ）　70／2）二つの大陸にまたがる大都市：イスタンブル　72／3）アンカラとアンタリア　74／4）パルテノン神殿がランドマーク：アテネ　74／5）北アフリカ（カイロ，カサブランカ，フェス）　76

　9．アメリカ合衆国··78
　　　　1）アメリカ合衆国の観光都市　78／2）ニューヨーク　80／3）東海岸の都市（ワシントンD.C.，ボストン）　82／4）ロサンゼルス・シカゴ　84

第Ⅲ章　日本の観光都市··87
　1．日本の観光都市··88
　2．東　　　　京··90
　3．京　　　　都··94
　4．奈　　　　良··98
　5．鎌　　　　倉··100
　6．大阪・名古屋··102
　7．北海道と沖縄··104
　　　　札幌　104／函館　104／小樽　106／那覇　106
　8．港湾都市··108
　　　　横浜　108／神戸　110／長崎　110
　9．城　下　町··112
　10．温泉都市（熱海，別府）··114
　11．重要伝統的建造物群保存地区（角館，川越市一番街，今井町）······························116

参　考　文　献··120

第Ⅰ章　ツーリズムと地理学

スイス　ジュネーブ旧市街と
レマン湖の噴水（91年7月）

ロンドン都市圏（グリニッジ）・ミレニアムドーム（01年9月）

1. ツーリズムと地理学

1）地理学にとってのツーリズム

　観光を英語で表現するとtourismである。ツーリズムは「日常の居住の場から離れて休みをとること。レクリエーションが日帰りなのに対して24時間以上のより長い時間の行動」（R. J. Johnston, 1981：346）と定義されている。やや古いP. George編辞書の定義によると「休暇活動に関連した都市から地方への季節的な移動」（Dictionnaire de la géographie, 1970：p.421）という意味で，バカンス（長期の有給休暇）を意識している。日本では観光を「他の土地の景色・名所・文物などを見物してまわること」（学研国語大辞典）とし，物見遊山という遊びの要素が強くでる。レクリエーションが身体を動かしてリフレッシュするのに対して，観光は広義の美を求める精神的活動に重心が置かれている。ツーリズムという言葉は日本の辞書に記載されておらず一般用語として定着していないが，旅，旅行という言葉がこのような移動に対して使われている。

　観光地理学も地理学においては産業部門や都市・農村研究に比べてマイナーな位置づけがなされて，研究（者）も多くはない。しかし，豊かな社会になるとともに観光の重要性を増して，経済・社会，文化の面から地理学的にも研究すべき課題は多い。それは日常の居住の場から離れた非日常生活圏における多様な行動を意味するからである。現在では乗用車の普及と高速道路・新幹線の整備，飛行機によって日帰り旅行圏が拡大して行動が容易になっているので，24時間以上という定義を緩める必要がある。

　ツーリズムはかつて上流階級の人のみに可能であったが，生活水準の上昇とともに一般の人々に普及してきた。労働時間の短縮により増えた余暇時間を楽しみ，非日常性の追求ができる人々が増えた相対的に豊かな社会へ至った段階にツーリズムの普及がある。したがって，先進諸国においてツーリズムは多くの人がかかわる重要な活動の一つである。別の表現をすると，都市化社会に要求されるものである。ツーリズムは日常の生活圏（通勤・通学・買物圏）を補完する非日常性のより広域な空間関係，居住地とより拡大された対象地への行動から生じるゆえに地理学的にも重要なのである。

　日本においては盆暮れ・正月，春・夏休期，ゴールデンウィークには多くの人が旅行する。キリスト教国においては夏の長いバカンスとともにクリスマス，イースターの休みに旅に出る。ツーリズムは名勝旧跡をめぐる旅や保養，レクリエーションの旅だけではなく，ビジネス（研修集会，会議，展示会），スポーツ（競技会），研究・教育の場（修学旅行，ゼミ合宿，学会・研究会，調査など），友人・親戚訪問（冠婚葬祭），宗教行事（古くからの巡礼，参拝）への参加などを含む多様な面をもっている。したがって，ツーリズムは誰もが経験してきた身近な活動の一つである。そのような行動がどのように地域と結びついているかを考察するのが，観光地理学の課題である。

　学際的な研究としての観光学が成立したが，地理学からの観光へのアプローチはまだ活発とは言い難い。ツーリズムの対象領域により都市ツーリズムと農村ツーリズムに分けられる。従来の観光研究はレクリエーション・保養地を対象とすることが多く，したがって，都市とくに大都市から離れた温泉地，海水浴場，高原の避暑地，スキー場などへの関心が高く，都市よりも非都市圏に眼が向いていた。しかし，文化的観光を指向すれば都市に観光資源が多いことになる。ここでは観光地理学のなか

でも都市に焦点を当てて，以下のような視点を中心に考察する。

　1．**観光資源の立地**　　どこにどのような種類の観光対象が存在するか。それを都市の空間構造，都市発展の中での位置づけることが課題である。名勝旧跡（美しい場所，都市景観，緑地，水辺空間や史跡），宗教施設，博物館・美術館，旧い街並みや歴史的建物（国宝・重要文化財など）といった文化的観光施設の立地およびその評価ないし利用の仕方。また，それらの施設を都市景観としてどのように捉えることができるか。また，祭りや各種イベント，演劇，音楽，スポーツ，遊園地，テーマパークなどにツーリストが積極的に参加する場を提供する都市の魅力，およびその結果としてどの程度の集客力があり，都市の存立基盤となるのかを考察する。

　2．**ツーリストの空間行動**　　居住地から離れた観光資源のある場所（都市）にどのように移動するか。その空間パターンが関心事となる。生産に関する空間関係とは別の空間的な結びつきが生まれる。これは，ツーリスト個人の属性や個人・ペアないし集団かによって行動様式が変わる。空間移動は距離の摩擦（時間距離，費用距離としての負担）による制約と観光資源の魅力度（客観的評価は困難）による吸引力ないし訪問頻度により大枠が描かれる。すなわち，近い場所は負担が少なく出かけやすいし，遠方にはそうたびたび出かけられない，好きな場所には何度も行くが，一度見れば済むというところとのちがいである。個人にとっては，旅行に使える時間と資金の配分の問題ともいえる。

　3．**都市発展と地域の変容**　　観光資源のある場所に多くのツーリストが訪れることによって，その都市や地域がどのように発展し変化するかという問題である。ポスト工業化社会においては，ツーリストをひきつけるサービス産業が，都市の成長と地域経済の活性化に大きな影響を与える。博物館・美術館，劇場，テーマパーク等の新設・誘致やホテル・交通条件の整備，観光産業の創設などが行われている。とくに大都市はさまざまな観光資源や商業施設，遊興施設が集積しており，また各種のイベント，スポーツ大会などによる集客効果が高い。ツーリストを多くひきつけるための都市間競争・地域間競争が，ヨーロッパにおいては顕著にみられる。日本の都市ではその意識は低いが，広義の観光産業は製造業に比べてより少ない投下資本で可能な都市の重要な活動である。とはいえ，潜在的な資源を有効に引き出すという競争は厳しいものがあるし，時代の変化も激しく適切な対応，マーケティング，宣伝活動能力が問われることになる。

2）ツーリズムの経済効果

　基本的にはツーリストが観光地に行きお金を使うことにより経済関係が生じ，ツーリストによる移動がその居住地から受入地への資金の再配分になる。フランスで両大戦間に社会主義政権の下で始められたバカンスの制度（夏季の長期休暇）は第二次世界大戦後に各国に普及し，日数も増えていった。年間の労働時間が短縮されるにともなう余暇時間の増加と可処分所得の増大が，さまざまな余暇活動のなかでツーリズムに向かう傾向が強まってきたし，それにつれて観光地の開発も進んだ。社会階層的には上流階級の占有から大衆化へ向かい，それに対応してパッケージツアーによる安価で便利な旅行が出現した。その後の発展は団体から個人ツアーの増加へ進む。とはいえ，ツーリストには相対的に高所得者が，ブルーカラーよりはホワイトカラーが多いことになる。退職者・年金生活者は所得の減少から旅行が減るといわれているが，日本の現状では勤労者が長期間の休暇をとりにくいために，多くの観光地で女性と高齢者が目立っている。

観光産業は第三次産業の中でも成長部門である。関連する分野が広いので、経済的な波及効果が大きい。サービス産業としては労働集約的であり、地域の雇用増加に結びつき、労働市場に対してプラスの働きをする。その範囲は、レジャー産業といわれる直接的な観光資源施設だけではなく広範囲にわたる。旅行会社、代理店、ホテル、レストラン・バーなどの飲食店、みやげ物の製造・販売、交通関係（航空会社、鉄道、船、バス、タクシー、レンタカー）、ガイド・通訳など。さらにそれらを支える関連部門の裾野は広がり、多くの都市サービス機能に波及効果をもたらしている。

　すぐれたサービスにはそれなりの熟練と技術を必要とするが、製造業の技術移転と比較すると初期投資も少なく相対的には容易である。したがって、輸出向け製造業の相対的に弱い国においても、観光関連産業は外貨獲得手段として有効であるから、多くの国や地域で基盤整備に力を注いでいる。その意味で、国際ツーリズムの発展は国内観光よりも一層国や地域への影響が大きい。

2. 国際間ツーリストの流動と観光国

　遠距離への旅行が、後に述べる交通手段の技術革新により相対的に安価になり、安全性が高まり、容易になって増加している。と同時に、国際関係の相対的な平和が保たれているということが、ツーリストの動きを活発にしているのである。休暇の必要性と旅の楽しみ（知的な刺激）を求めるから、旅は命がけの仕事の対極にある故に、政情不安定な国に行くことは避けるし、テロや局地的な戦争の影響を強く受けてツーリストの増減が顕著に生じる。したがって、行動の制約を受ける社会主義諸国や軍事独裁国は敬遠されてきた。ツーリストの増加にはビザなしで相互に出入国できる国際関係の確立が基盤にある。

1）ツーリストの送出国と受入国

　ツーリストの送出国は北アメリカ・ヨーロッパ・日本・オセアニアという先進諸国に多く、近年ではそれに中国が加わってくる。国際的なツーリストの流動をみると（図Ⅰ-2-1、やや古く1989年のデータ）ヨーロッパ諸国間（北から地中海地域へ）、ヨーロッパと北アメリカという先進諸国間の移動と先進諸国から開発途上国へ、北アメリカからカリブ海地域へ、ヨーロッパ諸国からアフリカ、日本・オーストラリアから東南アジアへというのが大きな流れである。訪問国への距離をみるとアメリカ合衆国とヨーロッパ間を除くと、ヨーロッパでは2,000km以内、日本、アメリカ合衆国では4,000km以内に大部分が収まっている。

　受入国は先進諸国のアメリカ合衆国とヨーロッパ、とくに地中海沿岸諸国が多くのツーリストを受け入れているのは事実である。その上に近年は中国が加わり、メキシコ、トルコの中進国、それに旧東ヨーロッパ諸国が加わる。ツーリストを多く受入れるフランス、スペイン、オーストリア、スイスなどでは、自国の人口以上の観光客が来ていることになる（表Ⅰ-2-1）。とくに地中海諸国は夏のバカンス、冬の避寒に多くのツーリストを集めるし、アルプス地方は夏の避暑と冬のスキー客を受け入れている。

2）ツーリストの流動パターン

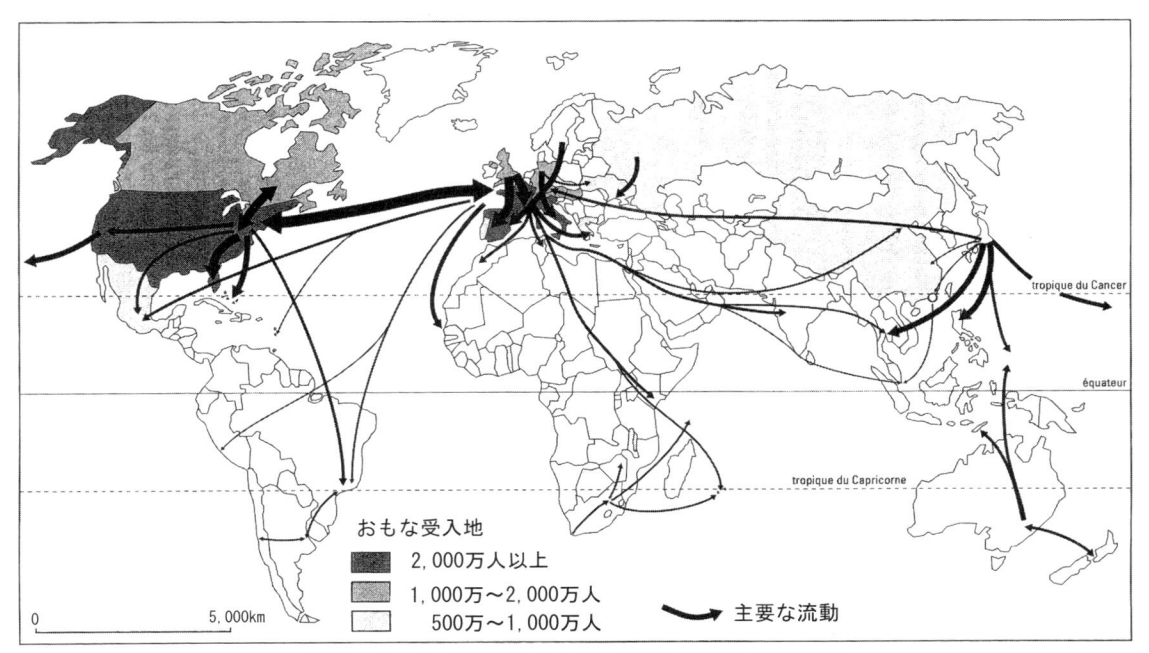

図 I-2-1　世界のおもなツーリストの流動（1989年）
出典：A. Mesplier, P. Bloc-Duraffor (1995)：Le Tourisme dans le Monde, p.28.

おもな受入地
- 2,000万人以上
- 1,000万〜2,000万人
- 500万〜1,000万人
- 主要な流動

表 I-2-1　主要国受入観光客数（千人）

	国名	2005	2000	1989
1	フランス	76,001	77,190	36,604
2	スペイン	55,914	47,898	35,350
3	アメリカ	49,206	50,945	50,199
4	中国	46,809	31,229	
5	イタリア	36,513	41,182	25,935
6	イギリス	29,971	25,209	17,338
7	メキシコ	21,915	20,643	6,297
8	ドイツ	21,500	18,983	14,653
9	トルコ	20,273		
10	オーストリア	19,952	17,982	18,202
11	ロシア	19,940	21,169	
12	カナダ	18,770	19,627	
13	マレーシア	16,431	10,222	
14	ウクライナ	15,629		
15	ポーランド	15,200	17,400	

資料：日本観光協会：『数字で見る観光』各年版，『国際観光白書』2007より作成．

表 I-2-2　主要国の観光収支（2005年，百万ドル）

	国	収入	支出	差引
1	アメリカ	81,680	68,175	13,505
2	スペイン	47,681	15,046	32,635
3	フランス	42,167	31,180	10,987
4	イタリア	45,319	22,371	22,948
5	イギリス	30,577	59,593	-29,016
6	中国	29,296	21,759	7,537
7	ドイツ	29,151	72,488	-43,337
8	トルコ	18,152		
9	オーストリア	15,589	10,994	4,595
10	オーストラリア	14,940	11,282	3,658
11	カナダ	13,590	18,341	-4,751
12	ギリシャ	13,578	3,039	10,539
13	日本	12,436	37,565	-25,129
14	メキシコ	11,803	7,600	4,203
15	スイス	11,063	9,262	1,801
29	韓国	5,660	15,314	(9,654)
30	ロシア	5,466	17,804	(12,338)

資料：日本観光協会：『数字で見る観光』，2007-08年版より作成．

　国単位の観光収支をみるとドイツ，イギリス，日本，カナダ，それにロシア，韓国が大幅なマイナス国であるほかはプラスの国であり，先にみた客数とは必ずしも順序は一致しない（表 I-2-2）。アメリカ合衆国が1位というのは意外であるが，伝統的にヨーロッパ諸国が多く，観光に力を入れてきたフランス，スペイン，イタリアが上位にある。
　移動パターンを主要8国からの行き先上位6カ国をみると（表 I-2-3），基本的には近隣諸国，ヨー

表 I-2-3 主要国上位行き先国（2005年）（人数：千人）

	ドイツ	イギリス	アメリカ合衆国	中国	フランス	ロシア	韓国	オーストラリア
総数	72,300	66,441	63,503	31,026	21,131	28,561	10,080	4,756
1	フランス	スペイン	メキシコ	ホンコン	スペイン	ウクライナ	中国	イギリス
2	オーストリア	フランス	カナダ	マカオ	イタリア	中国	日本	ニュージーランド
3	イタリア	アメリカ合衆国	イギリス	シンガポール	イギリス	トルコ	タイ	フランス
4	スペイン	アイルランド	プエルトリコ	ロシア	チュニジア	カザフスタン	アメリカ合衆国	シンガポール
5	ポーランド	イタリア	フランス	タイ	モロッコ	エジプト	フィリピン	アメリカ合衆国
6	トルコ	ギリシャ	イタリア	ベトナム	ドイツ	ポーランド	ホンコン	中国

資料：国際観光振興機構（JNTO）編：『国際観光白書2007』より作成．

表 I-2-4 日本人の海外旅行と外国人の受入数

日本人の旅行先 （千人）　　　日本への旅行客 （千人）

	2005年	人数	1997年	同順位		2005年	人数	1997年	同順位
総数		17,403	16,803		総数		6,727	4,218	
1	アメリカ合衆国	6,356	5,376	1	1	韓国	1,747	1,010	1
2	中国	3,390	1,040	3	2	台湾	1,274	820	2
3	韓国	2,490	1,602	2	3	アメリカ合衆国	822	621	3
4	ホンコン	1,210	913	4	4	中国	652	291	5
5	タイ	1,196	728	7	5	ホンコン	298		
6	台湾	1,124	823	5	6	イギリス	221	400	4
7	ドイツ	730	265	16	7	オーストラリア	206	101	6
8	オーストラリア	685	779	6	8	カナダ	150	94	7
9	フランス	659	355	14	9	タイ	120	60	10
10	シンガポール	588	440	8	10	フランス	110	61	9

注：1997年9位はイタリア506, 10位インドネシア．注：97年のホンコンは中国に含まれる 8位はドイツ82
資料：日本観光協会：『数字で見る観光』2007-08年版より作成．

ロッパ諸国間の移動と旧植民地関係が顕著に表れている。アメリカ合衆国からカナダ，メキシコ，プエルトリコへ，イギリスの場合のアイルランド，中国の場合が典型的である。ロシアからエジプトへ，イギリスからアメリカ合衆国，オーストラリの場合がニュージーランドとシンガポールを除いて遠距離に行くという例が目立つ。旧植民地関係ではフランスからチュニジア，モロッコの例が典型的である。

　移動距離は近距離から遠距離化する方向にある。それは，輸送条件の変化により高速性と供給量の増加に伴い，価格が相対的ならびに絶対的にも低下して，旅行に対する時間と経済的負担を軽くさせてきたことが大きい。国際ツーリズムの発展は異文化間の交流，エキゾチシズムを楽しむ，異文化経験を求めるという行為にもつながっているので，旅行回数が増えると新たな場所を求めて遠距離に向かう。人類文明の発展を辿る旅として北アフリカ，中東地域には根強い魅力があり，各国からツーリストが集まってくる。先進諸国の人々にとっては経済発展により失われた世界＝過去へのノスタルジーや回帰として発展途上国へという側面もみえる。他方では，同一文化圏内の旅は同質的文化の気安さもあるし，旧植民地とのつながりも無視できない。

3）日本人の海外旅行と観光客の受入れ

　日本からの海外旅行者は最近では年間1,700万人前後で推移している。1964年11月に渡航自由化されたが，70年代末まで外貨制限が残り，本格的に海外旅行が増えたのは円高になった80年代になってからである。それ以降新婚旅行，高校の修学旅行，大学生の語学研修や卒業旅行にも海外へ行くよ

うになっている。渡航先を国別（表Ⅰ-2-4）でみると，近距離の国が多いことになる。韓国，中国，ホンコン，台湾が上位にあり，それに加えてタイ，シンガポールという東南アジア諸国が上位にある。アメリカ合衆国が1位と圧倒的に多く，現在の両国関係を象徴しているようにみえるが，ハワイ，グアム，サイパンという近い場所が含まれた結果でもある。ヨーロッパ諸国は分散して順位の変動が激しく，表にあるドイツ，フランスのほかにイギリス，イタリアが多かった年もある。

近年，日本への旅行者をみると増加傾向にあり，観光立国を掲げているが来訪者は渡航者数の半分以下である。外国人向けの観光受入れ基盤が整っていないゆえに，当然である。韓国，台湾からの旅行者が50％近くを占めて圧倒的に多く，アジアの近隣諸国が上位であることが理解できる。また，アメリカ合衆国とのつながりが太く，さらにカナダ，イギリス，オーストラリアの英語圏諸国からが多いことがわかる。東京および富士山を含む東京周辺地域，京都・奈良などの日本の伝統文化，別府などの温泉地や冬の北海道がおもなターゲットになっている。東京（ビジネス客も多いが），京都，鎌倉などで外国人ツーリストが増えていることは実感できる。

3. ツーリズムのインフラストラクチャー

産業としての近代的ツーリズムは，トーマス・クックが1841年禁酒運動のメンバーを集めて鉄道で運ぶ事業を行い，個人旅行からマスツーリズムの道を開き，大衆の余暇を飲酒から旅行へと誘導したことに始まる。1851年のロンドンで行われた第1回万国博覧会に人々を動員することに成功し，1855年のパリ万博に際して大陸へ進出する。その後もスイス，さらには大英帝国の領地であったエジプトやエルサレムへ事業を拡大してゆき，1872年には世界一周旅行が組まれた。世界各地に契約ホテルと支店，代理店網をつくる（日本には1906年進出）。この会社は現存し，1873年に始めた大陸列車時刻表の刊行は，現在でも個人旅行者にとって重要な情報源として続いている。このようにして交通手段，宿泊施設，情報といったツーリズムの基盤が整備されてゆく。

1）交通手段の発達

19世紀中葉にヨーロッパにおいて鉄道網と航路網が整備されることでマスツーリズムが発展した。交通技術の進歩は，速度の上昇により移動にかかる時間距離を短縮して，観光地への近接性を増加させてきた。空間（地球）の縮小によりツーリズム圏を拡大して，人々をツーリズムに駆り立てる。とくに20世紀後半ジェット機の登場から大型機の出現により旅費の価格低下が進み，遠距離の海外旅行が容易になり，アジア大陸の周縁部という日本の辺境性が克服されてきた。それとともに客船の時代が終わり，船によるツーリズムは局地的なカリブ海，エーゲ海のような特殊なクルーズのみとなった。

　鉄　　道　　ヨーロッパでは19世紀中頃までに蒸気機関車による鉄道網が整った。運行頻度が高く，大量輸送が可能となり，やがて夜間運行が可能となると長距離走行（アメリカ大陸横断鉄道：1869年，シベリア鉄道：1902年）が可能となる。速度とともに快適性が向上して寝台車や食堂車が登場した（豪華列車オリエント急行パリ－イスタンブール，1883年）。20世紀になると電気機関車が出現してさらにスピードアップされたが，第二次世界大戦後にはスピードでジェット機に敗れて，長距離移動での競争力が失われる。

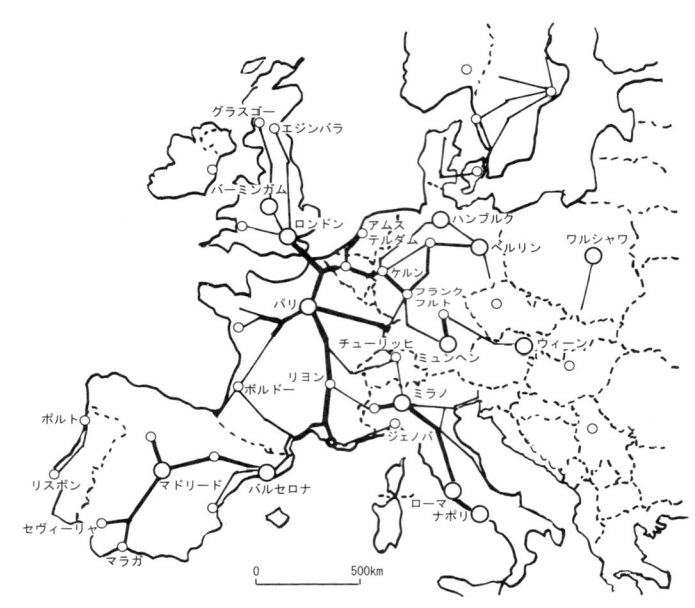

図Ⅰ-3-1　ヨーロッパの高速鉄道網計画
注：太線は時速250km以上の走行区間．
資料：E. シノッティ，J.-B. トレブル，湧口清隆訳：『ヨーロッパの超特急』（文庫クセジュ845），白水社および Modern Railway, Nov. 2007, p.66 を基に著者作成．

　しかし，1964年の日本における東海道新幹線の運行が鉄道ルネッサンスといわれ，航空機に対して中距離において時間競争（在来線の半分以下に短縮）に勝つようになり，ツーリストの増加につながった．それに刺激されて，フランスにおいても1982年に高速列車 TGV が運行されて，パリから主要都市間を結ぶようになる．在来線から専用線の建設により速度がいっそう速くなる．その後ドイツ（ICE），スペイン（AVE）など各国で新線が運行されるとともに，国境を超えた鉄道の運行（1994年のパリ－ロンドン間ユーロスターほか）ができるようになり，ヨーロッパ大陸規模に高速鉄道網が拡大しつつある（図Ⅰ-3-1）．その影響はアジアにも及び，韓国，台湾，中国にこの技術が広がっている．

　航空機　第一次世界大戦後に民間定期航空は郵便飛行から始まり，旅客輸送については1920年代末から30年代初めに，アメリカ合衆国やヨーロッパ諸国において実用化されていった．しかし，輸送力は小さく路線と利用は限られていた．第二次世界大戦を契機に航空機が大型化・高速化して，大陸間を飛ぶ長距離飛行が可能となる．60年代にジェット機への転換が決定的な役割を果たし，大陸間運行の客船を廃止させることになった．さらに，70年代後半から大型機であるジャンボ機の就航は，運賃の低下を引き起こした．それ以降，日本から北アメリカ，ヨーロッパが身近なものとなってきた．

　空港は鉄道の駅や港湾以上に広大な敷地を必要とし，その整備が課題となっている．大都市では複数の空港をもつようになり，都心へのアクセスの利便性が重視される．また，航空会社はハブ空港（表Ⅰ-3-1，2）を拠点とした効率的なネットワークの展開を行ってきた．利用者の多い大空港には多くの航空会社が乗り入れている．世界的なネットワークの作成という規模となると，座席予約システムの統一とつながり，1社では対応できなくなる．そこで，現在世界の主要会社（表Ⅰ-3-2）は3グループ：

3. ツーリズムのインフラストラクチャー

表 I-3-1 世界の主要空港（2008年）

	都市・名称	国名	乗客数（千人）	＊
1	アトランタ・H・ジャクソン	USA	90,039	49
2	シカゴ・オヘア	USA	69,353	67
3	ロンドン・ヒースロー	イギリス	67,056	101
4	東京・羽田	日本	66,735	11
5	パリ・シャルル・ドゴール	フランス	60,851	124
6	ロサンゼルス国際	USA	59,542	86
7	ダラス・フォトワース	USA	57,069	55
8	北京首都国際	中国	55,662	76
9	フランクフルト	ドイツ	53,467	121
10	デンバー国際	USA	51,435	55
11	マドリード・バラハス	スペイン	50,823	92
12	ホンコン国際	香港	47,898	73
13	ニューヨーク・J・F・ケネディー	USA	47,790	89
14	アムステルダム・スキポール	オランダ	47,429	107
18	バンコック・スクンナブーム	タイ	38,604	108
19	シンガポール・チャンギ	シンガポール	37,694	75
20	ドバイ国際	UAE	37,441	112
25	ローマ・レオナルド・ダ・ヴィンチ	イタリア	35,132	121
	東京・成田（2007）	日本	35,478	58

＊：乗入れ航空会社数．
資料：http://en.wikipedia.org/wiki/World'_busiest_airport OAG Freight Guide 2008

表 I-3-2 世界の航空会社（2007年）

	会社名	G	国	旅客数（百万人キロ）
1	エールフランス	K	フランス	118,112
2	ルフトハンザ	S	ドイツ	116,838
3	ブリティッシュエア	W	イギリス	110,320
4	シンガポール	S	シンガポール	90,900
5	エミレーツ		UAE	90,529
6	アメリカン	W	USA	81,324
7	ユナイテッド	S	USA	77,709
8	キャセイ	W	ホンコン	74,987
9	KLMオランダ	K	オランダ	74,488
10	デルタ	K	USA	63,201
11	タイ国際	S	タイ	58,243
12	カンタス	W	オーストラリア	57,929
13	コンチネンタル	S	USA	56,839
14	日本航空	W	日本	56,775
15	ノースウェスト	K	USA	53,485

資料：国土交通省航空局編：『数字で見る航空2009』ほか．
注：グループ（G）；S：スターアライアンス，K：スカイチーム，W：ワンワールド．

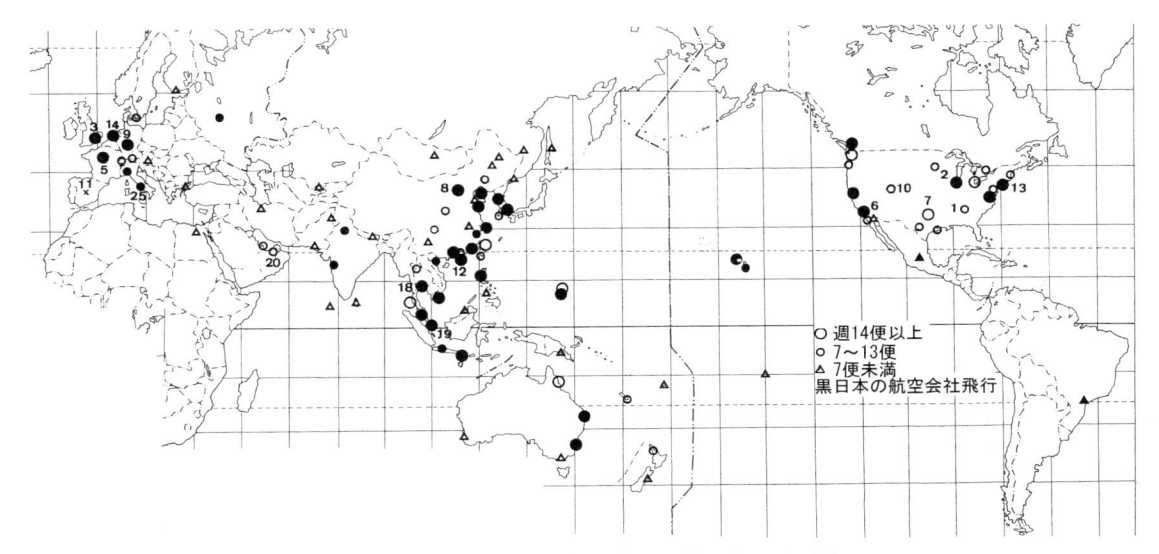

図 I-3-2 日本からの航空路（都市）（2008年春）
注：図中の番号は表 I-3-1 の順位に対応，マドリードには直行便がないので×印をつけた．
黒は日本の航空会社が就航している都市，便数は東京，大阪からの合計．
資料：JTB 時刻表より作成．

スターアライアンス（21社，841空港，シェア24%），スカイチーム（11社，728空港，21%），ワンワールド（10社，700空港，18%）の三大グループ化されている．それぞれの航空会社の拠点となるハブ空港における接続の利便性とマイレージサービスにより，顧客の囲い込みをはかって競争している．他方では低サービスと大都市周辺部の小空港の利用による格安航空会社も増えている．

日本からの航空網を図 I-3-2 に示した（2008年春の状況）．外国人ツーリストの受け入れの大部

分もこの路線を使用することになる。東京，関西，中部国際空港（ロシアの2都市は新潟，函館，札幌からを加えた。その他23の地方空港からもアジアへの便はある）から直行便のある都市を示した。便数については東京，関西のみで表示してある。日本の航空会社（図の黒印）は中国を中心に東アジア，東南アジアには相当数の路線をもっているが，北米は6都市のみ，中南米はメキシコシティとサンパウロの2都市，ヨーロッパも7都市，アフリカ，中東にはヨーロッパかドバイを経由しなければ行けない。外国の主要会社を使えば，それぞれのハブ空港から北アメリカやヨーロッパの小都市にも接続しているし，最近のグループ化により行き先の選択の幅がアフリカや中南米にも拡大して便利になった。

日本国内でも東京羽田を中心に北海道，九州，沖縄各地や離島を結ぶ路線網，次いで大阪を軸に運行されている。なかでも羽田－札幌線は最も利用者が多い路線である。

2）宿泊施設

宿泊施設は観光地の受け入れの収容力を決定するものとして，ツーリズムの重要な基盤の一つである。歴史的にみると長距離貿易が盛んになるとともに主要道路筋や大きな集落，港湾に宿泊施設（キャラバンサライなど）がつくられた。日本では江戸時代に5街道を中心に道路と宿場が整備されてきた伝統がある。

宿泊施設の種類としてはホテル，旅館，ペンション（民宿），B&B（宿泊と朝食），モーテル，キャンプ場，シャトー（旧い城館を宿泊施設に開放），アパートメントホテル（長期滞在型）等機能と規模により各種のスタイルが存在する。機能としては基本としての宿泊，飲食機能のほかに社交，娯楽（時にはカジノ），フィットネス，小売（ショッピングセンター，みやげ物），ビジネス機能（会議室，コンベンションホール）などのサービスが施設の規模に対応して設置される。

ホテルはそれらのなかで18世紀末から19世紀初頭に成立した高級な宿泊施設である。日本では初期に外国人受け入れのために東京，横浜，神戸等の大都市や貿易港および箱根（富士屋ホテル）や日光（金谷ホテル）に保養施設として洋風の宿泊施設がつくられた。東京についてはいえば，帝国ホテルは日本の顔となる存在であった。1964年の東京オリンピック開催に際して，関係者の受け入れのために多くのホテルが建設された。その後の国際化の流れの中で外国人客の増加，国内でのビジネス需要が高まり，世界チェーンホテルの日本への進出が増えている。世界的にみてホテルのチェーン化とグローバル化が進み，アメリカ系が強く，世界標準の施設とサービスが普及している。

世界の主要観光国では国の観光機関がホテルの格付を行い，1～5星に指定している。その基準は価格帯ではなく部屋数，風呂（シャワー），トイレ・洗面所，設備（エレベーター，食堂，ロビーなど）のちがいとその設置状況によるもので，サービスについてではない。日本では基準を定める制度がなく，宿泊施設（価格帯，施設とも）選択の幅が狭いように思われる。

ホテルの立地　都市におけるホテルの立地タイプによる差異が認められる（ヨーロッパのモデル，図Ⅰ-3-3）はかなりの説明力を有している。ターミナル（駅，空港），都心部，周辺，場末，郊外，幹線道路沿いのモーテルなどに分けられる。ホテルは都心（CBD）における重要な構成要素の一つであり，伝統的・高級ホテルが存在する。中心商業地区，歴史的地区に近い場所に集まる。大規模ホテルは周辺部に展開する。まず，19世紀後半以降鉄道駅ターミナルに始まり，20世紀後半からは高速道路へのアクセスが求められて郊外化，大型化していく。日本では東京などの大都市において，会

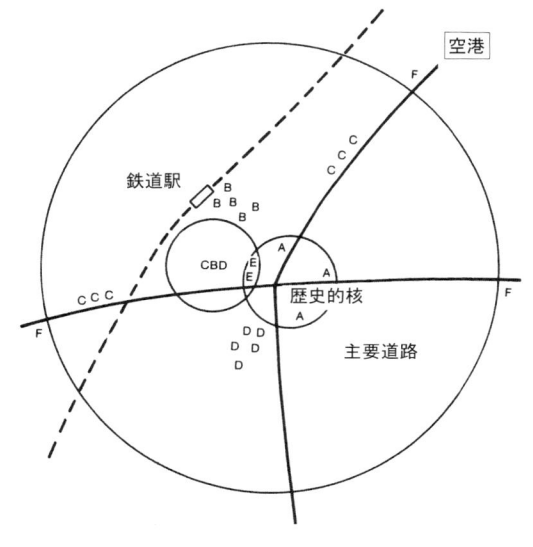

図 I-3-3 ホテルの立地モデル
出典：G. J. Ashworth, J. E. Tunbridge（1990）: The Tourist-Historic City, Belhaven Press, London, p.64.
注：A：都心部の伝統的ホテル，B：鉄道駅付近，C：主要道路沿い，D：都心周辺部の中規模ホテル，E：都心部の大規模近代的ホテル，F：郊外幹線道路沿い大規模近代的ホテル．

表 I-3-3 日本のホテル業（2007年）

		売上高（百万円）	部屋数
1	プリンスホテル	166,899	19,214
2	JALホテルズ	158,409	11,892
3	東急ホテルズ	80,551	13739
4	ロイヤルホテル	58,133	7,489
5	帝国ホテル	55,803	
6	ニューオータニ	48,806	5,280
7	ホテルオークラ	47,546	4,776
8	阪急ホテルマネジメント	43,387	8,550
9	東横イン	40,134	37,045
10	グランビスタホテル＆リゾート	33,069	4,645
11	藤田観光	32,251	
12	京王プラザ	29,218	
13	ワシントンホテル	26,696	10,949
14	日本ホテル	23,056	
15	カラカミ観光	22,693	

資料：売上高；日経MJ編：『日経MJ2008』，日本経済新聞出版社，サービス業総合調査ホテルより作成．部屋数；『HOTELES』2009.1.16号．

議場機能をもつホテルや再開発計画と結びついて，ホテルのチェーン化・大型化が進行している．地方都市ではビジネスホテルが増加している（表 I-3-3）．

3）旅　行　会　社

多くの場合，ツーリストは旅行会社を利用して宿泊，飛行機や鉄道の予約を行う．旅行会社は多数のツーリストと観光地を結びつける．旅行者に宿泊・交通等の旅行にかかわるサービス（鉄道・飛行機などのチケットの発券と宿泊クーポン券の発行）を提供するのが旅行会社であり，企画旅行を販売する．世界最初の旅行会社は先に述べたトーマス・クック（1845年に会社組織）である．アメリカではアメリカン・エキスプレスが1891年にトラベラーズチェックを開発し，20世紀になると旅行業と金融業務に進出して世界中に支店網を設けた．現在，旅行会社は膨大な数になっている．小規模な個人企業から，全国，世界に店舗を張り巡らした大企業までさまざまな規模の企業がある．

日本では旅行会社は業務の範囲から，海外旅行と国内旅行の主催旅行（卸売）が行える第1種，一般旅行業．国内のみ主催旅行が行え，海外旅行を第1種旅行業者から手配する（小売）第2種．国内旅行業，海外，国内とも手配旅行のみの第3種代理店の3種類に分類されている．その役割は交通，宿泊の確保と案内のほかに食事，観光対象への入場券確保（演劇，コンサート，イベント・スポーツ等）などがあげられる．

江戸時代に伊勢参りを普及させ，宿坊の手配をした先達（案内人）の存在は，現在の旅行業者と同様の機能を有していたとも考えられる．近代的な旅行業は，滋賀県草津の食堂業者（現日本旅行の前

表 I-3-4　日本の旅行会社

		売上高（百万円）
1	J T B	1,701,429
2	日 本 旅 行	479,099
3	近畿日本ツーリスト	474,002
4	阪 急 交 通 社	375,877
5	H I S	288,880
6	ANAセールス	189,263
7	東日本旅客鉄道	164,169
8	トップツアー	157,820
9	クラブツーリズム	142,390
10	日 本 通 運	129,102
11	ジャルツアーズ	122,443
12	名鉄観光サービス	110,283
13	J A L パ ッ ク	101,109
14	農協観光（エヌ・ツアー）	100,550

資料：日経MJ編：『日経MJ2008』，日本経済新聞出版社，サービス業総合調査旅行より作成．

身）が1905年に高野山，伊勢神宮参拝団を手配したのが最初ともいわれる。近代的組織としては，1912年当時の鉄道院（後の国鉄・JR）の外郭団体ジャパン・ツーリスト・ビューローが外国人観光客の受入れ対策として創設された。戦後に日本交通公社と改組して業務を拡大し，1963年に現在のJTBとなった。時刻表，ガイドブックの発行も行う。

　戦後の経済復興期から旅行業も事業を拡大してきた。とくに70年代ポスト大阪万博以降の成長は急激である。80年代の円高，バブル期を通して日本人の海外旅行にブームが起こるとともに，さまざまな業種から参入した。大手旅行会社をみると鉄道・航空会社の子会社として生まれたものが多いが，流通系や新聞社などツーリズムとかかわりの少ない産業からも参入し，HISのように独立系で成長してきたのもある（表 I-3-4）。

4）ガイドブック

　ガイドブックはツーリストに観光地の情報を伝え，旅に出たくなる動機と場所を選択する材料を与える手段として重要である。内容には見所・歴史，宿泊，交通，食事，買物案内などが記載されている。外国についてはさらに入国手続き，その国の概況（歴史，気候，食事，慣習，通貨，チップの有無，安全性等），言語と簡単な会話などが記載されている。各国の公式パンフレットも国情を反映して比較すると面白い。

　世界の代表例としてはまずベデカーがある。ドイツ人 K. Baedeker によって創設されて1832年から続く由緒のあるガイドブックである。明治期から日本に紹介されてきた。『ライン，マインツからコブレンツ』に始まり，ドイツ国内各地，周辺諸国，ヨーロッパ全域，さらに世界各地へ版を広げていった。フランス語版，英語版も出版されて販路が拡大した。戦前版は詳細な都市図に特色があった（地図が『19世紀欧米都市地図集成 I・II』，柏書房，1993として復刻されている）。観光対象を2星で評価している。現在も日本を含む50カ国と世界主要都市・観光地域など多種類（英語版とも）を発行している。

　ギド・ブルー（Guide Blue）はフランスの大手出版社 Hachette が1841年『スイス』を最初に出版。次いでパリ地区からフランス全土に及び，地方別からヨーロッパ各地へ広がる。現在フランス国内17地域，世界33カ国が刊行され，さらに都市編もある。歴史的遺産とくに美術史の説明が詳しい。3星で観光地を評価している。

　ミシュラン（Michelin）はフランスのタイヤメーカーが車の利用によるツーリズムを増やすために，ドライバー向けのさまざまなスケールの道路地図と案内書をつくった（1900年から）。ポケットサイズで赤（ホテルとレストラン）と緑（観光地の歴史の概要と案内）の2種類がある。ホテルをサービスと施設から5段階，レストランの質を3段階，観光地および観光資源を3段階に分類して簡潔な評価を記載して，地図と対照させている。アルファベット順に記載され，とくに赤のレストランの格付

けは毎年改定されて世界的に注目されている。緑は各国語に翻訳され，一部は日本語訳もある。

そのような伝統的なガイドブックに対して，近年では若者・一人旅の旅行者向けガイドブックが売れるようになっている。フランスのルタール（Routard），イギリスのロンリー・プラネット（Lonely Planet）など。後者の一部は日本語訳（メディアファクトリー）が出ている。

日本のガイドブックは鉄道院から『鉄道院線沿道遊覧地案内』が 1910 年に出版された。戦前に日本交通公社から『旅程と費用概算』が 1920 年から出版され（1970 年代前半まで続く），外国人向けの日本案内 Japan も 1913 年出された。70 年代から新たな若者向きへの需要に対応して手軽な分冊化を図るようになった。さらにいくつもの出版社がこの世界に参入して，現在の雑誌類などを含む多様な姿になっている。

外国旅行のためのガイドブックは，1970 年代後半から JTB をはじめいくつかの出版社によって動き出した。新たなタイプとしてその地位を確立したのは『地球の歩き方』（ダイヤモンド社）である。若者向け，一人旅用として，情報の新しさはあるが，恣意的（個人旅行者の情報の集大成であり，客観的な評価はできていない）な傾向があったが，版を重ねる中で改善されてきている。現在国別から地域別へ，写真を多用した鉄道，グルメ・買い物，さらにはヨーロッパサッカー，アメリカ大リーグ観戦までさまざまなジャンルに細分されて，300 種以上の版が出されている。多くは毎年改版されて質も向上してきた。海外でこれをもって歩く人をよく見かけるし，韓国，中国にも模倣したのが出版されている。

日本のガイドブックは全般的に写真が多くてきれいではあるが，その分，情報量は減る。ホテル・レストランのリストが少なく，買物情報が多い。他方，地図（最近すぐれたものも出てきたが），都市や地域の歴史，建物・遺跡の解説（歴史的，美術史的）・見所，景色のよい地点の紹介，インデックスなどは貧弱である。国内のガイドブックはより一層買物と食事情報に特化している。近年では国内と外国合わせて多数の出版社から各種の形態に細分化され，対象を年代別に限り若い女性から始まって中高年向きまで多様な種類に分化して刊行されている。

大都市のイベント情報としてはイギリスの Time Out をはじめ，各国の大都市に週単位の都市ガイドがあり，日本においてもぴあ，Tokyo Walker など週単位のエンターテイメントの情報誌が充実してきた。

4．アーバンツーリズム

都市，主として歴史的都市は多くの観光対象をもつことになる。絶対的な基準を設けることはむずかしいが，新興住宅都市を除く都市を対象とした観光を都市ツーリズムといって，バカンスなどの保養・長期滞在型と区別される。都市ツーリズムは短期滞在とリピーターが多いことに特色がある。ホテルなどの宿泊施設（飲食部門も付随して）も大都市に多く，ツーリストへの需要に有効に対応していることは明らかである。鉄道・道路の交通施設も大都市圏における通勤需要を含めて，広義のツーリズムに対応して交通網は整備されている。

最初に述べたように観光地理学の中でも都市ツーリズムの研究は多くない。都市研究の蓄積は大きいが，中心地研究，第三次産業を中心とした都市機能，都市空間構造の研究に際してツーリズムの要

素を考慮することはほとんど行ってこなかった。都市研究が都市の発展や構造を都市の居住の場，雇用の場として捉えられていたとすれば，都市ツーリズム研究は都市がもつ固有の文化的・歴史的資源を外部の人間（無論居住者も含まれるが）が利用するという立場から捉えることである。ツーリズム産業は都市外部からヒト・モノ・カネが入るベーシック活動研究の一環として捉えられる。それはポスト工業社会における重要な成長部門である。

K. リンチが『都市のイメージ』の中で述べたように，都市は時間がつくりだした芸術作品であるという都市景観として（自然景観を排除するものではないが，個別の建物とその集合体，街並み），すなわちそれぞれの都市がもつ歴史，文化と地域性を楽しめる。都市のイメージが高まれば多くの人が集まるということになり，そのための都市間競争が生じてくる。こうした立場から，都市ツーリズムの対象となる資源が都市の発展過程と都市構造とどのようにかかわっているのかを，世界と日本の主要都市の事例から考察するのが本書の主旨である。

1）都市観光資源の分類と立地

都市の観光資源は二つに分けられる。

一つは受動的＝見学型である。都市景観の重要な構成要素であり，都市発展の核となる歴史的建造物・遺跡である城・館，宗教施設（教会，修道院，モスク，寺社），市役所および博物館・美術館，建造物（素材，形態，様式など），公園・緑地帯とそれらの複合体としての街並み（ファサードとスカイライン），あるいはウォーターフロント（運河，川，港）であって，その都市の歴史的な発展と結びついた施設・建物を訪れ，見て楽しむことである。それらは，都市の歴史と発展により立地が規定される文化的観光資源である。ヨーロッパの場合，多くの博物館・美術館はかつての重要な建物が転用されたものが多く，都心部を構成する基本的要素なのである。

いま一つは，ツーリストのみではないが能動的＝参加型であり，いくつかの分野に分類できる。文化的には劇場・コンサートホールなどに行き，演劇，音楽，オペラなどを鑑賞して楽しむことであり，元来は地元住民のための施設であるが，質が高く有名になれば世界中から客が集まることになる。それらもまた長い伝統をもつゆえに，都心を構成する重要な施設である。

テーマパーク・遊園地も積極的に遊ぶということで参加型といえる。すべてが都市的施設とはいいきれないが，大都市にある施設は集客力があるし，ディズニーランドも千葉県浦安市にありながら東京という名前ゆえにブランド力をより高めている。

スポーツツーリズムとしてはオリンピック，ワールドカップ，チャンピオンズリーグ，各種の世界選手権大会などの国際試合や国内でのリーグ戦を見に行くことである。スポーツ施設（インドア，アウトドアによる規模のちがい）の立地は広い敷地を必要とするために，建設時には郊外につくられるが，都市の成長とともに相対的に都心部に組み込まれて，より大型で新規の施設が外延部に建設される。

ビジネスツーリズムとしてのさまざまな規模の会議類に参加することもこの範疇になる。政治的・経済的にはサミット・G20などの国際会議から国内レベルの政党・組合の大会，各種団体・企業の研修会，学会，修学旅行，メッセ・展示会（モーターショーなど），イベント（博覧会）などがある。都市の規模にかかわる収容力・集客力のある施設が存在するかが問われる。

そのうえに，二次的観光要素としてのショッピングと食事がある。ショッピングはとくに買い物好

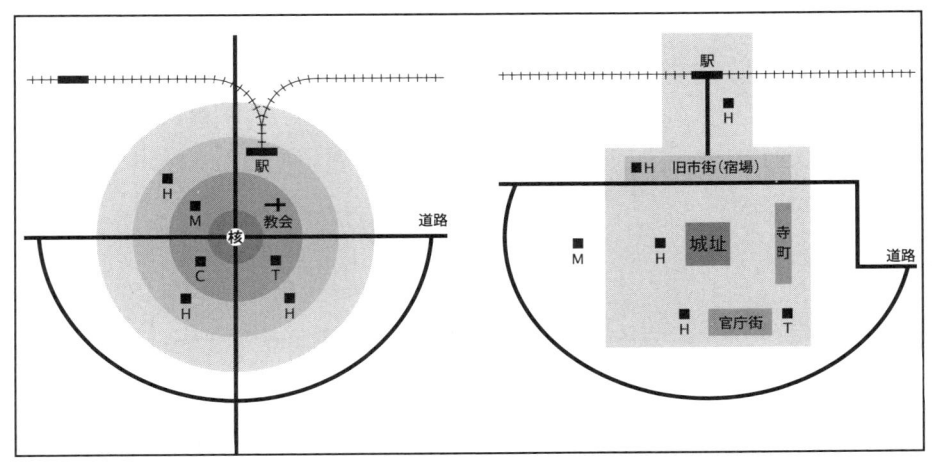

図 I-4-1 都市構造と観光資源の立地モデル：ヨーロッパと日本の比較
注：C：市役所，M：博物館，H：ホテル，T：劇場．

きな日本人にとって重要である（他国の人に比べて観光の際に消費する支出が多い）。景観的にも機能的にも都市の顔として重要である中心商店街・ブランド街におけるウィンドーショッピングの楽しみとローカル色の強い食品市場（東京の築地市場，京都の錦小路，輪島や金沢の近江町の朝市など，外国でも同様）の二つに分かれる。あるいは商業施設の核となる百貨店の存在も，専門店をめぐる時間がない短い滞在のツーリストにとって便利な存在である。商業地区は業種と規模，歩行者専用道路等の整備によるが，歩きやすさと安全性が求められる。パリのシャンゼリゼ通は規模と建物とのバランス，華やかさ，飲食店の数も多く，楽しくウィンドーショッピングができる代表であろう。ニューヨークの5番街も商店はすばらしいが，大きなビルの谷底にいる圧迫感があって，ぶらぶら歩きを楽しむには難がある。商店以外の分野での楽しさの演出では，ミュンヘンのカールス広場から市役所，バルセロナのラ・ランブラス通などは第一級のものである。

　食事（グルメ）の楽しみもそれに加わる。グルメツアーという特殊な分野もあるが，二次的要素としてレストランの立地もツーリズムにとって重要ではあるが，未開拓の分野である。地域固有の郷土料理（ローカルな素材と調理法）の楽しみから，東京，ニューヨークなどの巨大都市にみられる世界各地の料理が楽しめるコスモポリタンな性格の都市まで各種ある。夜の観光としてのカジノ，ナイトクラブ，飲み屋街，色町などの存在も，またアーバンツーリズムの重要な要素である。

　ヨーロッパと日本の都市を比較して，都市ツーリズムの主要要素の立地を，都市構造と市域の拡張時期に対応させた模式図（図 I-4-1）を示す。観光要素がヨーロッパの都市では歴史的核周辺部に集中しているのに対して，観光資源に対する関心の希薄な日本の都市では歴史的核の部分が弱く，拡散しているというちがいがある。

2）世界遺産

　世界遺産が近年のツーリズムの傾向として注目されている。ユネスコによって人類に共通する普遍的な資産としての文化遺産と自然遺産を保護するために，「世界遺産条約」が成立した（1972年）。

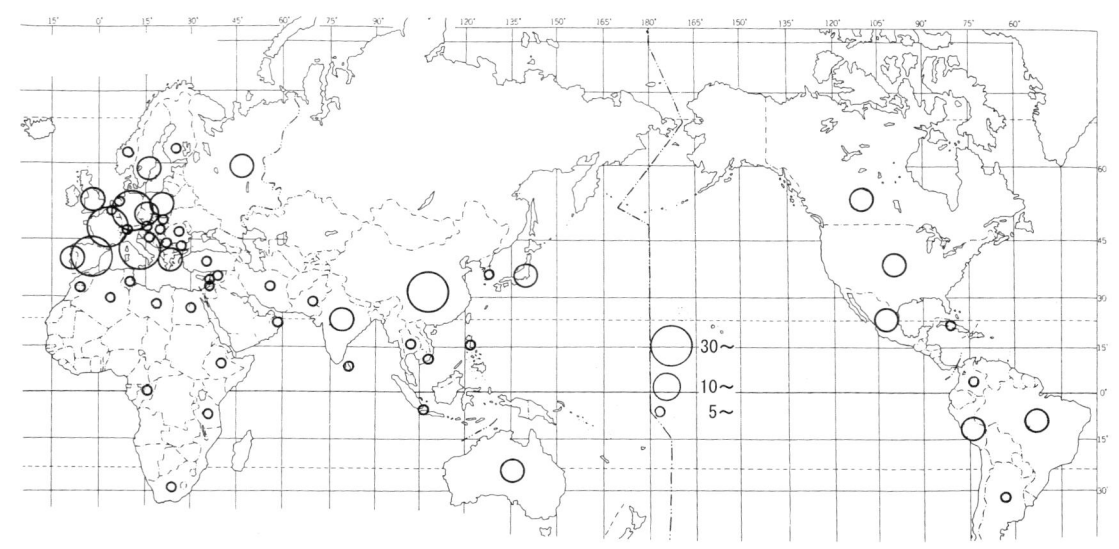

図Ⅰ-4-2 世界遺産の主要国別分布（2007年）
資料：『講談社の世界遺産 Book －世界遺産なるほど地図帳－』，講談社，2007 より著者作成．

日本が加盟したのは，なぜか1992年になってからである。ヨーロッパ諸国に重点がおかれていたが，近年にはアジア・アフリカも増えてきた。世界遺産は自然環境系もあり，必ずしも都市ツーリズムのみが対象ではない。ヨーロッパ諸国においても，1990年代以降に登録地が増える傾向にある。2008年現在，日本は14ヵ所指定され，世界的にみても少なくはない。

世界のおもな国の登録地数を図Ⅰ-4-2に示した。大局的にみると文化遺産は旧大陸，自然遺産は新大陸（メキシコとペルーを除く）に多い。日本も文化遺産11に対して自然遺産は3である。2007年現在，世界全体で830が登録され，内訳はヨーロッパ362（44％），アジア193（23％），アフリカ108（13％），アメリカ147（18％），オセアニア20となり，ヨーロッパが圧倒的に多い。最大の登録国はイタリアの42である（ヴァチカンを含む）。都市の歴史的核として特徴的な城や宗教施設などの重要な構成要素や旧市街全体にわたるものも多い。以下のヨーロッパの事例からは，世界遺産とかかわる都市が多いことを理解できよう。

3）博物館・美術館

博物館（museum という語は広い範囲を含み，絵画を専門とする美術館をとくに区別する場合に art gallery が用いられるが，基本的には区別しない）は，古から現在にいたる文化財の収集・保存・展示・教育・研究を主要な機能としている。その存在の形態は国，地域，都市の文化水準を反映している。文化的な側面において，都市の歴史的遺産・建造物と並んで，博物館・美術館は最も代表的な観光資源の一つであり，多くのツーリストが訪れる場所である。ヨーロッパの都市においては，王侯貴族の個人の収集品が，革命や民主化運動の流れの中で国や自治体の管理下におかれて一般に公開されるようになってきた。アメリカでは資産家個人が収集した美術品が邸宅ともに公開されたり，美術館に寄贈される例が多い。そのような歴史的経緯から，博物館の立地は旧市街にある場合が多い。博物館の種類として，美術館，古文書・資料館，動物園，植物園，水族館も含まれ，近年ではエコミュージ

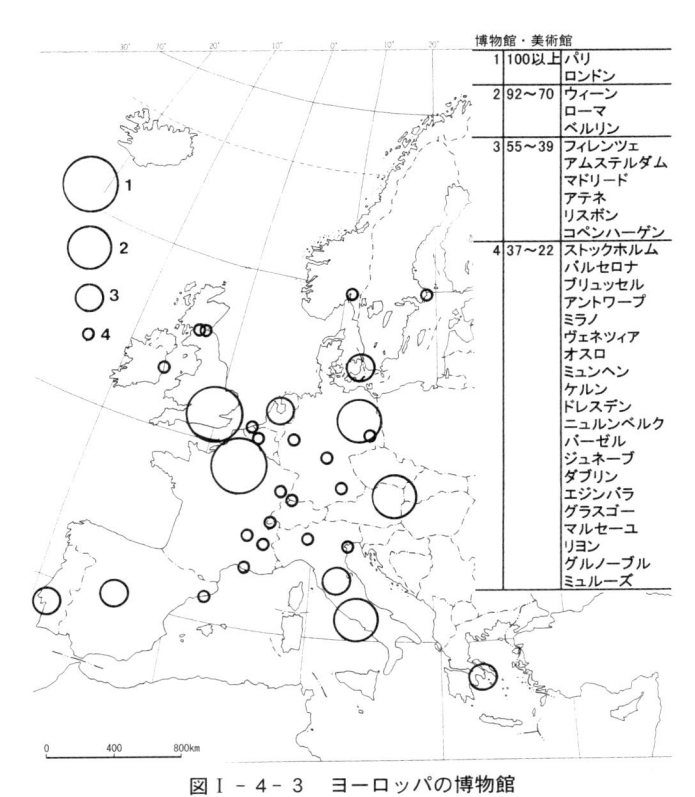

	博物館・美術館	
1	100以上	パリ
		ロンドン
2	92〜70	ウィーン
		ローマ
		ベルリン
3	55〜39	フィレンツェ
		アムステルダム
		マドリード
		アテネ
		リスボン
		コペンハーゲン
4	37〜22	ストックホルム
		バルセロナ
		ブリュッセル
		アントワープ
		ミラノ
		ヴェネツィア
		オスロ
		ミュンヘン
		ケルン
		ドレスデン
		ニュルンベルク
		バーゼル
		ジュネーブ
		ダブリン
		エジンバラ
		グラスゴー
		マルセーユ
		リヨン
		グルノーブル
		ミュルーズ

図Ⅰ-4-3 ヨーロッパの博物館
資　料：C. Rozenblat, P. Cisille（2003）: Les Villes européennes ; Analyse comparative. DATAR La documentation Française p.39 より著者作成.

アム＝野外博物館も含まれる。大小さまざまな規模のものが大都市から中小都市にまで存在している。運営も国の直営から地方自治体、企業、個人と多様性がある。博物館の立地をみると、都市構造とのかかわりにおいて長い歴史をもつヨーロッパが都心周辺にあるのに対して、短い歴史の日本の都市が周辺部の敷地につくられるという差が大きい。

　世界的な大総合博物館であるロンドンの大英博物館やパリのルーブル美術館は、年間600万人以上といわれる入場者数があるという（それにニューヨークのメトロポリタン美術館を加えて世界三大美術館と称される）。図Ⅰ-4-3に示すようにこの2都市（1ランク）を別格としても、2ランクのベルリン、ローマ、ウィーンの大都市、さらに3ランクの6都市はマドリードを除いて都市規模は小さくなる。4ランクに20都市があり、首都以外に広がっていて、ドイツ、フランスに多い。小規模の都市の例では、1997年にスペインのビルバオに巨大なグッゲンハイム美術館（分館）が設立されて、年間100万人規模の来館者を迎えるようになり、斜陽になった工業都市が活気を取り戻している。優れた美術館が、強力な吸引力のある観光資源であることを雄弁に物語る。こうした状況下にあって、各地で博物館、美術館は増加しつつある。

　日本では博物館と美術館を分けており、2007年に博物館3,925（図Ⅰ-4-4）、美術館963となっている。ともに最も多いのは長野県となっている。2000年と比べるとそれぞれ327と39増えている（日本観光協会編：『数字でみる観光』）。規模の大きな県立の博物館・美術館は、70年代の高度成長期後

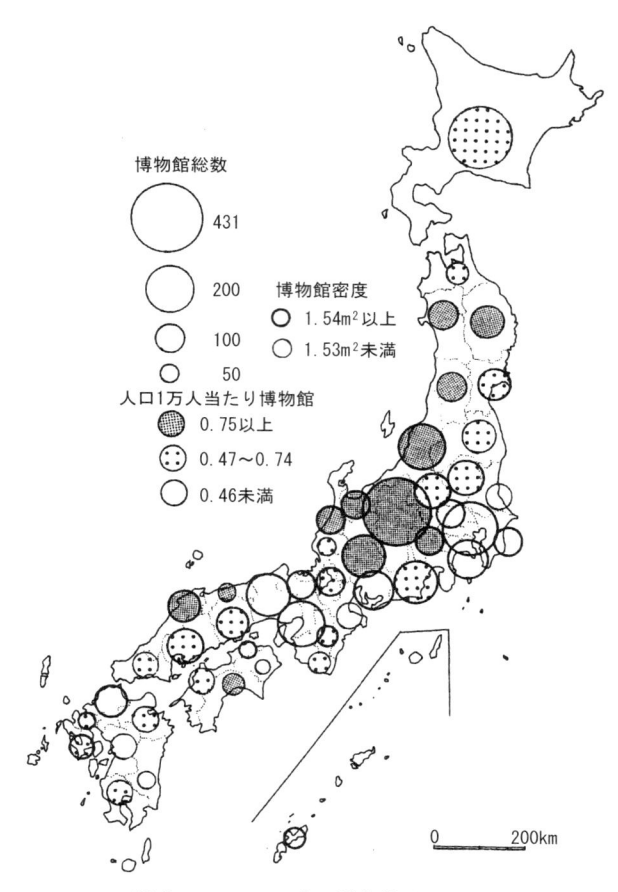

図Ⅰ-4-4　日本の博物館（2004年）
出典：寺阪昭信（2005）：都市ツーリズムと博物館――ヨーロッパと日本.『流通経済大学社会学部論叢』, 16-1, p.62.

半からバブル期の80年代にかけて，県庁所在都市を中心に新設されたものが多い。それらの立地をみると，新規の土地の手当てを必要とするために，ほとんどが都心を離れた郊外に新設されている。

博物館の立地もロンドンのサウス・ケンシントン地区，ワシントンD.C.のスミソニアン地区，フランクフルトのマイン川左岸などにみられるように，博物館を集中させるという傾向がある。日本では東京の上野公園，京都の岡崎が集中地区である。博物館は展示の工夫，特別展の企画などを通して，いかに多くの人をひきつけることができるかという競争があるが，国立系博物館の規模が抜きでている。動物園も横浜のズーラシア，旭川動物園が，動物の生態を身近に接することができるように工夫して入場者を増やしているし，水族館も人気がある。

4）文化・芸術系イベント

ヨーロッパにおける文化イベント全体像は図Ⅰ-4-5に示すごとくであり，これには国際的規模の音楽・演劇・映画祭，伝統的な祭（カーニバルなど）の数とミシュラン緑のガイドブックによる歴史的文化的資産評価の数をあわせたものである。フランスの都市が最も多く13都市，それにスペイン，

4. アーバンツーリズム　19

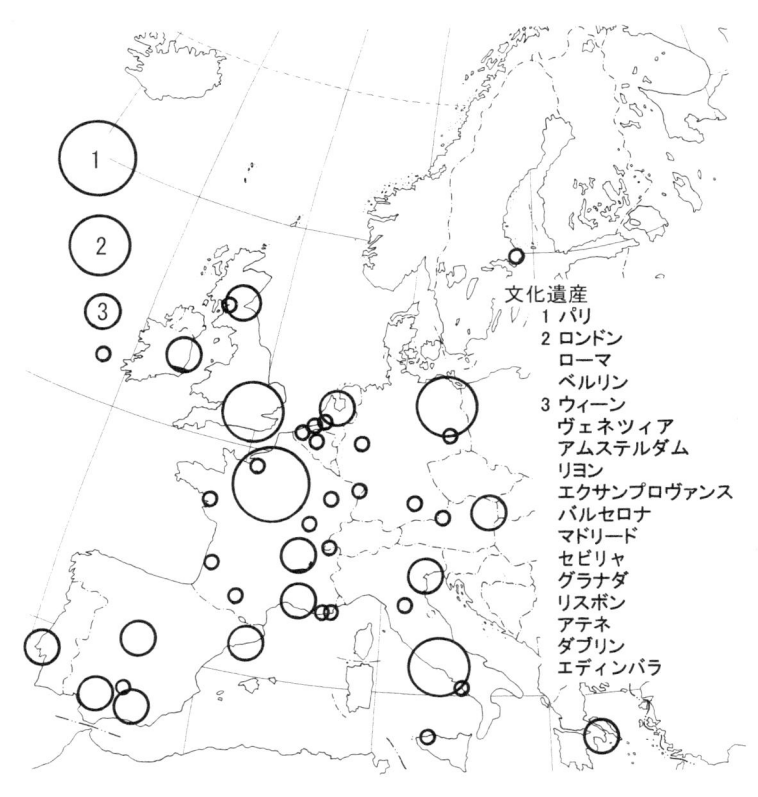

図Ⅰ-4-5　ヨーロッパの文化イベント
資料は図Ⅰ-4-4に同じ．p.41より著者作成．

文化遺産
1 パリ
2 ロンドン
　ローマ
　ベルリン
3 ウィーン
　ヴェネツィア
　アムステルダム
　リヨン
　エクサンプロヴァンス
　バルセロナ
　マドリード
　セビリャ
　グラナダ
　リスボン
　アテネ
　ダブリン
　エディンバラ

イタリアが続く．上位4段階を示したが，その下の規模の小さなのも含めると180都市に上る．

　世界的規模のイベントとしては万国博覧会が重要である．これは1861年のロンドン以来，2008年のサラゴサまで58回，そのうち24回は特別博（特定のテーマ）として開かれてきた．それぞれの時期に新しい技術の展開と普及をさせてきた．近年のテーマは環境問題に傾斜している．開催都市（図Ⅰ-4-6）をみるとパリは最も多く6回も開催し，エッフェル塔（1889年，フランス革命100周年）をはじめ，グラン・パレなどいくつかの重要な建物が都市施設として現在も使用されている．ヨーロッパ（本部はパリ）で始まったこの企画は，ヨーロッパ（とくにベルギー，イタリア，最近ではスペイン）とアメリカ都市での開催がほとんどで，その中にわずかに日本が組み込まれていることが読み取れる．会場跡地が都市の再開発（セビリア，リスボン）等に有効利用されているし，2008年のサラゴサではスペイン新幹線AVEに対応するために中央駅まで移転した．

　日本では，明治期には日本文化を伝える役割と近代文明を受容する役割を担って参加していた．日本でも万博は5回開かれたが，1970年の大阪（アジアで初めて），2006年の愛知を除く1975年の沖縄海洋博，1985年のつくば科学博，1996年の大阪鶴見の園芸博は特別博であった．70年の大阪万博は約6,400万人という史上最大の観客数を集めたといわれ，日本にとっても64年の東京オリンピックと並ぶ大イベントとして世界に開かれた日本をアピールしたと評価できるであろうし，世界が身近になる一歩であった．1985年のつくば博ではコンピュータと映像を組み合わせた技術を展開して，

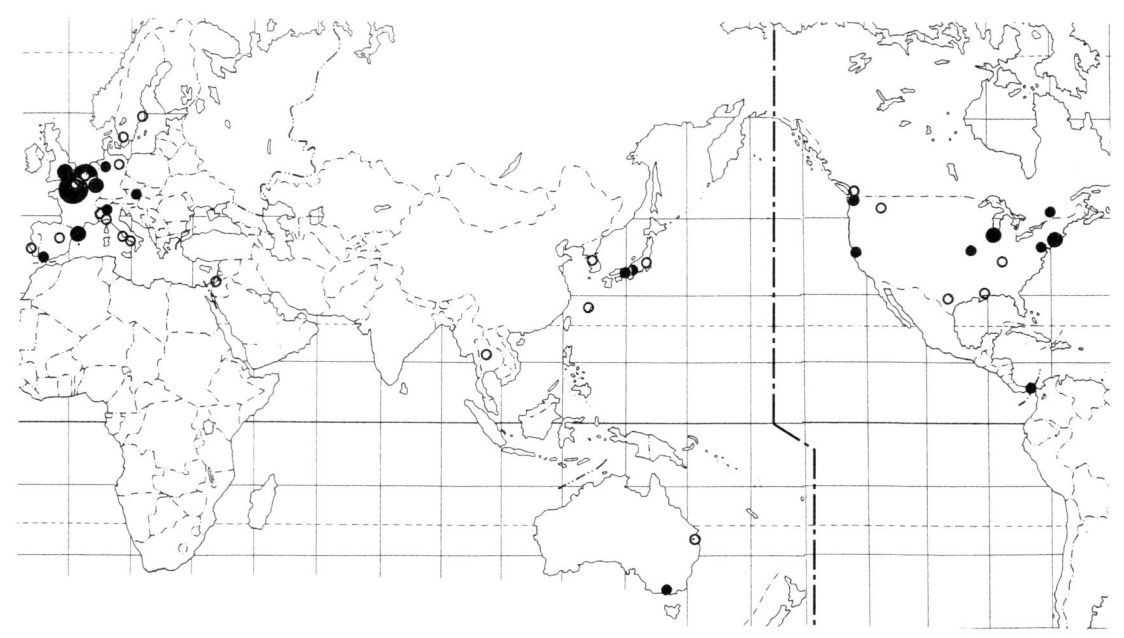

図Ⅰ-4-6　世界万国博覧会開催都市
資料：博覧会国際事務局ホームページ www.bie-paris/org/main/index.
注：黒は正規，白は特別博．

その後の技術進歩に対して大きな影響を与えた。跡地として大阪万博の場合は記念公園としてはあるが太陽の塔（岡本太郎）しか残っていないし，つくばも公園のみである。

映画祭ではカンヌ（5月），ヴェネツィア（9月），ベルリン（2月）が三大映画祭といわれている。そこに近年ローマが加わって競争が激化しているという。日本人の作品も何度か賞をとり評価を高めて話題となってきた（黒澤明など）。規模の小さなものは日本でも開かれる。ロサンゼルスのハリウッドで開かれる最優秀映画を表彰するアカデミー賞の授賞式も，世界の注目を集める大イベントである。

音楽祭ではクラシックのザルツブルク（オーストリア），ワグナーの歌劇を行うバイロイト（ドイツ），エディンバラなど，夏場には北ヨーロッパやスイスなど各地の保養地（小都市）に展開されて多くの人を集めている。軽音楽のサン・レモ（イタリア）音楽祭は，かつて日本でももてはやされた。ジャズフェスティバルも日本・世界各地で行われて，賑わいをもたらしている。

日本の伝統芸能の中では歌舞伎においても，香川県琴平の春に行われる金毘羅歌舞伎（伝統的芝居小屋金丸座が復活），12月の京都南座公演もファンには見逃せない。

都市の祭りもツーリズムに大きな影響を与えている（表Ⅲ-1-1参照）。東京・神田祭，京都・祇園祭，大阪・天神祭を三大祭りという。夏の東北三大祭り（青森ねぶた，秋田竿灯，仙台七夕），徳島の阿波踊りをはじめとする各地の夏祭り，5月の博多どんたくなど，多くは100万人単位の動員がある。なかでも一般市民が参加できる新しい形態として，よさこい祭が高知で1959年から始まり，全国各地に普及して地域活性化に一役買っている。とくに1992年に札幌へ伝わり大規模になり，よさこいソーラン祭として有名になった。阿波踊りも同様に各地に広がった。東京では1957年から続

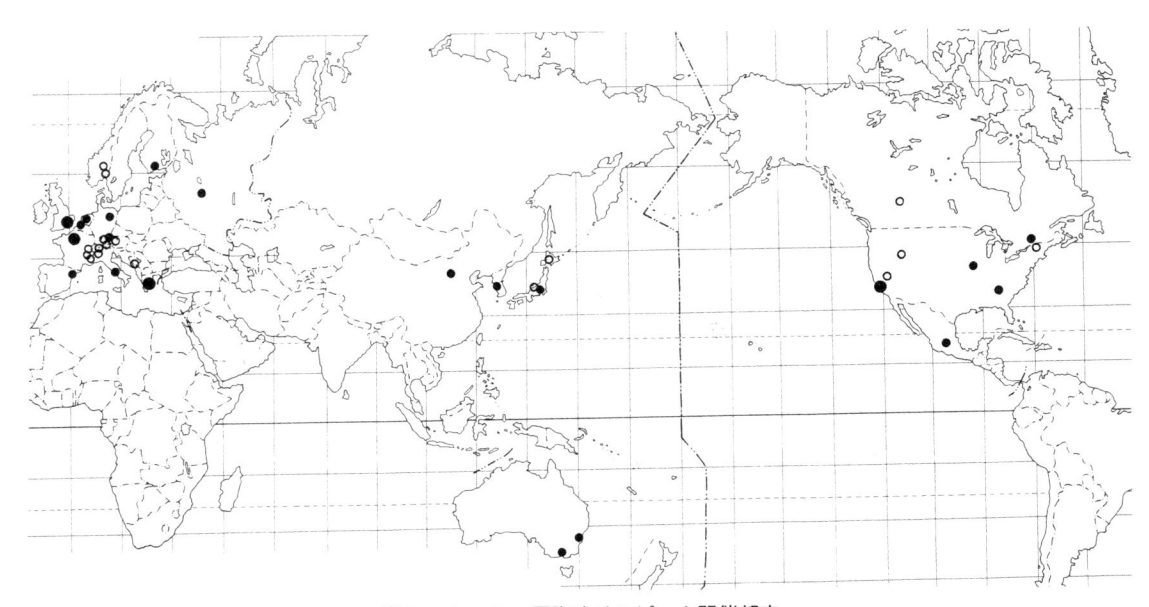

図 I - 4 - 7　国際オリンピック開催都市
資料：J-P. Augustin (2007): Géographie du sport ; Spatialités contemporaines et mondialisation, A. Colin, p.39 ほか.
注：黒は夏季大会，白は冬季大会.

く高円寺の阿波踊りが最初であるが，現在関東のみでも数十カ所で行われ，地域の賑わいに貢献している。夏の各地の川畔（湖）で開かれる花火大会も，同様の意味をもつ。

宗教的行事としては，キリスト教世界のカーニバル（2月謝肉祭）はヴェネツィア，リオデジャネイロが名高い。日本では新年初詣には数百万人参詣する神社（鶴岡八幡宮，熱田神社，豊川稲荷，伏見稲荷，川崎大師，鹿島神宮など）があり，門前町が形成されている宗教都市は成田（新勝寺），長野（善光寺），琴平（金刀比羅宮），伊勢（伊勢神宮），出雲（出雲大社）などがある。

5）スポーツ系イベント

世界的規模のスポーツ系の祭典として，都市単位で開催される4年ごとのオリンピックと国単位のサッカーのワールドカップが挙げられる。各種スポーツの国際大会が増えている。国内的にみると国民体育大会を県ごとに持ち回りで毎年開催している。施設の整備はなされるが，記録上の注目度が低く観客動員の面ではローカルな存在である。

①オリンピック　近代オリンピック（夏季）は1896年に開始される。都市単位で開催され2008年までに29回（うち3回が戦争のため中止）開かれた。規模が大きくなるにつれ（競技種目の増加），一つの都市では収まりきれなくなってきた。大陸別にはヨーロッパが15回，北アメリカ（メキシコを含む）6回，アジア3回，オセアニア2回であり，合計18カ国23都市である。2回開催されたのはアテネ，パリ，ロンドン，ロサンゼルスのみである。そのうちアメリカ合衆国，オーストラリアを除くと首都以外の都市での開催はミュンヘン（1972年），バルセロナ（1992年），アントワープ（1920年）しかない。アフリカ，南アメリカでの開催はいまだないことを考えると，先進資本主義国，ヨーロッパとアメリカ合衆国主導で開かれていることが明らかである（図 I - 4 - 7）。

1984年のロサンゼルス大会から商業化が進み，純粋のアマチュアによるスポーツ大会からプロ化が目立ち巨大化して変質していった。オリンピックの開催は東京のみではなく，それぞれの都市整備を進める大義名分が立ち，その後の都市発展とツーリズムの基盤整備（交通，ホテルなど）に貢献しているといえる。世界からの観光客の動員と都市の知名度の上昇が誘致活動に影響するようになった。東京の場合は，日本の戦後の復興と先進諸国への仲間入りが認められたことになるし，その後のソウル（1988年），北京（2008年）も同じ道をたどる。ロサンゼルスの場合は同じ施設を使った例である。2012年のロンドンは3回目の開催となる特例であるが，最大のライバルであるパリを制したのは，都市整備の遅れたイーストエンド地区の再開発計画とつながることが賛同を得た理由といわれている。イギリスがユーロスターの高速化に対応した整備とターミナル駅の変更もその一環であろう。

冬季大会は遅れて1924年フランスのシャモニー大会から始まり，2006年までに20回開かれた。スキーのできる場所という制約からヨーロッパ13（アルプス地域を中心にノルウェー，旧ユーゴスラビア），北アメリカ5，日本2の10カ国，17都市と開催地は限られる（2回開催がスイスのサン・モリッツ，オーストリアのインスブルック，アメリカ合衆国のレークプラシッド）。全般的に夏季大会に比べると都市規模が小さい。大都市ではイタリアのトリノと札幌のみである。

②ワールドカップ　ワールドカップはさらに規模の大きなスポーツ大会である。1930年ウルグアイで開始され，日韓大会までは原則的にアメリカ大陸とヨーロッパとの間に交互に開催されてきた。アメリカ大陸ではメキシコが2回（1970年，1986年：コロンビアの代替），ブラジル（1950年），チリ（1962年），アルゼンチン（1978年），アメリカ合衆国（1994年）の7回である。ヨーロッパではイタリア，フランス，ドイツが各2回，イングランド，スウェーデン，スイス，スペイン各1の10回である。第二次世界大戦直後に開催されたスイスを除くと大国で開催され，次第に規模（参加国，試合数）が大きくなってきた。国単位で行われるので，現在の規模では10以上の都市の会場に分かれる。サッカーの盛んな都市（とくにイギリスとドイツの場合は工業都市が多い），大都市を中心に開催されていることがわかる。アメリカ大会は9都市で開催されたが，基本的にアメリカンフットボールの競技場が使われたので，その規模と関連している。

2002年の日韓ワールドカップの場合は2カ国共催という異例であり，日本における開催地は減らされた。国際規格に合う競技場の整備という条件下で，鹿嶋・大阪の改修を除き競技場が新設された。札幌，仙台，新潟，さいたま，横浜，袋井（静岡），神戸，大分の10都市である。鹿嶋と袋井を除くと県庁都市であり，首都で開催されないというのはめずらしい例である。試合数も減ったので，地域への誘致効果は限られたものとなったが，埼玉・横浜はその後多くの国際試合に使われるようになり，プラス効果は大きい。また，札幌はドームにして多用途化した結果，プロ野球の日本ハムファイターズの本拠地になったし，さまざまなイベント・コンサートに使えて活性化に貢献している。

③F1（Formula 1）レース　自動車のF1レースは世界各地（日本も含め）で行われる。2009年では17回，ヨーロッパ9，アジア6にブラジルとオーストラリアである。とくにモナコの場合は市内の一般道路を使用するので特別に注目され，典型的都市型スポーツといえる。アメリカのインディアナポリス，フランスのル・マン24時間レースも多くの人を集める。日本にはない形態でヨーロッパにおいて盛んな競技が自転車である。フランス全土をおよそ3週間かけてめぐり，パリにゴールするツールドフランスは，沿道に多くの応援者が集まる姿は日本の駅伝，マラソン応援風景に似ている。

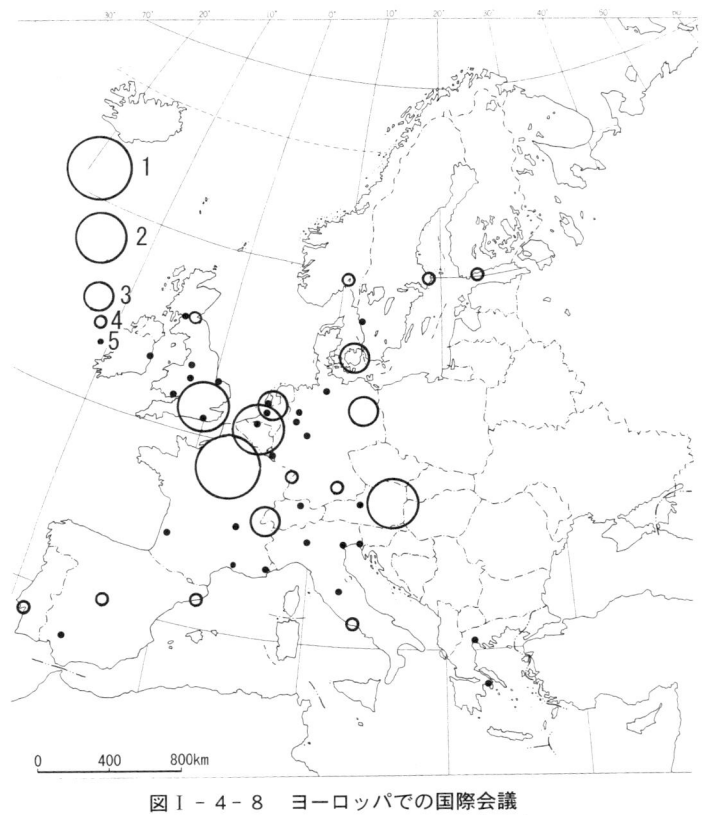

図Ⅰ-4-8　ヨーロッパでの国際会議
資料は図Ⅰ-4-4に同じ．p.37 より著者作成．

表Ⅰ-4-1　年平均国際会議数
（1993～2000年）

規模	回数／年	都市名
1	288	パリ
2	177～191	ロンドン
		ウィーン
		ブリュッセル
3	106～130	ベルリン
		コペンハーゲン
		アムステルダム
		ジュネーブ
4	65～85	エディンバラ
		オスロ
		ストックホルム
		ヘルシンキ
		ミュンヘン
		ストラスブール
		ローマ
		バルセロナ
		マドリード
		リスボン
5	50以上	バーミンガム他28

出典：図Ⅰ-4-4に同じ．

6) 国際会議と見本市・メッセ

　グローバル化の進展とともに各種の国際会議が増えている。定期的と不定期なものがある。毎年持ち回りで6月頃に開催される先進国首脳会議サミットは，近年安全性の問題もあってどこで開かれるか注目を集めている。日本では東京が多かったが，沖縄，北海道洞爺湖で行われるようになり，開催地の知名度の上昇とともに地域の整備がなされる影響が大きい。一般には国際会議場（コンベンションセンター・ホテル）は施設の整備された都市に設置される。大ホテルも同様な施設を備えているので，大都市内の交通の便がよい都市が有利である。

　日本では国際会議場の建設は1966年京都に始まり，バブル期に全国に波及した。成田空港の存在と首都があることにより東京（1988～97年の10年間の年平均，以下同じ241）に多く，東京の臨海副都心，横浜のMM21，千葉の幕張メッセが多くの場を提供している。西では京都（167），大阪（150），神戸（154）間での競争があり，福岡など西日本が東アジアを中心とした会議には有利である。

　世界的にみると，国連関係をはじめとした国際機関の所在地において各種の会議が多く開催されている（図Ⅰ-4-8）。パリを第一にして，次いでロンドン，ウィーン，ブリュッセル。3のランクにベルリン，コペンハーゲン，アムステルダム，首都ではないがジュネーブがそれに当たる。4のランクの10都市のうち6までが首都であり，その下の5は50回以上の回数になるが各国に広く存在するし，

24　第Ⅰ章　ツーリズムと地理学

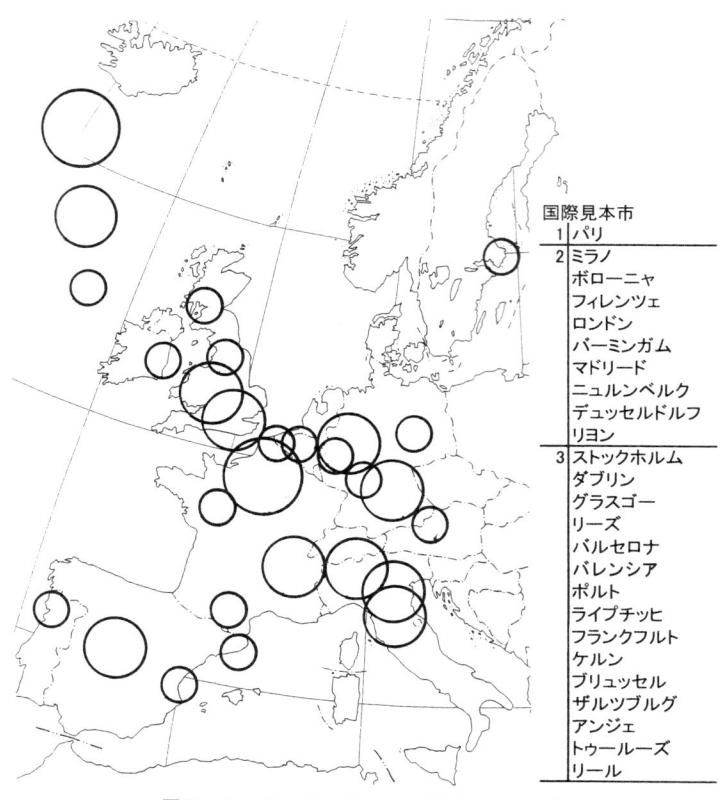

国際見本市	
1	パリ
2	ミラノ
	ボローニャ
	フィレンツェ
	ロンドン
	バーミンガム
	マドリード
	ニュルンベルク
	デュッセルドルフ
	リヨン
3	ストックホルム
	ダブリン
	グラスゴー
	リーズ
	バルセロナ
	バレンシア
	ポルト
	ライプチッヒ
	フランクフルト
	ケルン
	ブリュッセル
	ザルツブルグ
	アンジェ
	トゥールーズ
	リール

図Ⅰ-4-9　ヨーロッパの見本市・メッセ
資料：図Ⅰ-4-4に同じ．p.35 より著者作成．

ブダペストやイスタンブルもそのランクに入る．各国の首都以外の地方都市にもすぐれた施設が設けられている．フランスの場合，ほとんどの地域中心都市（図に記載されないクラスにも）は有名建築家による近代的施設を備えている．例えばフランスのリール駅前開発（1994年，R. クールハウス），トゥール駅前（1993年，J. ヌーベル），スイスのルツェルン（2000年，J. ヌーベル）も湖畔に面して建てられている．日本では温泉場の大ホテルが使われることも多いが，外国では景色のよいリゾート地が選ばれることもある．

　各地で開催されるビジネス系の見本市としては，フランクフルトの書籍展，モーターショー（各地を2年ごとに廻るが，東京は2009年10月，パリ，ジュネーブの規模が大きいし，アメリカ合衆国ではデトロイトをはじめ各地で開催），航空ショー（イギリスのロンドン郊外ファンボロー，フランスのパリ郊外ブールジェ）などがある．これらのイベントは関連する世界中の企業と専門家による商業取引とともに，最先端の動向に関心を寄せる多くの愛好家が集まる世界である．パリ，ミラノなどの季節ごとのモード・コレクションもこのジャンルに入るか．ヨーロッパで開催が多い都市を3段階にして図Ⅰ-4-9に示した．文化イベントに比べるとドイツ，イギリスの存在感が高まる．

第Ⅱ章　世界の観光都市

ベルリン　カイザーウィルヘルムⅡ世記念教会（04年9月）

ローマ　ヴァチカン（90年9月）

1. 世界の観光都市

　これからヨーロッパを中心に地中海をとりまくトルコ，北アフリカの諸国およびアメリカ合衆国を含めた国々を対象に，国全体の都市ツーリズムの概況と有力な観光都市について解説する。方法としては観光地の評価基準が示されている主要ガイドブック（フランスのミシュラン，ドイツのベデカーを基礎に使用，国により使用したガイドブックが異なる）において評価の高い都市，とくに大都市を中心におもな観光都市を選び，著者が訪れたことのある都市を中心に分析，記述するものである。また，最近注目度が高くなっている世界遺産登録地の都市にかかわる部分を考慮に入れた。

　最初に，ヨーロッパ全体のツーリズムの現況を概観できるデータとして，ヨーロッパの2004年都市別宿泊者数の図Ⅱ-1-1を示しておく（Th. Saint-Julien, R. Le Goix : La Métropole parisienne. Centralités, inégalités, proximités. Belin, 2007, p.43から引用。オリジナル資料はEurostat）。この図に文字（表Ⅱ-1-1）が入っている都市が4段階に分類されて60（人口10万人以上），それより小さな都市を合わせて473となる。狭義の観光都市のみでなく，ビジネスツーリズムの影響が大きく現れているのに特徴がある。パリは3,200万人，ロンドンは3,000万人と飛びぬけて多い。対象地域は拡大EU27カ国および加盟を申請中のルーマニア，ブルガリア（2007年加盟），未加盟のノルウェー，スイス，アイスランドの5カ国が含まれている。したがって，トルコ，旧ユーゴスラビアから分かれた国々，ロシアと旧ソ連から独立した国はバルト3国を除いて含まれていない。

　4段階の分類は1：世界の中心都市であるパリ，ロンドン（宿泊者数1,500万人以上）。2と3：ヨーロッパ大陸の中心地で2がローマ（1,500万人），ベルリン（1,300万人），プラハ，マドリード（ともに1,100万人）の4都市，3が宿泊者数600万人以上の11都市。4：ヨーロッパの経済的中心都市42（200万人以上）。それ以下に原図では5段階目に112都市（ジュネーブなど），6段階目に301都市（ボッフムなど）が記載されている。

　地名がわかる1から4段階の国別の都市分布をみると22カ国にわたる。イタリアの10を筆頭に，ドイツ，フランスの8，スペイン7，イギリス6という順になり，複数の都市がある国は他にチェコ3，スウェーデン2しかない。11カ国は首都のみ，スイス，キプロス，ルーマニア，ブルガリアは首都以外の1都市のみとなる。

　これからの分析対象となる国のうちイギリス，ドイツ，イタリア，スペインでは後にみる観光都市の表には記載されていない都市が一つずつ含まれる。それらは国内的な観光地（外国人向けのガイドブックには紹介されない）およびデュッセルドルフのようにビジネス都市である。その意味では観光都市という定義は一律には決められないということである。もしトルコのデータがあるとすれば，当然イスタンブルは3番目のランクに入ってくるのであろう。

　上記の資料を補足するためにビジネス・ツーリズムのデータの基礎となる国際会議開催（1993～2000年）の多い都市のうち上位4ランクが図Ⅰ-4-8（23頁）に示されている。国際会議の開催にはホテル・会議場や空港条件が影響する。

1. 世界の観光都市

表Ⅱ-1-1　ヨーロッパの都市ツーリズム（宿泊者数，2004年）

	記号	都　市	国	人　口		記号	都　市	国	人　口
1	LO	ロンドン	イギリス	8,278	4	AT	アテネ	ギリシャ	789
	PA	パリ	フランス	2,125		BD	ボルドー	フランス	215
2	BE	ベルリン	ドイツ	3,386		BG	ブルガス	ブルガリア	191
	MA	マドリード	スペイン	2,912		BI	バーミンガム	イギリス	1,020
	PR	プラハ	チェコ	1,165		BL	ブラックプール	イギリス	261
	RO	ローマ	イタリア	2,547		BN	ブルノ	チェコ	368
3	AM	アムステルダム	オランダ	736		BO	ボローニャ	イタリア	373
	BA	バルセロナ	スペイン	1,392		BR	ブリュッセル	ベルギー	964
	BU	ブダペスト	ハンガリー	1,701		CO	コペンハーゲン	デンマーク	479
	DB	ダブリン	アイルランド	495		CS	コンスタンツァ	ルーマニア	308
	FI	フィレンツェ	イタリア	367		DR	ドレスデン	ドイツ	476
	MI	ミラノ	イタリア	1,285		DU	デュッセルドルフ	ドイツ	568
	MN	マンチェスター	イギリス	2,244		ED	エジンバラ	イギリス	448
	MU	ミュンヘン	ドイツ	1,194		FR	フランクフルト	ドイツ	643
	NA	ナポリ	イタリア	997		GL	グラスゴー	イギリス	537
	PM	パルマ	スペイン	313		GO	イェーテボリ	スウェーデン	462
	VI	ウィーン	オーストリア	1,562		GR	グラナダ	スペイン	231
						HA	ハンブルク	ドイツ	1,704
						HE	ヘルシンキ	フィンランド	559
						KO	ケルン	ドイツ	962
						LI	リスボン	ポルトガル	534
						LL	リール	フランス	184
						LM	リマソル	キプロス	172
						LY	リヨン	フランス	444
						MB	マルベリャ	スペイン	
						MS	マルセーユ	フランス	796
						NI	ニース	フランス	343
						OS	オスロ	ノルウェー	519
						OT	オストラヴァ	チェコ	312
						PL	パレルモ	イタリア	677
						RI	リミニ	イタリア	133
						SB	ストラスブール	フランス	263
						SE	セビリャ	スペイン	686
						SH	ストックホルム	スウェーデン	743
						ST	シュトゥットガルト	ドイツ	582
						TL	トゥールーズ	フランス	390
						TO	トリノ	イタリア	885
						TR	トレント	イタリア	109
						VA	ヴァレンシア	スペイン	745
						VE	ヴェネツィア	イタリア	271
						WA	ワルシャワ	ポーランド	1,690
						ZU	チューリッヒ	スイス	339

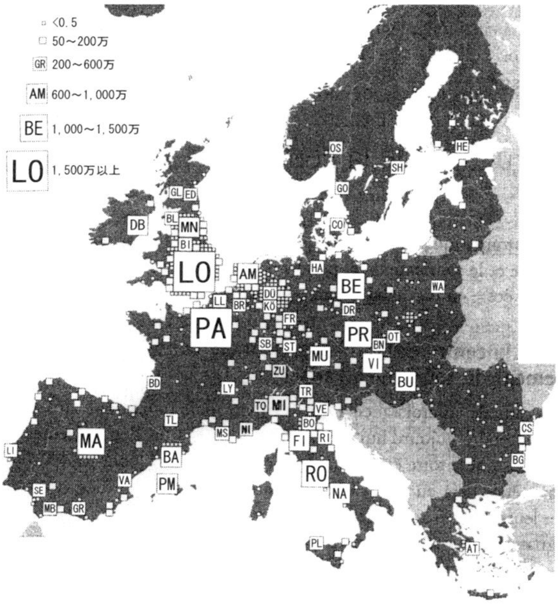

図Ⅱ-1-1　ヨーロッパの観光都市
出　典：Th. Saint-Julien, R. Le Goix（2007）: La métropole parisienne ; Centralités, inégalités, proximités. Belin, p.43.

注：宿泊者数クラス；1：1,500万人以上，2：1,000～1,500万人，3：600～1,000万人，200～600万人.
資料：人口：国連『世界人口年鑑』，Vol.56, 2004年版.

写真Ⅱ-1-1　大聖堂からみたベルン旧市街
（98年5月）

写真Ⅱ-1-2　プラハ　カレル橋からみた旧市街
（94年8月）

2. フランス

1) フランスの観光都市

　フランスは世界第一級の観光国であり，ツーリズムはGDPの7%を占めていて，毎年約7,000万人と全人口以上の規模の観光客を受け入れている。国境を接するヨーロッパ諸国とイギリスからが多いが，アメリカ合衆国，日本，最近では中国からの観光客も増えている。日本人観光客の滞在日数は相対的に短いが，買物等消費金額が多いことに特徴がある。外国人観光客はパリおよびその周辺のイルドフランスに22%，地中海のプロヴァンス・コートダジュール12%，アルプス地方11%という地域に多く訪れている。中世以来ヨーロッパの中心として栄えてきた文化的遺産が観光資源となっている。また，農業国として豊な農産物を生かした各地の伝統的料理と質の高いワインも，この国のツーリズムの魅力を高めている。

　フランスは中央集権国家として首都パリにあらゆる機能の一極集中がなされている。国土は大西洋と地中海にまたがり，南はピレネー山脈，東はアルプスで限られ，六角形型をしたこの国の地方のもつ多様性は都市景観にも反映され，訪れる価値がある。パリを中心としてつくられた交通体系は，高速鉄道TGV網の整備によりいっそう国内の移動が容易になり，パリからの日帰り圏は拡大した。

　フランスは世界で最も早く観光開発された国の一つであり，ニースなどの地中海コートダジュール地域（モナコも含む）は18世紀以来のツーリズムの歴史がある。第二次世界大戦後，バカンスの普及により，西地中海岸のラングドック地方の開発が進んだ。アルプスのシャモニーも人口は少ないが山岳観光の拠点である。パリは幸いに第二次世界大戦における破壊を免れた。戦災の影響は港湾都市ル・アーブルのように都心部の再生（オーギュスト・ペレによる再建は世界遺産に登録）もあるし，サン・マロのように完全に復元した例もある。

　表II-2-1は四つのガイドブック（ミシュラン，ギドブルー，ベデカー，ナショナル・ジェオグラフィックの記載頁数，表には記載しないが日本のガイドブック4種も参考にした）による評価の高い人口4万人以上の都市を3段階に整理したものである。国により評価が異なるところが面白い。人口の小さい例外として宗教都市ルルドと宮殿・庭園のフォンテンブローを追加してある。カンヌは文化的資産に乏しいが海の保養地，映画祭の町として観光の評価は高い。

　パリを除くと百万人規模の大都市はなく（大都市圏としてマルセイユ），50万人規模が地方の大中心地であるが，リヨン，ボルドー，リールなどには重要な博物館・美術館がある。国土の北半分には中世に建設されたゴシック式の大聖堂（大司教座教会）が多くあり，シャルトルをはじめ4カ所が世界遺産に登録されている（表以外ではアミアン）。しかし，より旧い時代のロマネスク様式の教会・修道院(世界遺産は2)は小都市や山中の辺鄙な場所に多く，都市ツーリズムの対象にはなり難い。シャンボールをはじめ11のロワール川中流域の城館群も世界遺産に登録され，多くの観光客を集めている（図II-2-2，表II-2-3）。都市ではないが，観光地として最も有名なのは大西洋に面したサン・マロ付近のモン・サン・ミッシェル修道院である。約2kmの道路で結ばれているが，満潮時には海に孤立した島となる。表II-2-3に主要観光資源の入場者数を示した。世界遺産は29が登録されている（2007年）。文化遺産が多く，都市関係は13，自然環境は2カ所のみである。

2. フランス　29

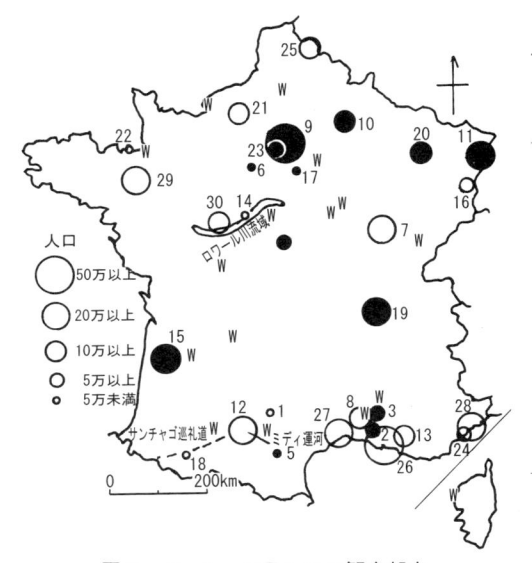

図II-2-1　フランスの観光都市
注：図の番号は表II-2-1に対応．W：黒丸は世界遺産．

表II-2-1　フランスの観光都市

	都市名		人口(千人)	評価				世界遺産	街並保全	街景観	教会	美術館	博物館数	ホテル数
				M	G	B	N							
1	アルビ	Albi	48	3	3	2	1		68		○	○	7	8
2	アルル	Arles	52	3	3	2	2	W	66		△	○	9	13
3	アヴィニョン	Avignon	89	3	3	2	1	W	64		△	○	20	23
4	ブールジュ	Bourges	79	3	3	2	2		65		○		9	4
5	カルカッソンヌ	Carcassonne	45	3	3	2	1	W					14	11
6	シャルトル	Chartres	41	3	3	2	1	W	64		○		6	2
7	ディジョン	Dijon	230	3	3	2	1		67		△	○	21	14
8	ニーム	Nimes	133	3	3	2	1		63			○	16	10
9	パリ	Paris	2,125	3	3	2	41	W	65		○	○	242	405
10	ランス	Reims	185	3	3	2	1	W			○		14	19
11	ストラスブール	Strasbourg	255	3	3	2	1	W	74		○	○	69	46
12	トゥールーズ	Toulouse	368	3	3	2	1		86		△	○	33	29
13	エクサン・プロヴァンス	Aix-en-Provence	126	2	3	2	1		64			○	15	14
14	ブロワ	Blois	49	2	3	2	1		70				7	3
15	ボルドー	Bordeaux	213	3	3	1	1	W	67			○	31	28
16	コルマール	Colmar	63	3	3	1	2		66			○	10	11
17	フォンテンブロー	Fontainebleau	36	3	2	2	2	W					5	5
18	ルルド	Lourdes	16	3	3	1	1						18	16
19	リヨン	Lyon	422	3	3	1	3	W	64			○	48	56
20	ナンシー	Nancy	102	3	3	1	1	W	76			○	17	12
21	ルーアン	Rouen	105	3	3	1	1		79		○		16	15
22	サン・マロ	St.-Malo	48	3	3	1	1						9	24
23	ヴェルサイユ	Versaille	87	3	2	2	4	W	73			○	9	6
24	カンヌ	Cannes	67	3	2	1	1						8	34
25	リール	Lille	184	3	3	1	1		67			○	25	11
26	マルセイユ	Marseille	798	3	3	1	2				△	○	40	25
27	モンペリエ	Montpellier	225	3	3	1	1		67			○	27	10
28	ニース	Nice	342	3	2	1	2		69			○	35	38
29	レンヌ	Rennes	206	3	3	1	1		66			○	5	9
30	トゥール	Tours	132	3	3	1	1		68		○		14	11

人口 1999年センサス．ガイドブックの評価：M＝ミシュラン，G＝ギドブルー，B＝ベデカーの星数，N＝ナショナルジェオグラフィックの頁数．W：世界遺産登録地，街並保全：指定年の下2桁（79＝1979年），街景観，△：ロマネスク教会，○：ゴシック教会，美術館はギドブルーのリストから．博物館数：Guide Renault des 8000 musées 1996．ホテル数：Michelin 赤記載のホテル数（2002年版）．

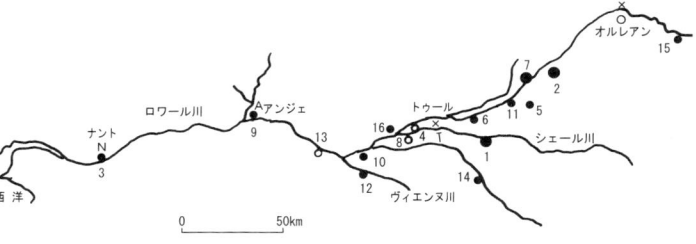

表II-2-2　フランスのおもな文化施設入場者数（2000年）

	施設名	所在地	千人
1	エッフェル塔	パリ	6,152
2	ルーブル美術館	パリ	6,100
3	ポンピドーセンター	パリ	5,122
4	ヴェルサイユ宮殿	ヴェルサイユ	2,873
5	オルセー美術館	パリ	2,490
6	凱旋門	パリ	1,335
7	モン・サン・ミッシェル修道院	ノルマンディー地方	1,078
8	シュノンソー城	ロワール地方	850
9	アンヴァリッド	パリ	843
10	サント・シャペル	パリ	794
11	シャンボール城	ロワール地方	743
12	パレ・ドゥ・ラ・デクヴェルト	パリ	637
13	ローマ教皇館	アヴィニョン	616
14	グレヴァン・蝋人形館	パリ	600
15	ロダン美術館	パリ	560
16	モンパルナス・タワー	パリ	550
17	オー・ケーニッグスブール城	アルザス地方	533
18	ピカソ美術館	パリ	527
19	オペラ・ガルニエ博物館	パリ	510
20	自然史博物館	パリ	484

出典：P. Py (2002): Le tourisme ; un phénomène économique. La documentation Française, p.120.

図II-2-2　ロワール川流域の城
注：図の番号は表II-2-3に対応．

表II-2-3　ロワール川流域の城

		名前	評価	建設年代	入場者数			名前	評価	建設年代	入場者数
1	シュノンソー	Chenonceau	3	1515	850	9	アンジェ	Angers	3	1230	174
2	シャンボール	Chambord	3	1519	743	10	リニー・ユッセ	Rigny-Ussé	2	15世紀	130
3	ナント	Nantes	2	1466	386	11	ショーモン・シュル・ロワール	Chaumont sur Loire	2	11世紀	110**
4	ヴィランドリー	Villandry	2	16世紀	363*	12	シノン	Chinon	2	12～14世紀	98
5	シュヴルニー	Cheverny	3	1643	350	13	ソーミュール	Saumur	2	14世紀	96
6	アンボワーズ	Amboise	3	1516	320	14	ロッシュ	Loches	2	11～15世紀	88
7	ブロワ	Blois	3	1515	293	15	シュリー・シュル・ロワール	Sully sur Loire	2	14世紀	59
8	アゼ・ル・リドー	Azay-le-Rideau	3	1518	291	16	ランジェ	Langeais	2	1465	

注：評価はミシュランによる．入場者数は2000年，単位千人．*：庭園，**：フェスティバル．

2）パリ：世界一美しい街
パリの都市景観

　パリはローマ時代から続く歴史都市である。都市発展の核はセーヌ川の中洲シテ島である。ケルト系のパリージ人が最初にここに住み着いたことからパリという地名なった。現在の市域は19世紀に築かれたチエールの城壁が1923年に取り払われて環状道路となった内側の部分で，約200万人の大都市である。この市域を超えて約800万人のパリ大都市圏が形成されている。観光都市パリの整った街を鳥瞰する場所として，有料ではエッフェル塔が第一にあげられる。これは1889年のフランス革命100年記念の万国博覧会にセーヌ川左岸に建設され，パリを代表するランドマークとなっている。都心部ではエトワール広場の凱旋門，ノートルダム大聖堂の塔，モンパルナスタワーから，無料の場所としては市内最高地点に立つサクレクール寺院前庭からの眺望と，都心のポンピドーセンター，百貨店の屋上がある。セーヌ川両岸都心部の世界遺産登録地区を中心に，上流の国立図書館－サンルイ島－ノートルダム大聖堂（シテ島）－市役所－コンシエルジュリー－ルーブル博物館－エッフェル塔を結ぶ建物群を観光船（バトー・ムッシュ）が行く。夜はライトアップされて昼とは異なる美感を生み出している。都心部の川幅と両岸の建物とが調和する都市景観として優れている。観光にとって重要な要素の大部分は図Ⅱ-2-3に見るように，都心部を囲む徴税請負人の市壁の内側にあり，さらにミシュランの3星観光地点は凱旋門－ノートルダム－エッフェル塔を結んだ三角形にほとんど含まれる。

　シテ島には12世紀につくられたゴシック式のカテドラル，ノートルダム大聖堂がありパリの臍になっている（写真33頁）。パリの中で最も多くのツーリストがここを訪れている。他にもステンドグラスが美しいサント・シャペル教会，コンシエルジュリー（旧監獄），オテル・デュウ（病院）がある。左岸にはローマ時代の遺跡（クリューニ中世美術館地下に浴場跡，野外劇場など）があり，その当時からの道路も南北に貫いている。

　ルーブル美術館の地下には中世の砦であったことがわかる遺跡があり，それが16世紀のフランソワⅠ世の時代に王宮となり，次第に規模を拡大していった。建設年代が異なるが統一感がある巨大な建物である。王のコレクションを基にフランス革命後に民衆に開放されて博物館となった。革命200年記念に中庭にガラスのピラミッド（中国系アメリカ人M.ペイの設計）が建設されて入口が整い，建物との調和成り立つ。同時期に対岸にかつての鉄道駅を改修した大空間をオルセー美術館として開館し，ルーブルから印象派を中心とした作品が移され人気の高い美術館となっている（図Ⅱ-2-3・4）。

オスマンの都市計画とその遺産

　19世紀中葉の第2帝政期にはナポレオンⅢ世の命によりセーヌ県知事オスマンのもとで都市計画事業が行われ（1853年），放射状の大通りが建設された。両側の建物の高さに制限が加えられて，整った街並みをつくりだすことになった。徴税請負人の市壁の跡の大通化の多くもこの計画の中に組み込まれた。パリは1855年以降たびたび万国博覧会が開かれ，新しい建造物が加わり都市が整備されていった。都心のオペラ座もこの時期に完成した由緒ある建物である。パリの美観はこのオスマンの事業による遺産を引き継いでいるのである（図Ⅱ-2-5）。

大統領による大事業計画とパリの革新

　パリは歴代の支配者が都市の美化に努力してきた。パリの軸線として，セーヌ右岸を東西に結ぶ王

2. フランス　31

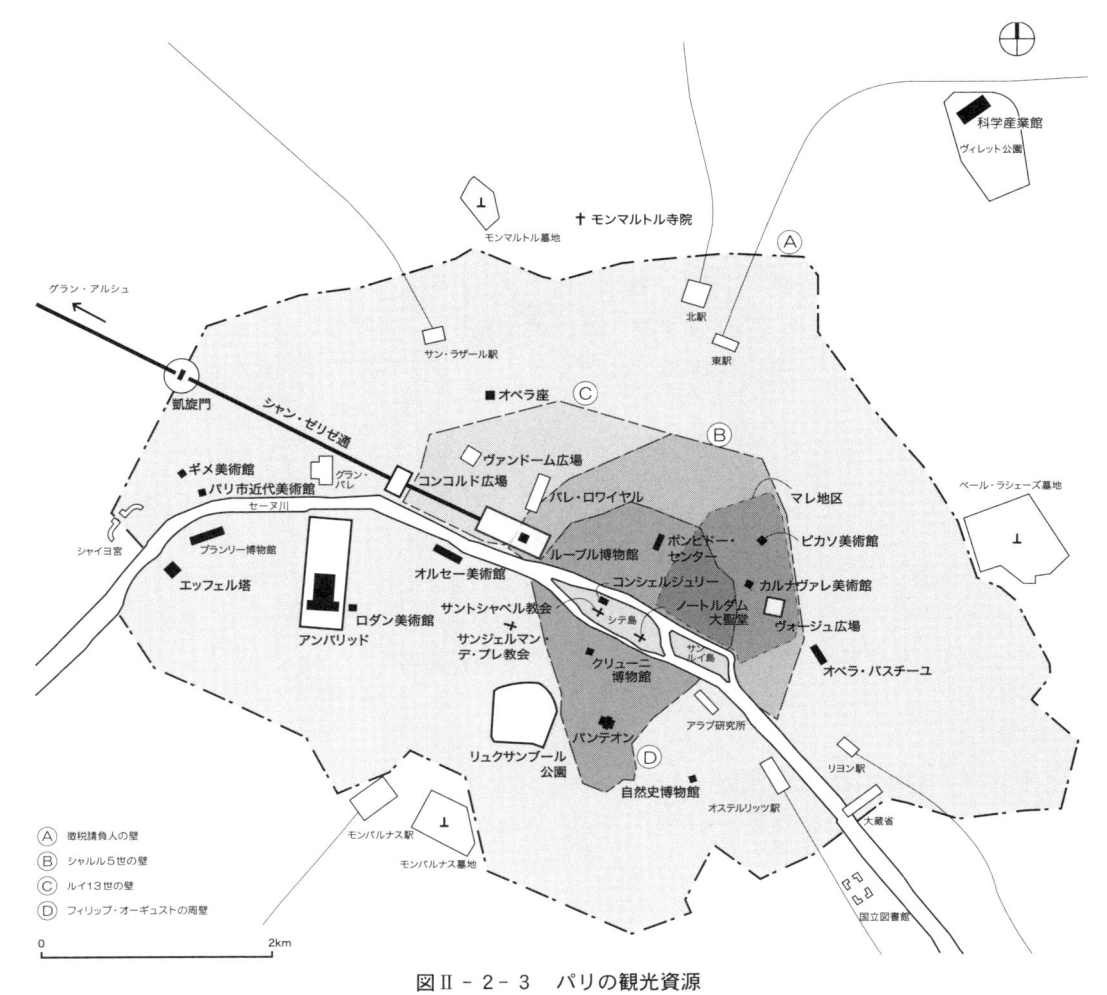

図Ⅱ-2-3　パリの観光資源
注：観光拠点の選定は Michelin, Guides Bleu Paris の評価基準に基づき著者が選定．表Ⅱ-2-4参照．

Ⓐ 徴税請負人の壁
Ⓑ シャルル5世の壁
Ⓒ ルイ13世の壁
Ⓓ フィリップ・オーギュストの周壁

写真Ⅱ-2-1　凱旋門（03年9月）

写真Ⅱ-2-2　シャンゼリゼ通（06年11月）

写真Ⅱ-2-3　コンコルド広場（03年2月）

写真Ⅱ-2-4　ルーブル美術館とガラスのピラミッド（08年9月）

写真Ⅱ-2-5　バスチーユ広場とオペラ・バスチーユ（02年9月）

写真Ⅱ-2-6　ポンピドーセンター（02年11月）

の軸と呼ばれるルーブル宮殿－チュイルリー庭園－コンコルド広場－シャンゼリゼ－エトワール広場（凱旋門）が古くから重視されてきた。第五共和政下の歴代大統領が直轄事業として，再開発や記念建造物をつくり都市の改造を行ってきた。都心のフォーラム・デ・アル（60 年代に旧卸売市場の移転）の再開発に始まり，1989 年の革命 200 年記念に大規模な改造が行われた。軸線上東のバスチーユ広場に新しいオペラ・バスチーユと西郊外デファンス地区にグラン・アルシュ（写真Ⅱ-2-10）がこの時期にあわせて建設された。ここの展望台からはパリが眺望できる。軸線沿いにポンピドーセンター（R. ピアノ，R. ロジャース設計，外観の奇抜性，国立現代美術館・シネマテーク・図書館の機能，パリ最大の有料入場者数），東北部では旧屠場殺・市場を再開発したラ・ヴィレットがあり，科学産業都市，音楽都市（音楽博物館，パリ国立音楽院，コンサートホール）がある広い公園が整備された。

シャンゼリゼ通

世界で最も美しいプロムナードといわれる中心商店街。東にコンコルド，西にエトワール広場があり，約 2km の長さの半分が均整のとれた建物が並ぶ商店街（＋大企業のショールーム）となって，ウインドショッピングが楽しめる。幅 70m の大通りには 2 列の街路樹が植えられて地下は駐車場となっている。通りには多数のカフェテラスがあり，椅子が並べられて人通りを眺めながら飲食をとれる。凱旋門にある無名戦士の碑を基点とするパレード用大通りとして革命記念日，終戦記念日をはじめとしてさまざまな行事に利用されている。スポーツ大会の優勝者，ツールドフランスやマラソンのゴールなど。

マ レ 地 区

都心東部の 3・4 区にまたがる景観保全地区である。16・17 世紀にかけて貴族の住宅地区であったが，その後衰退し，移住者が多く住むようになったが，大邸宅が修復保全されて（一部は公開され）賑わいが戻った。核となるのはヴォージュ（旧国王）広場がある。四周は均一なレンガ建ての建物（1604 年に始まる）に取り囲まれ，中央にルイⅩⅢ世の像，南東角に文豪ヴィクトル・ユーゴ博物館がある。この地区には歴史系（カルナバーレ，フランス歴史），美術系（修復された建物に入るピカソ美術館，ユダヤ美術館，写真館）など各種の博物館が存在する（写真Ⅱ-2-8）。ロジエー通を中心にユダヤ人が行くが形成されてユダヤ教会（シナゴーグ）もあるし，この地区の北西部には中国人も多く多様な側面がある。フラン・ブルジョワ通は若者向きの店が多い。

セーヌ川左岸の 7 区にも景観保全地区があるが，立派な建物が多く指定されているが官庁に利用されたものが多く，散策を楽しむ雰囲気はない。

写真Ⅱ-2-7　ヴォージュ広場（06 年 11 月）

写真Ⅱ-2-8　サンス館（1843 修復）現図書館（03 年 8 月）

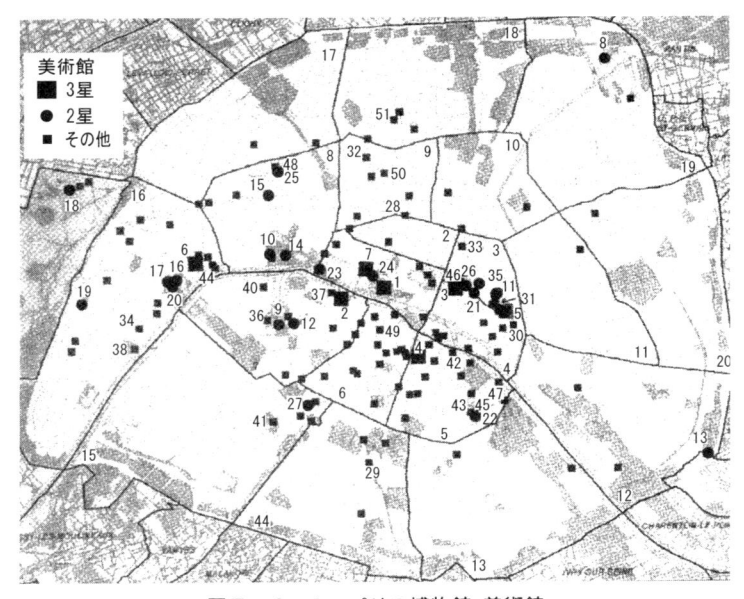

図Ⅱ-2-4　パリの博物館・美術館
出典：寺阪昭信（2005）：都市ツーリズムと博物館－ヨーロッパと日本－．流通経済大学社会学部論叢，16-1，p.54．美術館の分類は Guides Bleu Paris による．

表Ⅱ-2-4　パリの観光資源

		2-4	M	G
1	ポンピドー・センター		3	3
2	シャン・ゼリゼ通		3	3
3	アンバリッド		3	3
4	シテ島		3	3
5	ルーブル博物館	1	3	3
6	コンコルド広場		3	3
7	マレ地区		3	3
8	オルセー美術館	2	3	3
9	モンマルトル地区		3	3
10	ノートルダム大聖堂		3	3
11	ヴォージュ広場		3	3
12	エッフェル塔		3	3
13	凱旋門		3	2
14	サント・シャペル教会		3	2
15	軍事博物館	9	3	2
16	科学産業館	8	3	2
17	サン・ルイ島		2	3
18	ピカソ美術館	11	2	3
19	カルナヴァレ博物館	5	2	2
20	パリ市近代美術館	44	2	2
21	ヴァンドーム広場		2	2
22	パレ・ロワイヤル		2	2
23	オペラ座		2	2
24	コンシェルジュリー		2	2
25	リュクサンブール公園		2	2
26	パンテオン		2	2
27	自然史博物館	43	2	2
28	ペール・ラシェーズ墓地		2	2
29	サン・ジェルマン・デプレ教会		2	2
30	ギメ美術館	6	3	
31	ロダン美術館	12	2	3
32	クリューニ博物館	4	3	3

注：Mはミシュラン，Gはギド・ブルーの評価．
2-4欄は図Ⅱ-2-4の博物館の番号．

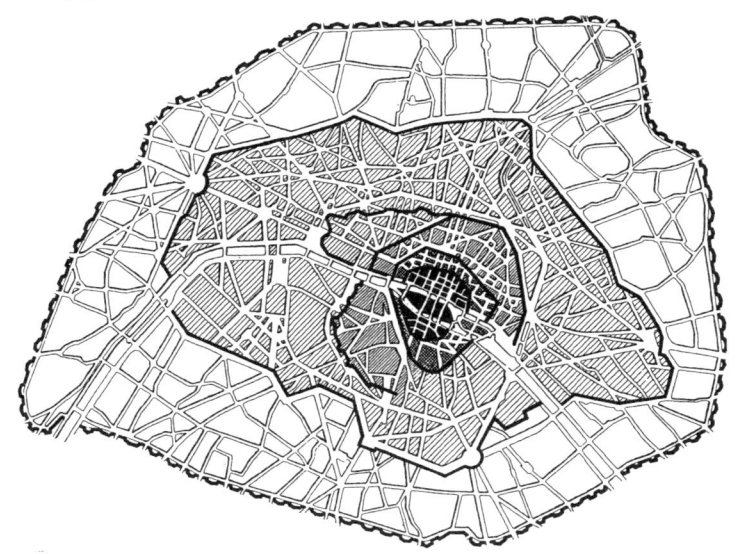

図Ⅱ-2-5　パリの市域拡大
出典：S. E. Rasmussen（2008）：Villes et architectures. Parenthéses, p.142.
注：城壁の年代，外側から1841～45年，1784～91年，1676年，1370年，1180年．

写真Ⅱ-2-10　グラン・アルシュ
（ラ・デファンス地区）（05年11月）

写真Ⅱ-2-9　セーヌ川とシテ島および
ノートルダム大聖堂（08年9月）

3）パリ近郊都市

パリ近郊とパリからの日帰り圏を扱う（図Ⅱ-2-6）。パリの東約30kmの郊外に1992年に開園したユーロデズニーがある。TGV駅も設置されていて，ゆったりした大人の多い世界である。

宮廷都市：ヴェルサイユ

ヨーロッパの宮殿と庭園の規範となったのがパリ南西20kmの郊外にある世界遺産に登録されたのがヴェルサイユ宮殿（ルイⅩⅢ世の時代の建物を後にル・ヴォーによって増改築，写真35頁）である。鉄道（RER　C線）に乗ると都心から20分程度で行ける。豪華な宮殿建築とフランス式幾何学的に整った大運河のあるル・ノートルがルイⅩⅣ世の依頼で設計した大庭園との均整の取れた組み合わせによる規模と豪華さは比類を見ない（図Ⅱ-2-7）。庭園内にはプチ・トリアノン館などの美しい建物もある。ルイ王朝最盛期における富と権力を象徴している。ヴェルサイユ条約で知られる第一次世界大戦後の平和会議が行われた場所（鏡の間）でもある。

住宅地：ポワッシー

観光都市ではないがパリ西方約25km（電車RER　A線により30分程度）の郊外住宅都市（人口3.6万人）にル・コルビジュエの代表作であるサボワ邸（1929年，写真35頁）が公開されている。彼の作品全体を世界遺産に登録する動きがあるなかで現代建築に与えた影響が大きな建物の一つである。樹木の多い広い芝生の敷地の中央に白い装飾性を排除したコンクリート造りのシンプルな3階建て住宅（面積415.87m^2）である。1階部分は広くピロティーをとり，駐車場をおき，2階が居住空間，3階は日光浴場に当てられている。富豪の週末向け居住のための建物である。

大聖堂の街：ランスとシャルトル

パリから北東150km，シャンパーニュ地方の中心都市でパリ近郊とはいえないが，TGV東線の開通により45分の時間距離となった。南東のシャルトル大聖堂と並ぶ，世界遺産に登録されている均整の取れたゴシック式大聖堂がある。かつて国王はこの教会で即位式を挙げたという由緒ある建物である（因みにパリ北に隣接するサン・ドニ教会が国王の墓所）。またやや都心を離れて，画家レオナルド・フジタ（藤田嗣治）のつくった礼拝堂もある。

シャルトルはパリ南東部，モンパルナス駅から在来線で1時間ほどの距離にある。小麦畑ボース平原にある人口8.7万人の県庁所在地である。フランスの聖地の一つであり小ぶりながら均整のとれたゴシック式大聖堂（1195年，写真35頁）である。ステンドグラスの美しさは超一級であろう。

工業都市から文化都市へ：リール

都市圏人口が100万人というフランドル地方の中心地であり，広場に面した旧証券取引所の建物はかつて繊維工業都市としての繁栄ぶりを象徴している都市である。都心部は狭く，市域人口は17万人に過ぎない。ベルギー国境に近いとはいえTGVの開設によりパリと1時間，ロンドン，ブリュッセルにも短時間で行けるようになり，ヨーロッパの拠点の一つになってきた。

TGVユーロップ駅の新設にともない付近は再開発されて，ユーラリルという大ショッピングセンター，国際会議場など現代建築の世界が広がる。2004年にヨーロッパ文化都市に指定され，ホスピス・コムテス（中世の病院，現博物館），旧市街の古い建物群が修復，整備されて美しくなり，伝統的な建物，美術館など都心部に見るべき施設は多い（図Ⅱ-2-8，写真35頁）。

2. フランス　35

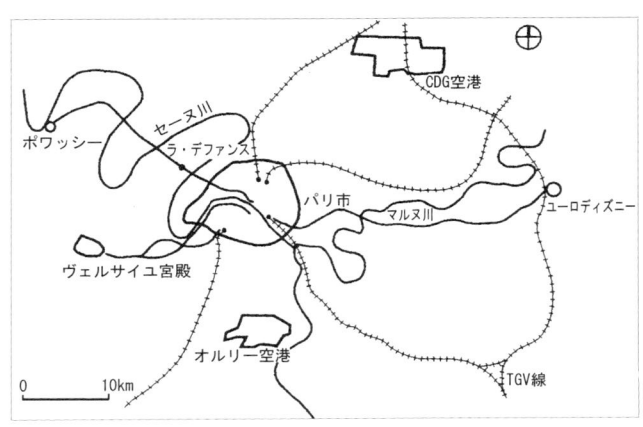

図Ⅱ-2-6　パリ近郊図

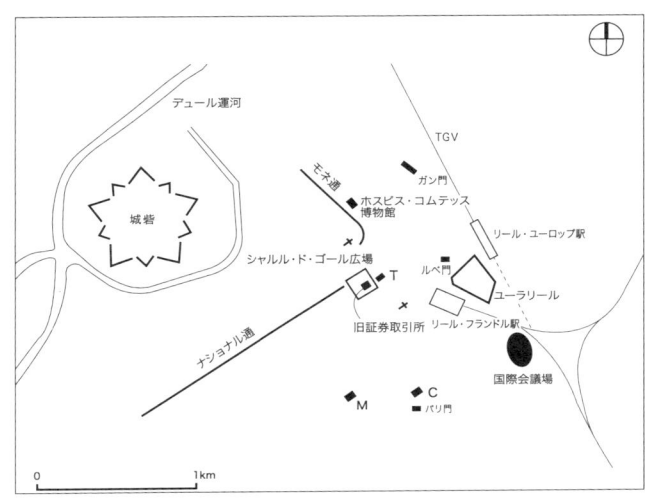

図Ⅱ-2-8　リールの観光資源

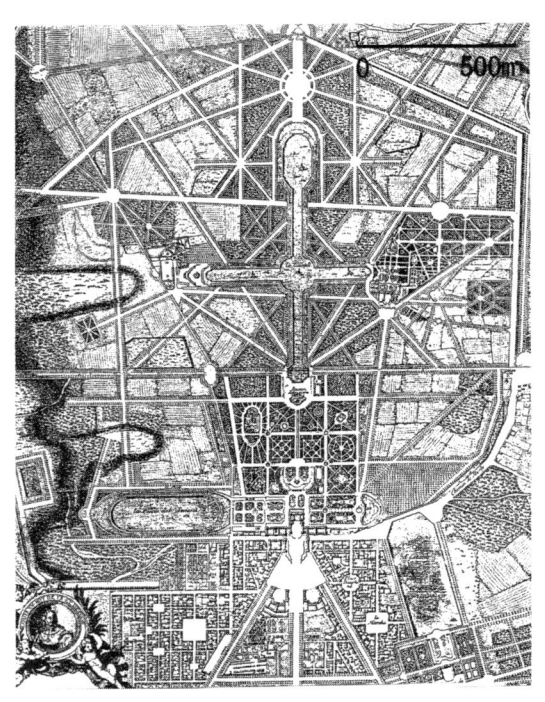

図Ⅱ-2-7　ヴェルサイユ宮殿と庭園
出典：レオナルド・ベネーロヴォロ著，佐野敬彦・林寛治訳（1983，原1975）：『図説都市の世界史3　近世』相模書房，p.174.

写真Ⅱ-2-11　サヴォワ邸（南面から，98年7月）

写真Ⅱ-2-12　ヴェルサイユ宮殿正面（98年4月）

→写真Ⅱ-2-13　シャルトル　大聖堂（03年9月）

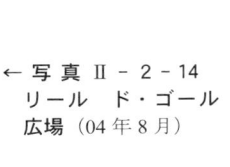

←写真Ⅱ-2-14　リール　ド・ゴール広場（04年8月）

4）フランスの地方都市
古い町と共存する美食都市：リヨン

リヨンは都市圏人口としては第二の規模であり，ローヌ川とソーヌ川の合流点に立地する。古代ローマの軍団の所在地として築かれて以来，ローヌ川を通して地中海とパリに向かう南北の交通路とアルプス越えの中央ヨーロッパと大西洋を結ぶ交通の要衝として発展してきた。近世には絹織物工業とともに工業都市として発展してきた。西はソーヌ川右岸の大地に立地する古代ローマ遺跡群があり，その麓に発達する旧市街（ヴュー・リヨン）は世界遺産に登録されている。段丘崖下には古い建物が密集し，狭い路地で囲まれた街には，レストランと土産物店が連なっている。川に挟まれた中央の地区が現在の中心部となっている。格子状に区画された町の中央に広場がありそれを取り囲んで市役所，オペラハウス，美術館がまとまっている。TGV開通後の中心駅はローヌ川左岸のパール・デューであり，駅前には再開発された高層ビルとショッピングセンターがある（図Ⅱ-2-9）。

ドイツの香りのする町：ストラスブール

東部アルザス地方の中心都市であり，ライン川をはさんでドイツとの国境に接している。ライン川の港湾都市であり旧市街はライン川の支流イル川によって囲まれ，船で周る観光コースとなっている。要塞都市であった名残りが旧市街周辺の保塁跡に見られる。この地方独特の木軸組家屋が見られる旧い町並みが残り，142mの尖塔をもつ大聖堂（1015年建設開始）はこの都市のランドマークであり，内部の大時計とともに観光の中心である。広場をはさみ旧司教館（ロアン）やアルザス博物館などがある。他方，新市街にはEU議会や国連機関（存在感がある現代的建物）があり，ヨーロッパの政治的活動の一つの中心をなしている。この都市は斬新な機能とデザインのトラムを導入して都心の自動車交通を減らし，環境に配慮した都市再生をめざす先駆的な例として注目されている（図Ⅱ-2-10, 11）。

保養都市の先覚地：ニース

イタリア国境に近い地中海岸の大都市ニース（都市圏人口第5位）はコートダジュールと呼ばれる海岸地帯の核心部にあたる代表的なリゾート地となっている。19世紀初めにイギリス人やロシア人貴族の避寒地として開発されて，「冬の首都」と呼ばれた（図Ⅱ-2-12）。ヨーロッパ上流社会の保養地としての華やかさは第一次世界大戦後に失われ，第二次世界大戦後からは大量の夏のバカンス客が押し寄せて大衆化されていった。城址のある丘の東側には旧港があり，西側には市場のある旧市街とさらに西方に開ける海水浴場と，それに並行するプロムナード・ザングレ（イギリス歩道）が続き，高級ホテルと別荘からなる立派な建物群がある（写真37頁）。北斜面にマチス，シャガール美術館をはじめとしたいくつかの美術館がある（図Ⅱ-2-13）。東には人口3万人のモナコ公国がある。カジノで有名なモンテカルロや海洋博物館，王宮があり，5月に市街地の公道で行われるF1レースには多くの人が見物にくる。

写真Ⅱ-2-15　リヨン　ソーヌ川とオテル・デュー（04年9月）

写真Ⅱ-2-16　ストラスブール　プティ・フランス地区（98年5月）

2. フランス　37

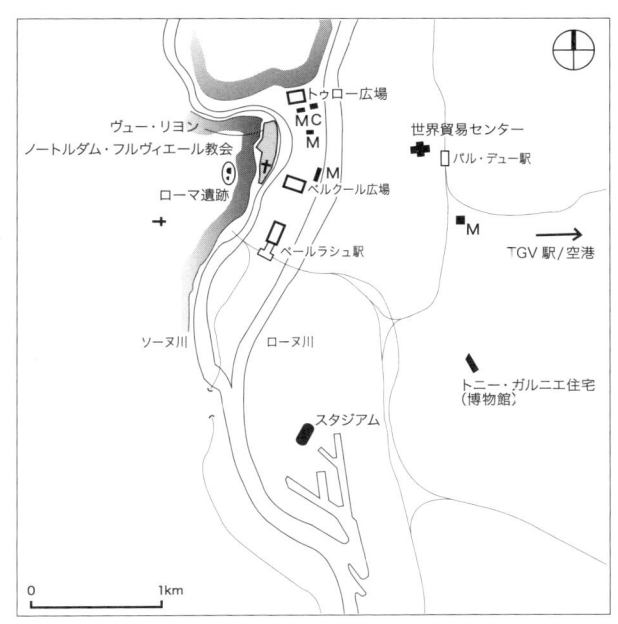

図Ⅱ-2-9　リヨンの観光資源
注：図Ⅱ-2-8・9・12・13はIGNの1：25,000地形図をベースに主要観光地点をMichelin, Guides Bleu Franceの評価基準に基づき作成．

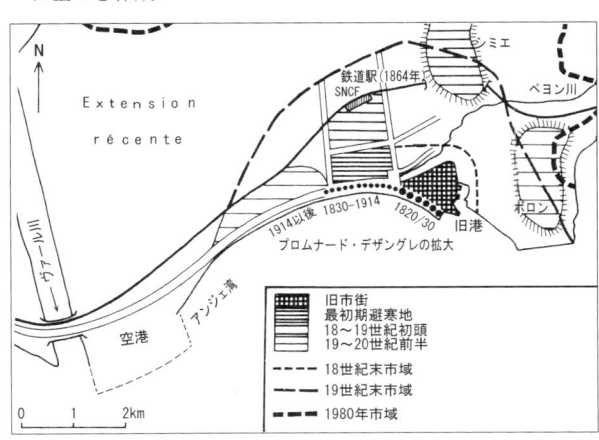

図Ⅱ-2-12　ニースの都市発展
出典：J.-P. Lozato-Giotart（1993）：Géographie du tourisme, Masson, p.93．

写真Ⅱ-2-17　ニース　城から
旧市街アングレ道と海岸（98年12月）

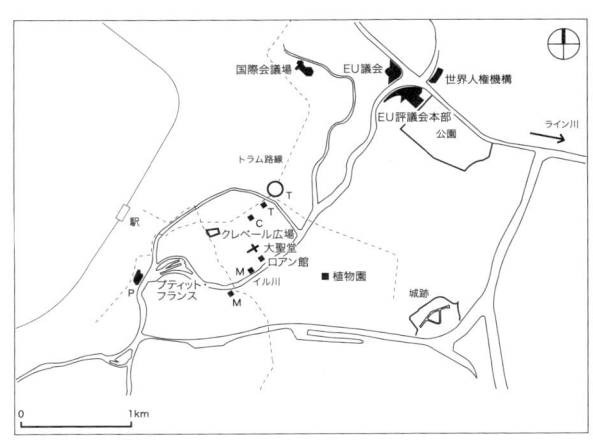

図Ⅱ-2-10　ストラスブールの観光資源

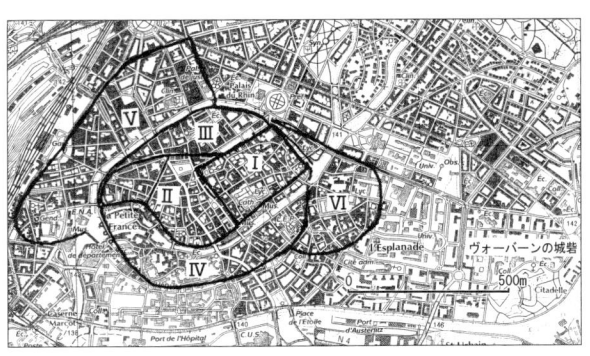

図Ⅱ-2-11　ストラスブールの発展
注：R. E. Dickinson（1961）：The West European City, Routledge, p.137を一部簡略化して，現在の1：25,000地形図に対応させた．Ⅰ：ローマ軍駐屯地，Ⅱ：9世紀の市域，Ⅲ：13世紀初期の市域，Ⅳ：13～14世紀の市域，Ⅴ：14世紀後半の市域，Ⅵ：14～19世紀までの市域，19世紀後半に拡大．

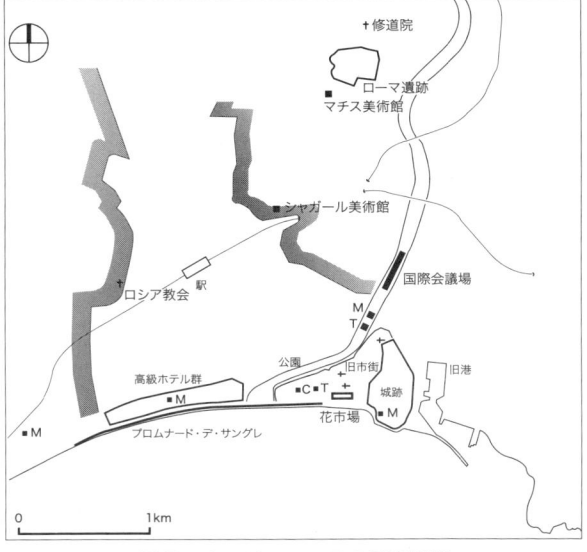

図Ⅱ-2-13　ニースの観光資源

3. イギリス

1) イギリスの観光都市

　通称イギリスと呼んでいる連合王国（United Kingdom）は，ブリテン島のイングランド，ウェールズ（西部），スコットランド（北部）とアイルランド島の北東部を占める北アイルランドの四つの地域の連合国家である。ヨーロッパ大陸とは狭いドーバー海峡によって隔てられているが，現在では海底トンネルによりユーロスターで結ばれている。首都ロンドンは巨大な世界都市でもあり，政治・経済・文化とあらゆる面での中心的存在であるが，観光面についても国際的な大観光都市であり，ビジネスマンも含めて世界各地から多くの人が訪れている。古代ローマの遺跡から大英帝国の繁栄をへて現代の最先端まで，豊富な観光資源をかかえていて，とくに若者にとって魅力がある。また，ほとんどの国との間に直行便があり，訪れやすい国の一つである。

　ブリテン島は南北約1,000kmと本州を一回り小さくした規模であり，それほど大きくはない。鉄道の発祥地でもあり，現在でも鉄道網は維持され機能しているし，道路網も系統的に番号がつけられてわかりやすく旅行しやすい。伝統的な文化遺産のみならず，緑豊な草原におおわれたゆるやかな高原とネス湖に代表される北方の湖などの自然，スコットランドのウィスキーのふるさとなども観光要素となっている。産業革命が最も早く進行したこの国では産業考古学も早くから盛んとなり，保存が進み，一部は野外博物館となって公開されている。都市ツーリズムとは直接つながらないが，この国のツーリズムの一面を示している。他方，多くの工業都市は長く稼動してきた工場群に歴史的な風格がただよう。

　この国は首都ロンドンへの一極集中構造をとるが，都市観光においてもそれ以外の都市の存在感は薄い。ミシュランとベデカーから取り出した都市（表Ⅱ-3-1）は，イングランドに19（両者が最高に評価したのが6都市，2位のどちらかが一つ下げた評価が8都市，両者とも下げたのが5都市）とそれほど多くはなく，スコットランドは4，ウェールズは2のみで，北アイルランドにはない。ついでにいえばアイルランドも首都ダブリンのみである。スコットランドでは首都である古都エディンバラとグラスゴーが最高ランクである。ネス湖やウィスキーの故郷を巡る旅も魅力になる。ウェールズの一つは古城カーナーフォンであり，都市としてはカーディフ一つしかないということである。

　イングランド南部の諸都市では，中世からの大学都市オックスフォード，ケンブリッジおよびイギリス国教会の総本山カンタベリー（ローマからの布教が始まり597年聖アウグスチヌスにより開設される。現在の建物は1130年，巡礼地でもある），南部のソールズベリーにはゴシック式大聖堂（1220～58年，塔は123mという最大の高さである）がある。温泉都市バースや，やや遠くなるがシェークスピアの生地ストラトフォード・アポン・エーヴォン（古い町並みと生家や関連する博物館）は，イギリス文学に親しんだ人には一度は訪れたい場所である。これらの場所はロンドンから日帰り圏である（図Ⅱ-3-1）。

　ヨークはローマ時代からの都市で中世の城壁とカンタベリーと並ぶステンドグラスの美しい大教会と鉄道博物館の町である。北方のハドリアヌスの城壁も歴史的な遺産として都市ではないが重要である。ダーラムはウィアー川からの眺めが美しい古い城と教会（1093～1274年）のある大学町である。世界遺産は26登録されているが，都市関係は少なく，ロンドンに3，近郊のグリニッジ，上記のダーラム，バース，カンタベリーのほか，リヴァプールとスコットランドのエディンバラのみである。

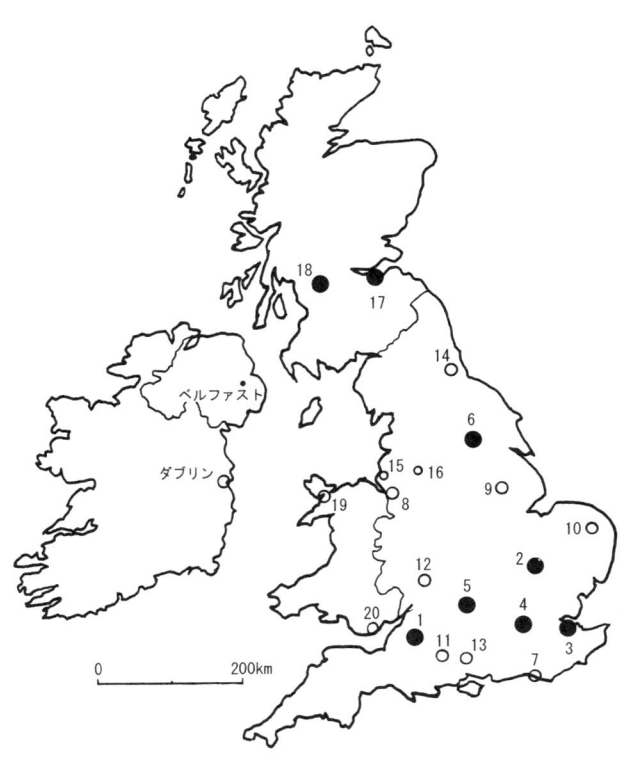

図Ⅱ-3-1　イギリスの観光都市
注：図の番号は表Ⅱ-3-1と対応．

写真Ⅱ-3-1　オックスフォード　カレッジの景観
（89年9月）

写真Ⅱ-3-2　ロンドン　シティー（バンク）（82年7月）

表Ⅱ-3-1　イギリス観光都市

	都　　　市		人口 (千人)	評　価			N	世界遺産		観光資源
				M	B	計				
イングランド										
1	バース	Bath	85	3	2	5	3	1987	6	温泉
2	ケンブリッジ	Cambridge	95	3	2	5	5		17	大学町
3	カンタベリー	Canterbury	36	3	2	5	2	1988	9	大聖堂
4	ロンドン	London	6,679	3	2	5	47	1987	29	
5	オックスフォード	Oxford	118	3	2	5	4		25	大学町
6	ヨーク	York	123	3	2	5	6		10	修道院
7	ブライトン	Brighton	192	2	2	4	1		3	王宮
8	チェスター	Chester	80	2	2	4	1		2	教会
9	リンカーン	Lincoln	80	2	2	4			4	教会
10	ノリッジ	Norwich	171	2	2	4	2		3	教会
11	ソールズベリー	Salisbury	39	2	2	4	2		3	大教会
12	ストラトフォード・アポン・エーヴォン	Stratford upon Avon	22	2	2	4	2		7	シェークスピア関連施設
13	ウィンチェスター	Winchester	34	2	2	4	2			教会
14	ダーラム	Durham	37	3	1	4	4	1986	2	教会
15	リヴァプール	Liverpool	481	2	1	3	2	2004	6	博物館
16	マンチェスター	Manchester	403	2	1	3	2		5	博物館
スコットランド										
17	エディンバラ	Edinburgh	419	3	2	5	6	1995	17	城
18	グラスゴー	Glasgow	662	3	2	5	2		13	博物館
ウェールズ										
19	カーナーフォン	Caernarfon	9	3	2	5	2	1986	3	城
20	カーディフ	Cardiff	279	3	1	4	1		3	城

注：M：ミシュラン，B：ベデカー，N：ナショナル・ジェオグラフィック・トラベラーの頁数．

2) 二つの核からなるロンドン

　ロンドンは国際的な大観光都市である。古代ローマ時代の遺跡から最先端のミレニアムドーム（写真1頁）まで観光資源が多い。交通インフラストラクチャーは整って市内の移動は容易である。大英帝国時代の繁栄をしのばせる伝統的なレンガ造りの建物と，各地で進む再開発により現代の先端を行く建物に出会うのもこの都市の魅力の一つである。

　ロンドンはテムズ川左岸のシティとウェストミンスターの2地区を中心に発展してきた（図Ⅱ-3-3）。起源はBC43年古代ローマ人が現シティのテムズ川沿いに砦（ロンディニウム）を築いたことに始まる。シティはその市壁の範囲とほぼ一致し，城壁の跡が一部残っている。東端に1066年ウィリアムⅠ世が堀で囲んで築いた城，世界遺産のロンドン塔（後の牢獄）がある。1666年の大火後にC.レンの計画の下で再建された構造を引き継ぎ，最高地点にセント・ポール大聖堂（写真41頁）が建ちランドマークとなっている。シティは世界経済の中心として発展し，ニューヨークのウォール街と並ぶ世界経済の中心である。バンク地区はイングランド銀行」（写真39頁），証券取引所，商品取引所などが集まる金融センターとなって，スーツ姿のビジネスマンが多数働いている。東はロンドン橋が架けられ，その下流の旧港湾地区ドックランドは再開発されてライトレールで結ばれ，高層ビルの建築が進むオフィス街となり（小型空港もある），シティの機能の一部が移ってきた。

　西のウェストミンスター地区は遅くれて成長したが，貴族の居住地として開発され，政治の中心となり官庁街，バッキンガム宮殿（衛兵の交代が人気）がある。ロンドンのランドマークとなっている国会議事堂の時計塔（通称ビッグベン）はかつてのウェストミンスター修道院が1834年の火災後の1860年に完成した。ゴシック様式で世界の議事堂建築のモデルとなる。歴史的建造物としては世界遺産に登録されたウェストミンスター大聖堂（1065年13世紀に大改修）が重要である。ゴシック式の建物で，国王の戴冠式が行われ，王族の墓地でもある。

　この二つの中間地，ブルームスベリー地区には大英博物館がある。これは世界最大級の総合博物館であり，年間600万人以上の世界最大級の入場者数がある。美術品と考古学の発掘品からさまざまな歴史資料，世界各地の民族資料からなる。図書館はユーストン駅付近に移転した。大英自然史博物館は大英博物館の自然史部門，ロンドン科学博物館は産業革命と科学技術系，ヴィクトリア・アルバート博物館は古典的な意味での総合博物館，の三つがサウス・ケンシントン地区にある。ナショナル・ギャラリー，国立ポートレート美術館，ウォレス・コレクション（個人），テート・ギャラリー（近代イギリス絵画）は左岸に，右岸のテート・モダンは旧火力発電所の建物を転換した巨大な現代美術館であり，ロンドン大都市圏には269の博物館がある（図Ⅱ-3-2）。

　都心はピカデリー・サーカスを軸に東にソーホーの歓楽街，中華街，劇場・映画館，王立オペラハウス，コベントガーデン市場跡などがあり，南にネルソン提督がたつヴィクトリア広場に続く。商店街ではピカデリー・サーカス（写真41頁）から北へ延びるリージェント通は高さがそろった美しい通りで高級店が多く，その先はリージェントパークにつながる。ブランド街はボンド・ストリートにあり，オックスフォード通は最も人出が多い商店街となっている。やや西のナイツブリッジ地区にはヨーロッパ最大といわれる老舗の百貨店ハロッズがあり一見の価値がある。南西郊外のキューガーデンは世界遺産にも登録された広大な植物園であり，都心の公園ハイドパークやリージェントパークとはまたちがった楽しみがある。

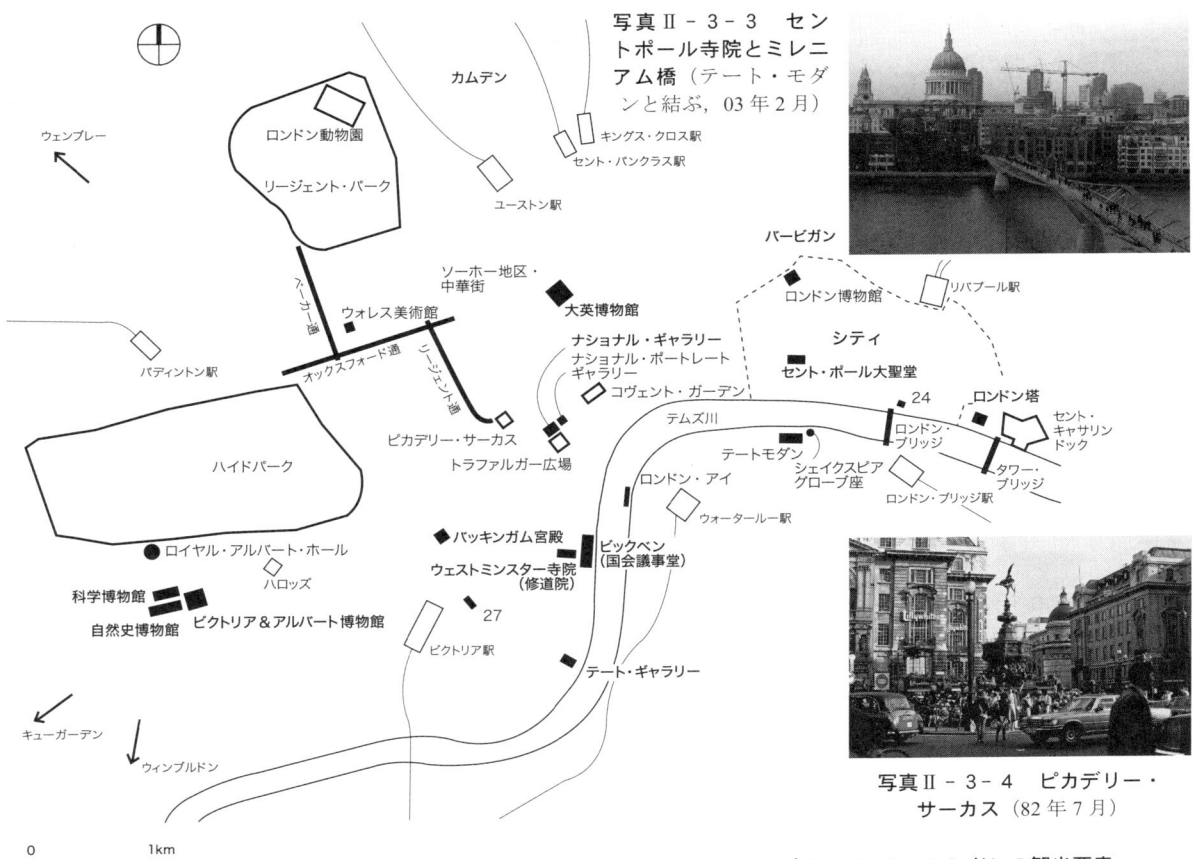

写真Ⅱ-3-3 セントポール寺院とミレニアム橋(テート・モダンと結ぶ, 03年2月)

図Ⅱ-3-2 ロンドンの観光資源
　注：表Ⅱ-3-2に対応.

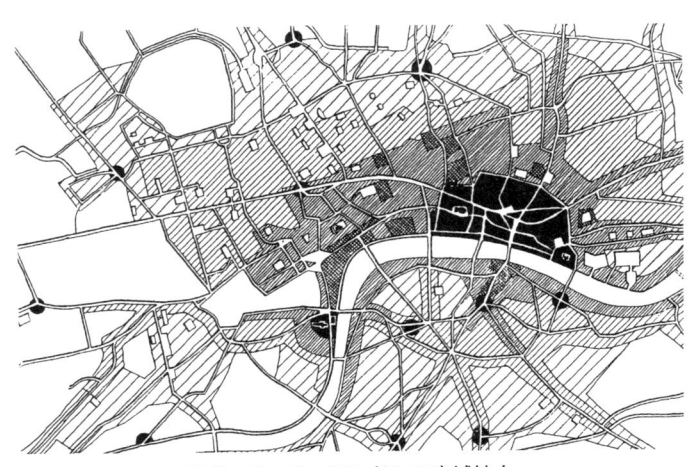

図Ⅱ-3-3 ロンドンの市域拡大

出典：S. E. Rasmussen（2008）：Villes et architectures, Parenthéses, p.142より部分採録.
注：黒の部分が中世の市街地, 網目の碁盤目が中世以降宗教施設を核とした建物群から濃い順に1660年頃, 1790年頃, 1830年の市街地.

写真Ⅱ-3-4 ピカデリー・サーカス（82年7月）

表Ⅱ-3-2 ロンドンの観光要素

1	3	ビッグベン（国会議事堂）
2		ロンドン塔
3		ロンドン・アイ
4		セント・ポール大聖堂
5		ウエストミンスター寺院（修道院）
6	M	大英博物館
7	M	ナショナル・ギャラリー
8	M	ナショナル科学博物館
9	M	テート・ギャラリー
10	M	ヴィクトリア・アルバート博物館
11	M	ウォレス美術館
12	2	バッキンガム宮殿
13		ハイド・パーク
14		カナリー・ワーフ
15		ロンドンブリッジ
16	M	タワーブリッジ
17		コヴェント・ガーデン
18		ピカデリー・サーカス
19		トラファルガー広場
20	M	ロンドン博物館
21	M	国立ポートレイト・ギャラリー
22	M	ナショナル自然史博物館
23	M	テート・モダン
24	1	ロンドン大火記念塔
25		王立オペラ・ハウス
26		ソーホー地区・中華街
27		ウェストミンスター大聖堂

注：評価はミシュランによる. Mは博物館.

3) ロンドン郊外とイギリスの地方都市

子午線0度の町：グリニッジ

　テムズ川右岸，ロンドンの旧港湾地区ドックランドの対岸にあって歩行用トンネルと地下鉄でつながっている。広大な公園の中にある旧英国天文台が子午線の基準0度であり，東経と西経に分ける表示があり記念写真の場になっている。帆船時代最後のカティーサーク号や海洋博物館，海軍関係の建物等を併せて海洋都市として世界遺産に指定されている。2000年を記念して川沿い湾曲部に巨大なミレニアムドーム（R. ロジャース設計，多用途のホール）が建設された（図Ⅱ-3-4）。

最初の田園都市：レッチワース

　20世紀初頭ロンドンの北70kmの郊外に，ハワードの提唱した都市と農村を融合する理念により計画された田園都市である。住宅地は緑の多い広い敷地に戸建住宅群からなる。同様のタイプはウェルウィンにもある。東京の田園調布のみならず郊外住宅都市の理想モデルとして大きな影響を与えた。いわゆる観光都市ではないが一見の価値がある。第二次世界大戦後のロンドンの衛星都市のモデルとしては，北西郊外のステブネジが近い。またやや離れているが，大規模な衛星都市として最後に開発されたミルトン・キーンズがあり，日本の郊外都市とのちがいを実感できる（図Ⅱ-3-5）。

大学都市：オックスフォード

　ロンドン北西約90kmのオックスフォードと北部のケンブリッジはともに13世紀に始まるイギリス最古の大学町である。テムズ河畔のオックスフォードは市内に35のカレッジがあり，それぞれのカレッジは教会・図書館・寄宿舎等をもち，レンガ造りの格式のある建物群がほとんど$1km^2$に集まっている（図Ⅱ-3-6，写真39頁）。イギリス最初の博物館といわれるアッシュモリアン博物館や多くの博物館がある。ここから北西約10kmに世界遺産に登録されたアン女王をたたえてつくられた荘厳なブレナム宮殿と広大な庭園がある。第二次世界大戦を指導したW. チャーチルの生地でもある。

温泉都市：バース

　ロンドンの西180kmにあるローマ時代からのイギリス最大の温泉地である。都心には大修道院とともに豪華なつくりのローマ風呂に人が集まるリゾート地である。18世紀前半に再開発されて，市域北部に円形広場のサーカスと三日月形のロイヤルクレセント広場を囲んだジョージア式建築が，世界遺産に登録されている（写真43頁）。イングランドにおいて旧市街を単位として登録されているのはここだけである。

ビートルズの町：リヴァプール

　マージーサイド右岸に立地するかつての奴隷貿易，新大陸渡航の拠点港である。19世紀までこの国の繁栄を支えてきた港湾地区は20世紀後半には衰退したが，2004年世界遺産に登録された。港湾地区には多くのドックとともに海運関係の歴史的建造物（写真43頁）が多く，ドックの一部は埋立てられてコンベンションセンターになる（図Ⅱ-3-7）。海事博物館やリヴァプール・テート・ギャラリー等も進出し，モダンアートの街に転換し，さらに現在では60年代前半に世界的に大活躍したザ・ビートルズの故郷を観光の看板にしている。彼らの活動を記録した建物は多く残されていないが，ゆかりの地を巡るツアーが成立している。2008年には，グラスゴーに次いでイギリスにおいてヨーロッパ文化都市に指定され，町が整備され美しくなり，観光客でにぎわいを取り戻している。

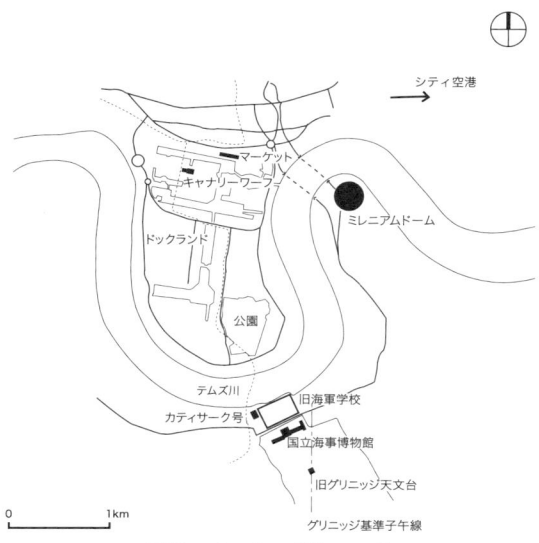

図Ⅱ-3-4　グリニッジ

注：New London Docklands and Greenwich Street Geo Projects 1:10,000 を基に著者作成．

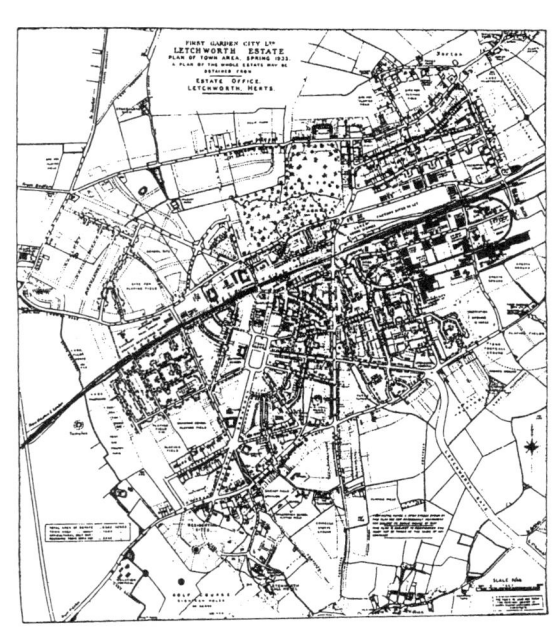

図Ⅱ-3-5　レッチワース

出典：西山八重子（2002）：『イギリス田園都市の社会学』，ミネルヴァ書房，p.79．

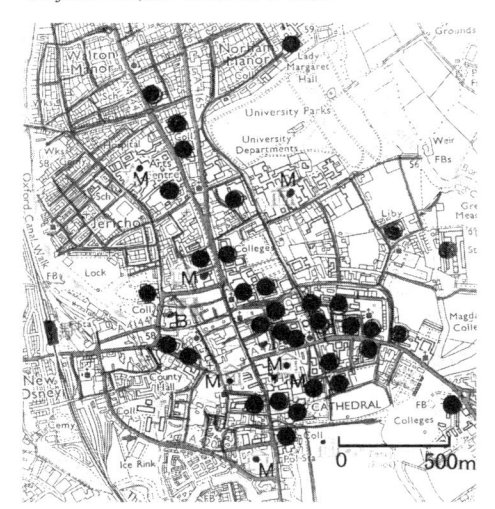

図Ⅱ-3-6　オックスフォードのカレッジ分布

注：OS 1：25,000 Oxford をベースに Postermaps Asouvenir Map & Guide to Oxford 記載の College を黒丸で記入した．M は博物館．

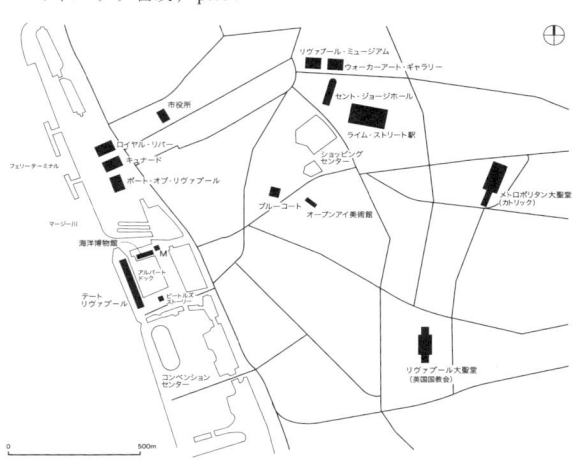

図Ⅱ-3-7　リヴァプール

注：Liverpool City Center Map（2008）（志村 喬氏提供）を基に，Merseyside Tourism Board：Liverpool and Mersey-side を参照して著者作成．

写真Ⅱ-3-5　バース　ロイヤルクレセント（05年8月）

写真Ⅱ-3-6　リヴァプール　旧港湾地区
（志村 喬撮影，08年9月）

4. ドイツ

1) ドイツの観光都市

　第二次世界大戦後，東西に分割されていたドイツが1990年に再統一されて，日本よりやや狭い面積と8,000万人という大規模な人口をもつ国となった。北の北海・バルト海沿岸の低地から南部のアルプス山地まで大陸の中央に位置して自然的にも多様であり，16の州（うち3は大都市）からなる連邦国家として地域差は大きい。近代国家としてプロイセンを中心としてドイツが統一国家を形成したのは，比較的新しく1871年のことである。歴史的に各地の領主の独立性が強く，それぞれの地方に個性的な城，宮殿，大聖堂などの歴史的建造物があり，多くは第二次世界大戦で破壊されたが（図Ⅱ-4-2），修復・復元されて観光の対象となっている。

　ドイツの観光都市は表Ⅱ-4-1のように4段階に整理して，それを図Ⅱ-4-1にした。第1ランクのベデカーとミシュランがともに最高に評価した都市は8，ミシュランの評価が一つ低い都市が7，二つ低い都市が4，ベデカーも一つ下げた都市が6の合計25である。旧東ドイツ側は7と少ない。

　最大の観光都市はベルリン，次いでミュンヘンである。それにハンザ都市としての伝統をもつドイツ最大の港湾都市ハンブルクおよびライン川畔の2本の高い尖塔をもつゴシック式大聖堂のあるケルンという100万人級の大都市が上位グループとして続く。ドレスデンは東側にあったために復興が遅れた都市であったが，統一後，爆撃で破壊された聖母教会は修復された。第2ランク以下のリストの中には，日本のガイドブックでは紹介されない都市も含まれてくる。

　他方，人口1万人のローテンブルクは，ロマンチック街道の最大の観光拠点である。これはヴュルツブルクからアウグスブルクを経てアルプス山麓のフュッセン（人口1.6万人）まで26の街を結ぶ約350kmの街道が整備されて，中世の町並みがよく保存されている。日本人やアメリカ人に人気のある観光コースとなっている。中間地点のネルトリンゲンは円形の城壁に囲まれているが，かつて隕石が落ちた跡ともいわれている。オーストリア国境に近いフュッセン郊外の森の多い丘陵には，白い小型のノインシュバインシュタイン城があり人気を呼んでいる。ドイツの観光宣伝写真によく登場している。都市観光以外で重要なのはライン川下りである。その核となるのはマインツからコブレンツまで，せまい峡谷とローレライ伝説，多くの城とブドウ畑の景観が魅力である。川下りはボンまで可能である。

　フランクフルトはドイツの航空路の中心である。ゲーテの街でもあるが，中央駅前はヨーロッパ最大の金融センターとしての高層ビル群がならび，その先に戦災から復元された旧い街並みとマイン川対岸には博物館地区がある。観光都市としての評価が低いなかでは，デュッセルドルフは大企業の本社が多いために日本企業の進出拠点となり，ヨーロッパ最大の日本人町をつくりあげていて，日本からの客が多い。ライン川畔にはライ ンタワーがあって，近代的な街と蛇行するライン川の眺望を楽しめる。ケルンのすぐ南にあるボンは西ドイツ時代の首都であり，現在も一部の中央官庁を残すが，ややさびれている。市庁舎とともにベートーベンハウス（生家）に訪れる人が多い。

　世界遺産登録は39あり（2007年），90年代以降登録が増えつつある。そのうち表の都市にかかわるのが約半数の16カ所になる。ルクセンブルク国境に近いモーゼル川右岸にドイツ最古であるローマ時代の都市トリーアがある。城門ポルタネグラと円形劇場が保存されている。

4. ドイツ　45

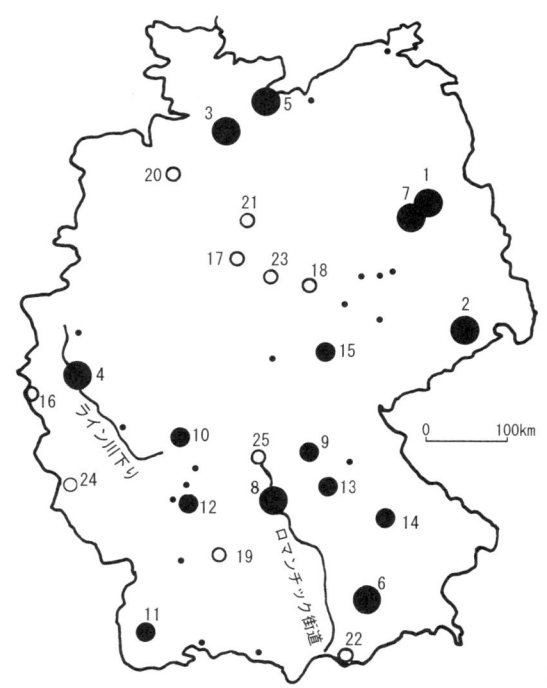

図Ⅱ-4-1　ドイツ観光都市
注：番号は表Ⅱ-4-1に対応．図中の黒点は都市以外の世界遺産所在地を示す．

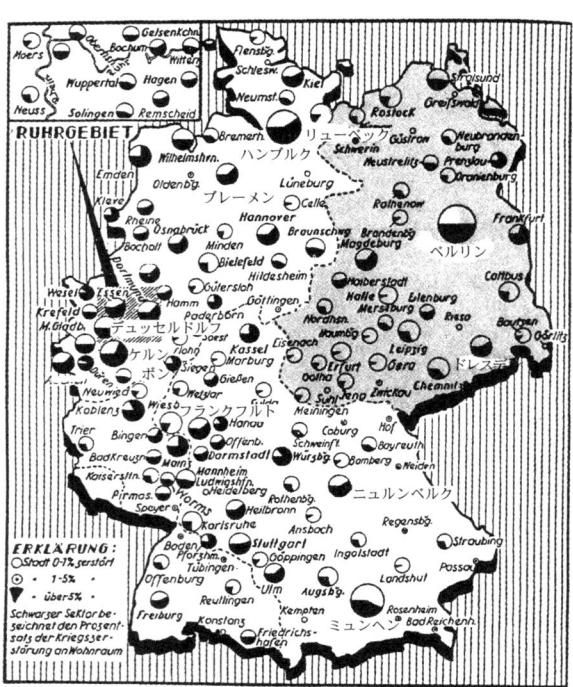

図Ⅱ-4-2　ドイツ都市の戦災被害率
出　典：H. Beseler, N. Gutschow : Kriegsschicksale Deutscher Architektur Karl Wachholtz Verlag の付図（原図は G. W. Harmssen 1948）

表Ⅱ-4-1　ドイツの観光都市

	都　　市		人口(千人)	評価ガイドブック						ホテル	世界遺産	主要観光資源
				B	M	計	A	N	LP			
1	ベルリン	Berlin	3,500	2	3	5	37	29	54	116	1999	博物館島
2	ドレスデン	Dresden	480	2	3	5	14	6	11	62	2004	宮殿
3	ハンブルク	Hamburg	1,650	2	3	5	19	8	26	81		博物館
4	ケルン	Köln	1,008	2	3	5	7	10	12	77	1996	大聖堂
5	リューベック	Lübeck	216	2	3	5	6	2	7	11	1987	旧市街
6	ミュンヘン	München	1,298	2	3	5	22	23	34	99		博物館
7	ポツダム	Potsdam	127	2	3	5	4	4	5	16	1990	宮殿
8	ローテンブルク	Rothenburg ob der Tauber	12	2	3	5	7	3	4	3		旧市街
9	バンベルク	Bamberg	70	2	2	4	2	2		9	1993	旧市街
10	フランクフルト	Frankfurt am Main	660	2	2	4	22	5	17	93		博物館
11	フライブルク	Freiburg im Breisgau	197	2	2	4	3	2	5	42		大聖堂
12	ハイデルベルク	Heidelberg	135	2	2	4	8	3	8	41		城
13	ニュルンベルク	Nürmberg	500	2	2	4	7	4	10	62		教会
14	レーゲンスブルク	Regensburg	141	2	2	4	5	2	6	13	2006	旧市街
15	ワイマール	Weimar	58	2	2	4	8	4	8	7	1998	博物館
16	アーヘン	Aachen	253	2	1	3	2	2	4	15	1978	大聖堂
17	ヒルデスハイム	Hildesheim	106	2	1	3			4	3	1985	大聖堂
18	クヴェートリンブルク	Quedlinburg	26	2	1	3	2		3	5	1994	市庁舎
19	シュトゥットガルト	Stuttgart	587	2	1	3	6	4	10	86		博物館
20	ブレーメン	Bremen	552	1	2	3	5	4	20	42	2004	広場・市庁舎
21	ツェレ	Cell	74	1	2	3	3	1	3	7	2004	市庁舎
22	ガルミッシュ・パルテンキルヘン	Garmish Partenkirchen	26	1	2	3	4	3		15		スキー場
23	ゴスラル	Gosler	47	1	2	3	4	1	3	8	1992	鉱山町
24	トリーア	Trier	100	1	2	3	3	2	5	7	1986	ローマ遺跡
25	ヴュルツブルク	Würzburg	130	1	2	3	6	2	5	9	1981	司教館

注：観光都市の評価は，B：ベデカー，M：ミシュラン，A：地球の歩き方，N：ナショナル・ジェオグラフィック，LP：ロンリープラネットの日本語版ページ数．ホテル数はミシュラン赤記載の数．

2）東西分断から再統一へ：首都ベルリン

　ベルリンは1224年，北ドイツ，シュプレー川の小さな中州，ケルンと呼ばれる集落に起源をもち，ブランデンブルク地方の中心地を経て，プロイセン王国の首都として大きく成長した（図Ⅱ-4-3）。現在は面積892km^{2}の広さをもつ人口339万人という巨大な都市となり，大都市としては都心のティアガルテンほかに緑地が多い。テーゲル空港は都心に近いが規模が小さく，南東のシェーネフェルト空港も使われている。都心部にある戦後冷戦期の西ベルリンを支えてきたテンペルホフ空港は使われなくなっている（図Ⅱ-4-4）。

　第二次世界大戦により東西に分割されたドイツではベルリンも東西に分割され，西ベルリンは東ドイツの中に島状に存在していたが，1989年11月9日のベルリンの壁崩壊後統一に向かい，2000年に首都に返り咲いた。それに伴う官庁街の整備・中央駅の建設という建築ブームが続き，その象徴はポツダム広場に新たな商業・ビジネス中心がつくられ，ダイムラー・ベンツ，ソニーといった世界的大企業のビルが新たなランドマークになった。現代建築に出会うことが，ここのツーリズムにも大きなインパクトを与えている（図Ⅱ-4-5，写真49頁）。

　都市のへそに当たるのがブランデンブルク門（写真47頁）である。かつては東西の分断を象徴していた。その西側にある国会議事堂は改修されて建物の上にガラス張りのドームを乗せ（フォスターほか設計），街を無料で展望できるようにしてツーリストに開放して人気を呼んでいる。東への大通ウンター・デン・リンデンにはドイツ歴史博物館，オペラ劇場，国立図書館，フンボルト大学があり，さらに東へ向かうと旧ベルリンの中心部に至り，市庁舎，ニコライ教会，アレクサンダー広場とテレビ塔があり，緑の多い市域を眺望できて，シンケルによる19世紀の都市計画が理解できる。

　シュプレー川の中州北部は博物館島と呼ばれて，五つの大博物館が19世紀中頃から20世紀前半にかけて建設され世界遺産となっている。ボーデ美術館エルンスト・イーネによりフリードリッヒ皇帝博物館としての起源をもつ。最も巨大な建物がペルガモン博物館であり，トルコのベルガマ遺跡から発掘復元した宮殿を収容している。南にウィルヘルムⅣ世の命で，新美術館と旧国立美術館，大通りに旧美術館，さらに大戦で破壊されて1966年再建ベルリン大聖堂に接している。南にはD. リベスキンドの設計により2001年に開設されたユダヤ博物館が話題をよんでいる。複雑な回廊状の形の建物と中庭があり，ドイツ・ベルリンにおけるユダヤ人の歴史と文化が理解できる。さらにポツダム広場付近にもユダヤ人記念碑が建設された。

　博物館ガイド（2002）には180の博物館がある。東ベルリン都心周辺に17，空港に近いシャルロッテンブルク宮殿付近に6，ベルリン自由大学のあるダーレム地区に5（少し離れて植物園もある）という集中地区がみられる。戦争の傷跡として，爆撃で破壊された状態を残したウィルヘルムⅡ世記念教会（写真25頁）が旧西側時代最大の商業街・繁華街クーダムの東端に残されている。ナチスの国威発揚の場となった1936年オリンピック会場（2006年ワールドカップに際して改装）も観光対象となろう。芸術都市としてのベルリンは三つのオペラハウスをもち，また2月にはカンヌ（5月），ヴェネツィア（9月）と並ぶ三大映画祭が有名である。

　南西郊外15kmのポツダムは，湖のある美しい景観と世界遺産に登録されたサンスーシー城・庭園がベルリン市民のレクリエーション地区となっている。連合国により日本の戦後処理を決定した会議場もこの一角の建物で開かれた。重みのある場所である。

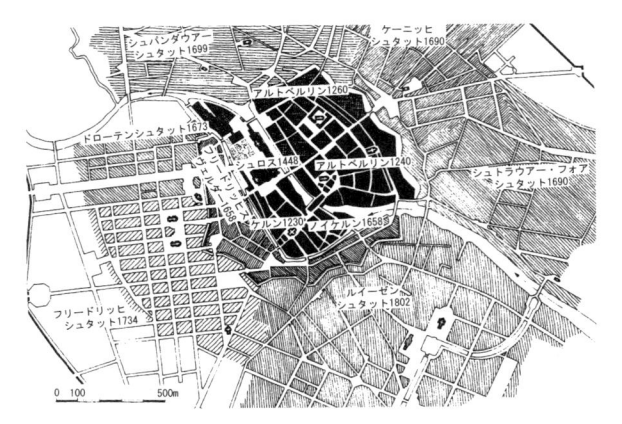

図Ⅱ-4-3　ベルリン（1800年頃）
出典：W. ブランフェス（1976）：『西洋の都市－その歴史と類型』，丸善，p.203.

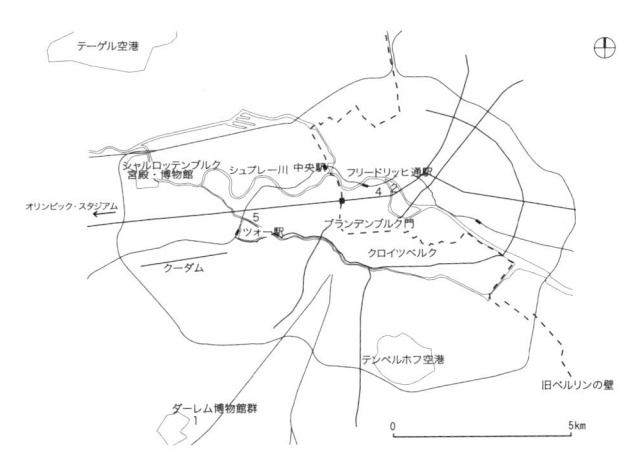

図Ⅱ-4-4　ベルリン概念図
注：ミシュランの地図を基に著者作成.

表Ⅱ-4-2　ベルリンの観光資源

番号	B	M	G		
1	2	3	3	8	ダーレム博物館群
	2	2	3		民族学博物館
	1	1	2		インド芸術美術館
	1		2		東アジア美術館
			2		植物園
2	2	3	3	8	博物館島
	2	2	3		ペルガモン博物館
	1	2	3		旧美術館
	1	2	2	1	旧国立美術館
		0			新美術館
	1	1	2	2	ボーデ美術館
3	2	3	3	8	文化フォーラム
	2	2	3		新国立美術館
	2	2	3		装飾芸術美術館
		3	2		フィルハーモニー
4	2	2	3	7	ウンター・デン・リンデン通
	2	2	2		ブランデンブルク門
	2	2	2		ドイツ歴史博物館
	1	1	2		国立オペラ劇場
	1	1	1		ノイエ・ヴァッハ
5	1	2	1	2	動物園
6	2	3	2	7	連邦議会議事堂
7	2	1	3	6	シャルロッテンブルク宮殿
	1	2	2	5	エジプト博物館
		3	2		ブハーレン博物館
	1	2	2		ベルグリューン・コレクション
8	1	2	2	5	ティーア・ガルテン（公園）
9	2	2		4	ポツダム広場
10	2		2	4	ジャンダルメン広場
			2		シャウスピールハウス
			2		ドイツ教会・フランス教会
11	1	1	2	4	クルフュールステンダム通（クーダム）
	1	1	1		ウィルヘルムⅡ世記念教会
12	1	2	1	4	ニコライ教会
13	1		2	3	アレクサンダー広場・塔
14	1		2		ユダヤ博物館
15	1	1	1	3	オリンピックスタジアム
16	1	1		2	ベルリン大聖堂
17	1		1		マリエン教会
18	1		1		自然史博物館
19	1		1		メルキッシュ博物館
20	1				チェックポイント・チャーリー
21	1				聖ヘドヴィッヒ教会
22	1				ベルリン博物館
23	1				旧市庁舎（赤）
24	1				ドイツ科学技術博物館
25			1		バウハウス博物館
26			1		マルチン・グロピウス博物館

注：ガイドブックの評価を基に作成.

写真Ⅱ-4-1　ベルリン　ブランデンブルク門（03年2月）

図Ⅱ-4-5　ベルリン都心部：連邦政府関連機関と文化施設
注：Bundeshauptstadt Berlin 1：7575 Adler & Schmidt（2000）から関連部分を抽出して著者作図．数字は表Ⅱ-4-2に対応．黒丸が連邦政府関連機関．

3）ドイツの地方都市
芸術都市：ミュンヘン

ドイツ南部バイエルン州の中心地，ドイツ第三の大都市（人口130万人）であるミュンヘンは，工業都市であるとともに大観光都市でもある。博物館が充実している芸術都市であり，市役所を中心としたかつての城壁内旧市街地は，修復された街並みと歩行者専用道路をもつ商店街に多くの人が集まる。10月のビール祭は100万人を超える人々が参集するので有名である。

バイエルン王国のルートヴィッヒI世（1825-40）の時代，北のアテネを目指して芸術都市を建設するために，市壁の北西部に美術館群と公園からなる街が建設された。14～18世紀の古典を収めた美術館，アルテ・ピナコテーク（1836年）と18～20世紀の近代美術館であるノイエ・ピナコテーク（1853年）が相対しており，その南側にはギリシャ・ローマ時代の作品を収集した古代彫刻美術館（1830年）と古代美術館（1848年）が向かい合わせにある。さらに20世紀初頭の前衛的芸術を中心としたレンバッハハウス（1929年に美術館），および現代美術館がこの地区に加わる。イゼール川の中州にあるドイツ博物館は，自然科学・工学技術系の大博物館である。このような巨大な博物館・美術館がかなり狭い範囲に集積しているのが，この都市の特徴であろう（図II-4-6）。

城壁内はランドマークであるからくり時計の塔がある新市役所とマリエン広場（写真49頁）を中心に，北にヴィッテルバッハ家の宮殿であるレジデンツがある。城壁は取り外されて環状道路となっているが，城門がいくつか残されている。都心には二つの塔をもつ聖母教会（1468年）より高い建物はない。中心街路は1972年のオリンピックに際して路面電車等を地下化して整備された，カールス門から市役所前広場までが歩行者専用道路となっている。各種のパーフォーマンスがにぎわいを演出して，娯楽性ではヨーロッパ第1級の通りであり，最も観光客が集まる場所である。オリンピック会場は市域北部にスタジアムを建設し，そこの展望塔からは市域を見通すことができる。2006年のワールドカップに際しては，さらに北方郊外に近代的な大スタジアムを建設した。北西の郊外にはニンフェンブルク城（1664年）と広大な庭園がある。

中世港町の栄光：リューベック

バルト海に面したハンザ都市の中心であり，ハンザの女王と呼ばれるレンガ造りの美しい街である。河口からは十数キロ遡るトラーヴェ川の中州にできた港湾都市である。鉄道駅からはこの町のランドマークとなるホルステン門を通して旧市街に入る。塩の取引により繁栄した大倉庫群，レンガ造りの市庁舎（1484年）とマルクト広場，および高い塔のある大聖堂，マリエン教会，聖ペトリ教会（1240年）など四つの教会が観光の中心である。爆撃で被害を受けたが修復されて昔の都市形態をよくとどめている（図II-4-7・8，写真49頁）。

古の大学街：ハイデルベルク

ライン川の支流ネッカー川左岸の山麓に中世の荒れた城があり（100mの高度差），川沿いの狭い平地にドイツ最古のハイデルベルク大学（1386年）がある古都である（人口15万人）。旧市街は戦災をまぬかれて，重厚なレンガ造りの大学の建物と精霊教会をはじめ歴史のある建物が1kmほど続く町並みがあり，マルクト広場と大学広場を中心に旧い大学町の雰囲気を残している。カール・テオドール（アルテ）橋を渡った右岸中腹には，有名な「哲学の道」がある。現在の大学は右岸の新市街にある（図II-4-9）。

4. ドイツ　49

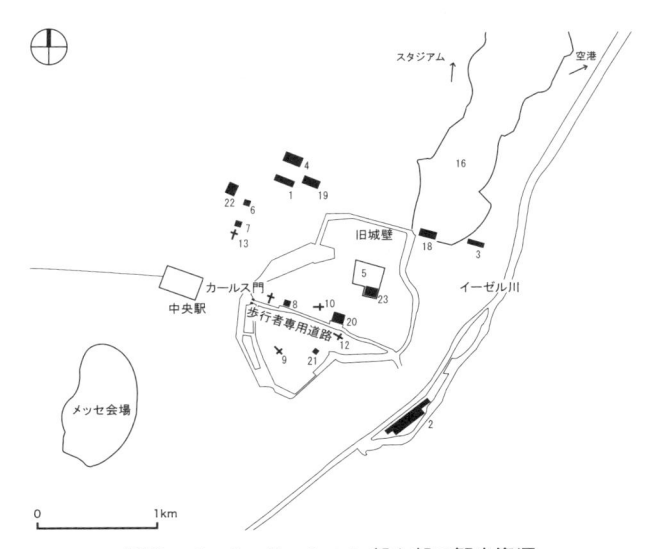

図Ⅱ-4-6　ミュンヘン都心部の観光資源
注：ベデカーとミシュランの評価を1：25,000地形図に記載，表Ⅱ-4-3の番号は地図と対応．

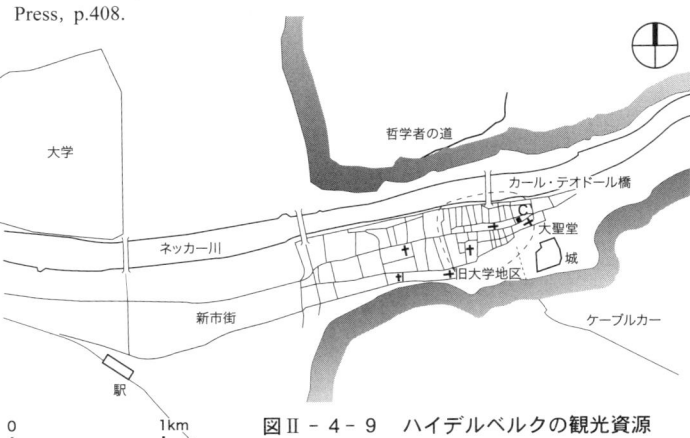

表Ⅱ-4-3　ミュンヘンの観光資源

	B	M		
1	2	3	M	アルテ・ピナコテーク
2	2	3	M	ドイツ博物館
3	2	2	M	バイエルン・国立博物館
4	1	1	M	ノイエ・ピナコテーク
5	1	1		レシデンツ
6	1	1	M	グリプトテーク
7	1	1	M	古代美術博物館
8	1	1	M	ドイツ狩猟博物館
9	1	1		アスム教会
10	1	1		聖母教会
11	1	1		マリエン広場
12	1			マリエン教会
13	1			ティアティーナ教会
14	1			王立広場
15	1	2		ニンフェンブルク（城）
16	1	1		イギリス庭園
17	1	3		オリンピック公園（塔）
18	1		M	芸術の家
19	1	0	M	州立現代美術館
20	1	0		新市庁舎
21	1		M	ミュンヘン市博物館
22	1	1	M	レーンバッハ邸美術館
23				ミュンヘン歌劇場

注：B：ベデカー，M：ミシュラン．

図Ⅱ-4-7　1750年頃のリューベック
出典：E. A. Gutkind（1964）: Urban Development in Central Europe, The Free Press, p.408.

図Ⅱ-4-8　リューベック
注：1：25,000地形図を基に著者作成．

写真Ⅱ-4-2　ベルリン　ポツダム広場（ソニーセンター）（04年9月）

写真Ⅱ-4-3　ミュンヘン　市役所前広場と聖母教会塔（05年9月）

図Ⅱ-4-9　ハイデルベルクの観光資源
注：1：25,000地形図を基に著者作成．

写真Ⅱ-4-4　リューベック　聖ペトリ教会からホルステン門（94年8月）

5. イタリア

1) イタリアの観光都市

　イタリアは長靴型に地中海に突き出した半島国であり，火山もあり山地が多く，北のアルプスの山岳地域から南まで海岸線が長く変化のある景観が全国に展開する。シチリア島（アフリカに近く本土とはやや異なった文化が栄え，パレルモ，シラクザなどの大都市，アグリジェントの古代ギリシャ遺跡をはじめ，バロック都市群などの観光資源が世界遺産になる）とサルデーニャ島の二つの大きな島を含み，海水浴場，避寒地として早くから観光地として開発されてきた（図Ⅱ-5-1）。紀元前に始まる古代ローマ帝国から栄えた文明とルネッサンス期の繁栄から，多くの歴史的建造物と芸術作品に出会える。ヨーロッパの人々にとって明るい太陽とともに憧れの地であり，文化遺産に満ちた観光大国である。さらにブランド品を扱う商店街での買物と美味しい料理とワインに出会えることも，観光の魅力を増やしている。

　多くの都市は古代ローマ時代の街路パターンを引き継ぎ，都心には中世風の狭い街路をもっている。第二次世界大戦では，ローマ，ヴェネツィア，フィレンツェなどが無防備都市を宣言して，戦災から免れた。この3都市がイタリア観光の三大拠点である（図Ⅱ-5-1）。世界遺産登録数は41（バチカンを含む2006年）と世界で最も多くあるのもうなずける（ただし1995年以降増加）。イタリアは近代国家としての国家統一は遅く（1871年），多くの都市は都市国家としての伝統を引き継ぎ個性豊かである。近代化以降はミラノ，トリノを軸とする北部に工業都市が発達し，ローマを含む南部は農村地域として取り残されて経済格差が大きい。

　南部のナポリはヴェスヴィオ火山を背景にする世界三大美港の一つといわれ，近くにポンペイの都市遺跡があるし，この付近の海岸線は観光地となっている。北部の港湾都市ジェノヴァはコロンブスの生地であり，都心部は世界遺産に登録されている。リグーリアの海岸はフランスのコートダジュールから続くリヴェイラとして名高く，海水浴場・別荘地として開発されているし，北のアルプス地方は高原，氷河湖がひろがり湖畔の避暑地や登山の拠点も開発されてきた。

　表Ⅱ-5-1はミシュラン・ベデカーにイタリアのツーリングクラブによるガイドブックによるランクの合計により分類したものである。それに二つのガイドブックの紹介頁数を加えた。三つとも最高に評価した第1グループの都市が13，どれか一つが1ランク下げた第2グループが8，もう一つ下げた第3グループからは5都市にしぼり合計26となる。このうち約半数の19都市に世界遺産登録地区が含まれている。そのうち旧市街が世界遺産に指定されているのは10である。また，博物館数と必ずしも一致するわけではないが，ポンペイの遺跡を除くとすべての都市に重要な博物館・美術館が存在することを示している。観光都市として評価されるのはローマ以北に多く分布する。首都のローマに次いで，ミラノ，ナポリ，トリノが100万人級の規模をもち，ジェノヴァ，パレルモが50万人以上という大都市になる。三大観光都市に次ぐのはミラノである。経済活動の中心であり，日本からの航空便もここに立ち寄る。アペニン山地にあるシエナはカンポ広場と祭りが有名であり，アッシジのサンフランチェスコ聖堂は1998年の地震によるフレスコ画の修復に日本企業が支援してから日本人が多く訪れるようになった。地中海に面したピサの斜塔も有名である。表にあるように豊な観光資源をもつ都市が全国に多数存在している。

5. イタリア　51

写真Ⅱ-5-1　ローマ　コロッセオ（90年9月）

写真Ⅱ-5-2　ヴェネツィア　鐘楼からのサン・マルコ広場（98年12月）

写真Ⅱ-5-3　フィレンツェ　ミケランジェロ広場から旧市街（90年9月）

図Ⅱ-5-1　イタリア観光都市
注：数字は表Ⅱ-5-1に対応.

表Ⅱ-5-1　イタリア観光都市

	都　市		人口(千人)	ガイドブック						世界遺産	文化中心	博物館	
				M	TC	B	計	N	P			M	数
1	アッシジ	Assisi	25	3	2	2	7	2	7	2000	A		6
2	フィレンツェ	Firenze	379	3	2	2	7	36	23	1982	C	M	71
3	ミラノ	Milano	1,302	3	2	2	7	10	13	1980	C	M	35
4	ナポリ	Napoli	1,035	3	2	2	7	4	14	1995	C	M	27
5	パレルモ	Palermo	688	3	2	2	7	4	7		C	M	19
6	ピサ	Pisa	93	3	2	2	7	1	6	1987	A		14
7	ポンペイ	Pompei	26	3	2	2	7	2	4	1997			
8	ラヴェンナ	Ravenna	137	3	2	2	7	3	7	1996	A	M	6
9	ローマ	Roma	2,653	3	2	2	7	35	36	1980	C	M	111
10	シエナ	Siena	54	3	2	2	7	8	8	1995	A	M	18
11	シラクザ	Siracusa	127	3	2	2	7	2	3		A	M	3
12	ヴェネツィア	Venezia	293	3	2	2	7	39	26	1987	C	M	36
13	ヴェローナ	Verona	255	3	2	2	7	5	7	2000	C	M	11
14	アグリジェント	Agrigento	56	3	2	1	6	1	3	1997	A		3
15	ルッカ	Lucca	85	3	2	1	6	3	6		A		8
16	エルコラーノ	Ercolano	58	2	2	2	6	1	1.5			M	2
17	ベルガモ	Bergamo	117	2	2	1	5	2	10		C		7
18	フェラーラ	Ferrara	133	2	2	1	5	2	4	1995	A	M	18
19	ジェノヴァ	Genova	647	2	2	1	5	3	10	1906	A	M	29
20	パルマ	Parma	167	2	2	1	5	2	4		A	M	16
21	ペルージア	Perugia	154	2	2	1	5	2	7		A	M	9
22	パドヴァ	Padova	212	2	1	2	5	1	10	1997	C	M	15
23	ボローニャ	Bologna	383	2	1	1	4	6	8		C	M	35
24	チボリ	Tivoli	52	3	0	1	4		2	1999	A		2
25	トリノ	Torino	914	2	1	1	4	4	7	1997	C	M	30
26	ヴィチェンツァ	Vicenza	109	2	1	1	4	2	6	1994	A		5

注：文化中心のA：美術，C：文化の中心，M：博物館はイタリア・アトラスによる．博物館数はGuida Touring Musei d'Italia（2001）．M：ミシュラン，B：ベデカー，TC：イタリア・ツーリングクラブの評価，N：ナショナル・ジェオグラフィック，P：ファイドン（イタリア）のページ数．

2）古代遺跡と共存する都市：ローマ

　ローマの起源はBC753年にさかのぼるヨーロッパ有数の歴史都市であり，ヨーロッパの文明の故郷であり，永遠の都といわれている。近代になり統一国家の首都として復活するが，南部の工業化が遅れて開発が進まなかったことが，この都市の旧い町をよく保存してきたことになろう。あこがれの観光都市の一つといえる。2000年の人口は264万人，郊外に市街地が拡大して都市圏人口は381万人に達する大都市である。

　都市の起源はテベレ川左岸の七つの丘に始まったといわれ，起伏の多い街である。紀元前からの建物が散在する（図Ⅱ-5-2）。古代ローマ時代の最盛期すでに人口100万人といわれ，当時の城壁がかなりの部分現存している。パラティーノ，凱旋門，城壁，フォロ・ロマーノ，コロッセオ（ランドマークとなる，写真51頁），パンテオン（125年，完全な形で現存），カラカラ浴場などが主要な観光対象となっている（表Ⅱ-5-2）。アッピア街道は一部古代道の名残りをとどめているし，地下墓地カタコンブも存在する。テベレ川河口のオスチアはローマの外港として帝国を支えてきたが，土砂の堆積により機能を失い，現在遺跡として公開されている（空港のすぐそば）。ローマ帝国が衰退して分裂するに至り，東ローマ帝国が現在のトルコのコンスタンチノープル（現イスタンブール）に移り，さらに西ローマ帝国の首都もラベンナに移り，町の人口10万人を下回る規模に縮小していた。

　ローマはルネッサンス期に整備されて（見通しをよくする直線道路が敷かれる）よみがえった（図Ⅱ-5-3）。ポポロ広場（16C）からヴェネツィア広場を経由してミケランジェロの設計によるカンピドリオ広場・元老院までを結ぶ（1911年にヴィットリオ・エマニエルⅡ世記念堂ができる）コルソ通が中心商業地を担う重要な通りである。その中間でスペイン広場とつながるコンドッティ通が高級ブティック街である。

　ヴァチカンはテベレ川右岸にある。カトリックの総本山としてローマ観光の最大の目的地であるサン・ピエトロ寺院（写真25頁）は，最初324年に建設。15世紀から2世紀にわたってミケランジェロらにより工事され，さらに広場の整備は1656年に完成した。旧市街にはこれを超える高さの建物は制限されている。教会につながるヴァチカン博物館はイタリア最大の入場者を数え，建物の内装とともに第一級の価値がある。ムッソリーニの時代に政教分離のために独立国として分離されている。全体は城壁に囲まれているが，広場前からのコンチリアツィオーネ通を通じてローマと一体化している。

　イタリア都市，とくにローマは広場と泉（とそれに伴う彫刻）が重要な都市景観構成要素である。スパーニャ（スペイン）広場（17世紀），ナボナ広場（17世紀，旧競技場跡を整備，三つの泉），トレヴィの泉はとくに重要である。これらは古代ローマ以来，水道が完備され，そこに彫刻が加わり，地中海気候地域における水の重要性を象徴する不可欠な存在である。それに対して，テベレ川はこの都市に対してはやや規模が小さくて親水性に乏しい（観光船が成立しない）。

　近代のローマについては旧市域北部のボルゲーゼ公園とボルゲーゼ美術館の存在が大きい。ムッソリーニの都市計画による市域南部のEURエウルは副都心に当たる官庁・ビジネス街である。1960年のオリンピック開催によりテベレ川右岸にオリンピックスタジアムと各種競技施設，その対岸に選手村（現在は一般住宅）が建設され，通りにおもな参加国名が付いている（日本はない）。近年では外国からの労働者も増えており，北郊にはヨーロッパ最大といわれるモスク（イスラム文化センター，1995年）が建設された。

5. イタリア　53

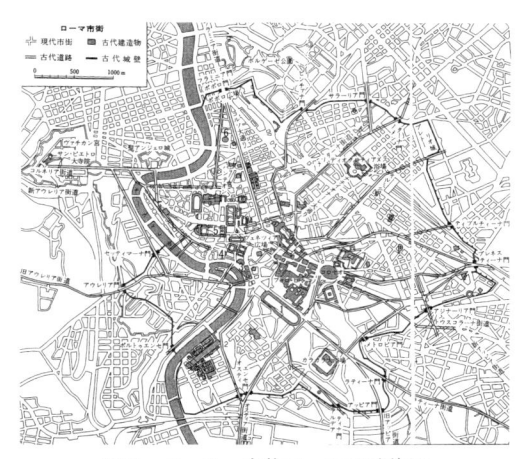

図Ⅱ-5-2　古代ローマの諸施設
出典：藤岡謙二郎（1969）：『都市文明の源流と系譜』，鹿島出版会，p.88, 89 を一部修正．
注：番号；1：大戦車競技場，2：アエリミウス倉庫群，3：マルケルス劇場，4：タウルス円形劇場，5：ポンペイウスの劇場と列柱，6：アウグストス霊廟，7：トラヤヌス浴場．

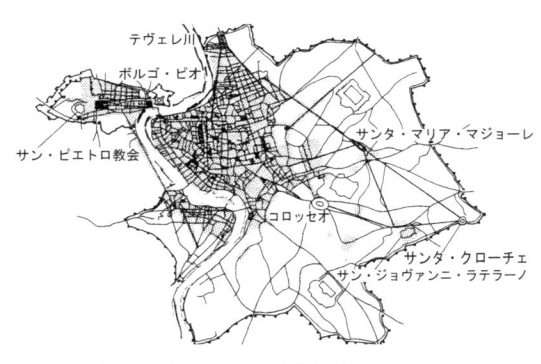

図Ⅱ-5-3　16世紀末のローマ
出典；陣内秀信（1988）：『都市を読む―イタリア』，法政大学出版局，p.157．網目が当時の市域．

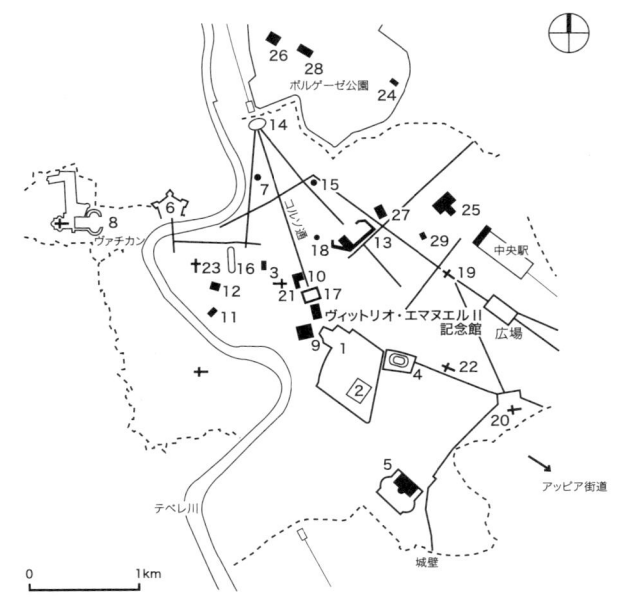

表Ⅱ-5-2　ローマ観光資源

番号	評価	名　　称	年代
古　代			
1	3	フォロ・ロマーノ	
	3	マクセンティウス帝バジリカ	
	2	ティトゥス凱旋門	
	2	セプティミウス・セウェルス凱旋門	203
	3	フオッリ・イムペリアーリ	
2	3	パラティーノ	
3	3	パンテオン	125
4	3	コロッセオ	81
	3	コンスタンティヌス凱旋門	315
5	3	カラカラ浴場	217
6	3	サンタンジェロ城	139
7		アウグストス帝廟	BC27
ヴァチカン			
8	3	サン・ピエトロ大聖堂	1626
	3	サン・ピエトロ広場	
	3	ヴァチカン博物館	
近　世			
9	3	カンピドリオ	16世紀
	3	カンピドリオ広場	
	2	サンタ・マリア・アラコエリ教会	
	3	パラッツォ・コンセルヴァトーリ	1568
	3	パラッツォ・ヌオヴォ	1655
10	1	パラッツォ・ドリア・パンフィリ	
11	2	パラッツォ・ファルネーゼ	1580
12	2	パラッツォ・カンチェレリーア	1513
13	2	パラッツォ・クイリナーレ	16世紀
広　場			
14	3	ポポロ広場	
15	3	スペイン広場	1622
16	3	ナヴォナ広場	1651
17	1	ヴェネツィア広場	
18	3	トレヴィの泉	1453
教　会			
19	3	サンタ・マリア・マッジョーレ教会	420
20	3	サン・ジョヴァンニ・イン・ラテラーノ教会	314
21	3	イル・ジェズ教会	1575
22	2	サン・クレメンテ教会	1130
23	1	ヌオヴァ教会	1599
博　物　館			
24	3	ボルゲーゼ美術館	1616
25	3	国立ローマ博物館	1889
26	3	ヴィラ・ジュリア国立博物館	
27	2	国立絵画館	
28		国立近代美術館	1911
29		ローマ歌劇場	1880

注：評価はミシュランによる．番号および出典は図Ⅱ-5-4と同じ．

←図Ⅱ-5-4　ローマの観光資源
注：ミシュラン緑 Italie の図（p.234〜235）をベースに，16世紀後半に計画された直線道路と城壁（点線）を記入した．数字は表Ⅱ-5-2に対応．

3）その他のイタリア都市
車のない町：ヴェネツィア

ヴェネツィアは 13 世紀に北東部ベネト平野ポー川河口，ラグーンの小島に松材を打ちこみ人工地盤上に建てられた。大運河は旧川筋であり，それに多数の小運河でつながる水の都というユニークな街で，構造はあまり変化していない（図Ⅱ-5-5・6）。現在では鉄道と道路の 2 本の橋で本土と結ばれている。市内は船が唯一の交通手段である。水路に面して 15・16 世紀に建設された各国の商館などの建物が連なり，中央のリアルト橋は 1591 年のものである。近年には周辺部での地下水のくみ上げから地盤沈下が進み，冬季の高潮時には床上浸水し，文化財が水没する危機が生じている。

海に開かれた街としてはサン・マルコ広場（写真 51 頁）が正面玄関である。東側に 11 世紀につくられたサン・マルコ寺院があり，共和国の政治中枢部ドゥカーレ宮，総督の官邸，その裏の牢獄がつながっている。広場は観光客向けの店舗と飲食の場になっている。大鐘楼カンパニーレは 96m の高さがあり，町全体を眺望できる。小運河で囲まれた街区ごとに教会と広場がある。すべてが旧い建物ゆえに夜間人口は少なく，ホテルも少ない。特産品のヴェネツィアグラスの製造はムラーノ島に火災を避けるために疎開させ，伝染病を防ぐために墓地もサン・ミッシェル島につくられている。一番外洋に面して細長いリド島があり海水浴場となっている。

ルネッサンス文化の都：フィレンツェ

半島中央部アルノ川の谷口に発達した都市である。中心部は右岸に展開する。ルネッサンスの都といわれ観光要素のほとんどは旧城壁内にある（図Ⅱ-5-7）。古代ローマの中心は共和国広場に残されている。11 世紀にはトスカナ侯国の首都となり，メジチ家の支配の下で繁栄した。都市の発展に伴い城壁が拡大される。現在では城壁は外されて環状道路となる。中心は大聖堂サンタ・マリア・デル・フィオーレ教会＋サン・ジョヴァンニ洗礼堂である。ブルネレスキによる巨大なクーポラに特色があり，そこに昇ると市域を展望することができる。ここから南にシニョーリア広場＋パラティオ・ヴェッキオ（市庁舎）とウフィッチ美術館（ルネッサンス期の傑作を収集）が続く。旧市街北部にはメジチ家礼拝堂であるサン・ロレンツォ教会，メジチ・リッカルディ宮殿，サン・マルコ教会・博物館，アッカデミア美術館，中央駅付近にはサンタ・マリア・ノヴェッラ教会，東にはサンタ・クローチェ教会など見るべき建物が多くある。アルノ川に架けられた旧い構造のヴェッキオ橋を渡ると，ピッティ宮殿と大庭園がある。高台にはミケランジェロ広場があり，ここから大聖堂を軸とした旧市街地を一望できる（写真 51 頁）。

経済の中心地：ミラノ

ポー川の中流にある人口 100 万を超える大都市である。イタリア経済の中心地であり，ファッション都市として名高い。スフォルツァ城とともに発達し，かつての城壁であった二つの環状道路を超えて拡大している。白い巨大な塔で飾られたゴシック式の大聖堂ドゥオーモと広場が町の中心である（図Ⅱ-5-8）。広場に接してドーム状のショッピングモールのガレリア・ヴィットリオ・エマニュエルⅡ世（写真 55 頁），オペラのスカラ座が重要である。サンタ・マリア・デレ・グラツィエ教会は世界遺産登録（イタリア最初）されたレオナルド・ダ・ヴィンチの「最後の晩餐」に多数の人が訪れている（その修復作業には日本も資金面で寄与した）。西外郭帯にある巨大なサン・シーロスタジアムをもつヨーロッパ有数のサッカー都市でもある。

5. イタリア　55

図Ⅱ-5-5　16世紀のヴェネツィア
出　典：A. Salvsdori（1996）：Venise Guide de l'architecture, Canal Editions, 158p.

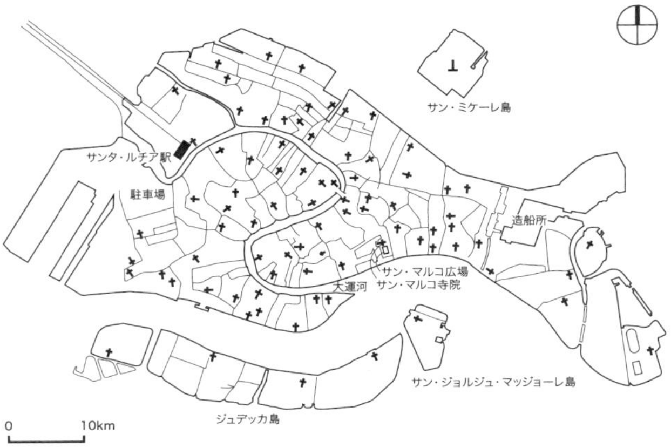

図Ⅱ-5-6　ヴェネツィア
注：地図（Touring Club Italiano：Venezia 1：5000）から運河・水路と教会を取り出した．

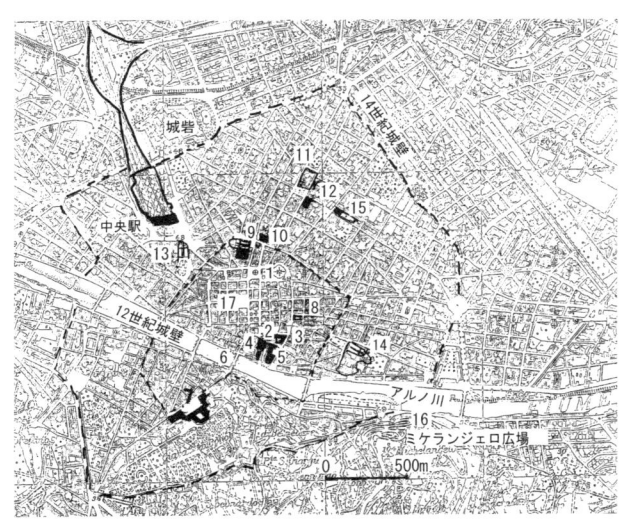

図Ⅱ-5-7　フィレンツェ
注：1：25,000の地図（レオナルド・ベネーロヴォロ著，佐野敬彦・林　寛治訳（1983，原1975）：『図説都市の世界史2 中世』相模書房，p.200）に都市発展の経過および表Ⅱ-5-3の観光資源を記入した．

表Ⅱ-5-3　フィレンツェの観光資源

番号	評価	名　称	建設年次	
1	3	サンタ・マリア・デル・フィオーレ	1296～1436	大聖堂
	3	カンパニーレ（塔）	1334～14C末	
	3	サン・ジョヴァンニ洗礼堂		
	2	大聖堂博物館		
2	2	シニョーリア広場		
3	3	パラッツィオ・ヴェッキオ	1299～1314	旧市庁舎
4	2	ロッジア・デッラ・シニョーリア	14C末	
5	3	ウフィッチィ美術館	16C末	
6	3	ヴェッキオ橋	1345	
7	2	パラッツィオ・ピッティ	15C/1620改	
	3	パラティーナ美術館		
	1	ボーボリ庭園	1549	
8	2	パラッチィオ・バルジェッロ	13～14C	美術館
9	3	サン・ロレンツォ教会	1420～46	
	2	ラウレンツィアーナ図書館	15C/1620改	
	2	メジチ家礼拝堂（墓所）	1534	
10	2	パラツィオ・メジチ・リッカルディ	1444～1459	
11	2	サン・マルコ修道院	1436改	
12	2	アッカデミア美術館		
13	2	サンタ・マリア・ノヴェッラ教会	1360/1470	
14	2	サンタ・クローチェ教会	1294～1385	
15	1	考古学博物館		
16		ミケランジェロ広場		市街展望所
17		共和国広場		都心

評価はMichelin：Italy（1996）による．建設年次は上記の他，『世界の建築・街並みガイド3』（2003）も参照．

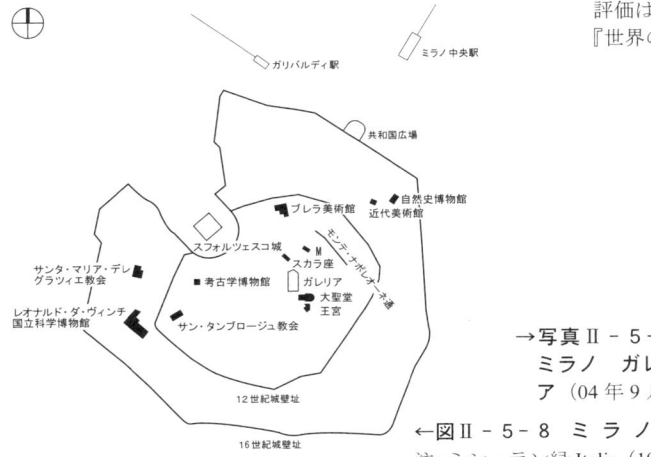

→写真Ⅱ-5-4　ミラノ　ガレリア（04年9月）

←図Ⅱ-5-8　ミラノ
注：ミシュラン緑 Italie（1996）の図（p.158～159）をベースに観光要素を抽出．

6. スペイン

1) スペインの観光都市

ヨーロッパ大陸の中でもピレネー山脈の南にあるイベリア半島（スペインとポルトガル）では気候的に乾燥して気温も高く，地形的にも高原が広がり自然景観が変わりアフリカが近いことを感じさせる。事実，アフリカとの間のジブラルタル海峡はわずか15kmほどしかない。スペインはイベリア半島の主要部分を占めるが，文化的にも南部のアンダルシア地方は長い間アラブ系イスラム教徒が支配していた影響がみられる。その異質性がこの地の観光の魅力ともなっている。地中海沿岸は太陽を求める人の保養地として開発がなされてきた。その象徴的な存在は地中海のバレアレス諸島（イビサ，マジョルカ，メノルカ）であり，ドイツ人が好んで利用している。また，大西洋アフリカ沖にもカナリア諸島をもち，観光客を呼び込んでいる（日本の漁業基地でもある）。海岸の保養地としてはその他に地中海北部のコスタ・ブラーバ，コスタ・ドラード，中部のコスタ・ブランカ，南部のコスタ・デル・ソルが有名である。

スペインはEU諸国としてはフランスに次ぐ面積があり，文化的にも地域の多様性も大きい。フランスに近い大西洋岸のバスク地方は過激な独立運動が続いているし，大西洋岸地方のガリシア地方，地中海バルセロナを含むカタロニア地方はマドリードを中心とするカスティリヤ地方とは言語まで異にしている（地名などの二重表記）。それゆえ，スペイン国歌には歌詞がないのである。フランコ独裁政権の後からは17の自治州が制定された。国連の組織であるWTO（世界観光機構）の本部が首都マドリードに置かれているのも，この国の観光の地位を象徴している。年間国の人口に匹敵する約4,000万人の観光客がきているし，観光収入の重要性は高い。日本からの直行便はない。

伝統的にカトリックが大きな影響をもっている。なかでも北部大西洋岸に近い聖地サンティアゴ・デ・コンポステラ大聖堂（9世紀，カール大帝のレコンキスタ時代に聖ヤコブの遺骸が埋葬されたという伝説）とピレネー山脈を越えてそこへ至る巡礼道は，キリスト教徒にとって中世以来の重要な信仰の場であり，フランス側の巡礼道とともに世界遺産に登録されて，ミレニアム以降巡礼者が増えている。世界遺産はイタリアに次いで多い（39，2007年）。三つのガイドブックが最高に評価する第1グループ10都市は，すべて世界遺産を含んでいる。1ないし2が評価を下げた第2グループ5都市，第3グループの7都市（日本ではなじみの薄い都市が多く，世界遺産を中心に整理）である。ガイドブックの評価は低いが，グッゲンハイム美術館分館を建設して，それにより多くの観光客を集め衰退した工業都市を再生した貴重な例としてビルバオを加えた。したがって，合計22都市が図表Ⅱ-6-1に表されている。それらはマドリード周辺の内陸部に多い。フランスとの国境ピレネー山脈には小国アンドラ王国がある。避暑地，冬のスキー場，自然系の世界遺産も1ヵ所ある。

大西洋側のポルトガルにも触れておくと，国土は日本の4分の1ほどの面積しかなく，観光地は多くはない。首都リスボンはテージョ川の河口に面し，長大な4月25日橋が架かっている。旧市街には1755年の地震による復興から整った街並みのバイシャ，東のサン・ジョルジェ城があり，西郊外ベレン地区の塔とジェロニモス修道院が見所である。1998年開催の万国博覧会会場が再開発されて公園等となっている。第二の都市ポルト（ポートワイン貿易で発達）の他は人口10万人以下の小規模の都市である。世界遺産は13と相対的には多い。

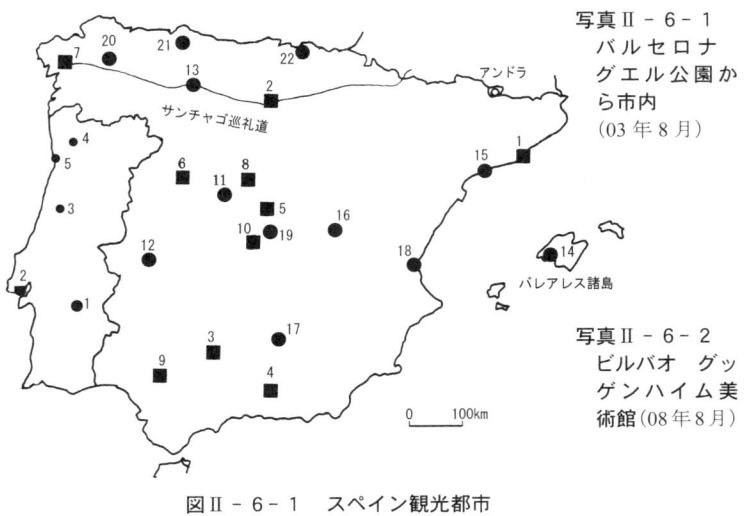

6. スペイン　57

写真Ⅱ-6-1　バルセロナ　グエル公園から市内（03年8月）

図Ⅱ-6-1　スペイン観光都市
注：番号は表Ⅱ-6-1に対応．

写真Ⅱ-6-2　ビルバオ　グッゲンハイム美術館（08年8月）

表Ⅱ-6-1　スペイン観光都市

	都市		人口(千人)	評価					ホテル	博物館	世界遺産	
				M	Gi	B	計	N				
1	バルセロナ	Balcelona	1,800	3	2	2	7	23	117	54	1984	ガウディ
2	ブルゴス	Burgos	160	3	2	2	7	1	14	6	1984	大聖堂
3	コルドバ	Córdoba	307	3	2	2	7	6	18	13	1984	旧市街
4	グラナダ	Granada	270	3	2	2	7	12	32	21	1984	宮殿
5	マドリード	Madrid	3,100	3	2	2	7	28	113	84	1984	旧王宮
6	サラマンカ	Salamanca	185	3	2	2	7	4	25	8	1988	旧市街
7	サンティアゴ・デ・コンポステラ	Santiago de Compostela	91	3	2	2	7	4	15	6	1985	大聖堂
8	セゴビア	Segovia	55	3	2	2	7	3	10	8	1985	旧市街
9	セビリャ	Sevilla	680	3	2	2	7	10	41	19	1987	大聖堂
10	トレド	Toledo	60	3	2	2	7	4	23	14	1986	旧市街
11	アビラ	Avila	48	2	2	2	6	1	9	9	1985	旧市街
12	カセレス	Caceres	87	2	2	2	6	2	7	1	1986	旧市街
13	レオン	Leon	145	2	2	2	6		9	4		大聖堂
14	パルマ・デ・マリョルカ	Palma de Mallorca	350	2	2	2	6		23	9		景観
15	タラゴナ	Tarragona	112	3	2	1	6	2	4	6	2000	遺跡
16	クエンカ	Cuenca	43	2	2	1	5	1	13	3	1996	要塞
17	ウベダ	Ubeda	32	2	2	1	5	1	8	2	2003	建物群
18	バレンシア	Valencia	756	2	2	1	5	4	32	21	1996	大聖堂
19	アランフエス	Aranjuez	38	2	1	1	4	1	0	3	2001	文化景観
20	ルーゴ	Lugo	69	1	2	1	4		2	3	2000	城壁
21	オビエド	Oviedo	192	1	2	1	4	1	15	6	1985	旧市街
22	ビルバオ	Bilbao	375		2			4	19	3		美術館
	ポルトガル	Portgal		M		B	計	NG	H			
1	エヴォラ	Evora	38	3		2	5	4	11			旧市街
2	リスボン	Lisboa	663	3		2	5	25	76		1983	修道院
3	コインブラ	Coimbra	89	2		2	4	6	11			旧市街
4	ギマランイス	Guimaraes	54	2		2	4	2	6		2001	旧市街
5	ポルト	Porto	302	2		2	4	10	25			旧市街

注：Gi：Guía Total España 2005, ホテル：Michelin España 赤記載の数.
　　博物館の数：Museos y Colecciones de España, Ministerio de Cultura, 1986.

2）国土の中心：マドリード

スペインの首都マドリードは国土の中央に位置する人口300万人の大都市である。現在の都市の起源はイスラム時代にトレドを護るため856年に砦が築かれたことに始まる。11世紀にキリスト教徒の支配下に入り，スペイン統一後の1561年にフェリペⅡ世がここを首都にして華麗な都市になっていった（図Ⅱ-6-2・3）。砦の場所に王宮が引き継がれるが，王宮は火災で焼失して1764年に再建（ブルボン王朝風）されたものである。そこから東に展開する旧市街の中心は，広いプエルタ・デル・ソル広場と装飾が多く均整のとれたアーケードのある建物で囲まれたマヨール広場である。その北にあるラス・デスカルサス・レアレス女子修道院（フランシスコ会）と南のサン・イシドロ教会建物が重要である。その北側にスペイン広場からはじまりシベレース広場のある南北の大通りまで，東西に延びる繁華街グラン・ビア通がある。南北の大通りカステリャーナの北端に大型の門状の二つのビル（ヨーロッパ門）が建設されて，観光都市の新たな象徴となっている。

マドリード最大の観光要素はプラド美術館である。市街の東にある広大なレティーロ公園（離宮）に接した建物であり，古典絵画の宝庫であり，世界から美術愛好家の集まるスペインが誇る存在である。それとアトーチャ駅付近にある国立ソフィア王妃アートセンター（1986年病院を改修，1989年ジャン・ヌーヴェルの設計により拡張）にはピカソのゲルニカが収められて，20世紀美術のコレクションとなっている。個人の美術収集からなるティッセン・ボルネミッサ美術館等ヨーロッパを代表する文化資産の多い都市である。その他旧石器の収集で名高い国立考古学博物館，旧ラテンアメリカの植民地に関する資料を集めたイベロ・アメリカ博物館などがある（図Ⅱ-6-3）。

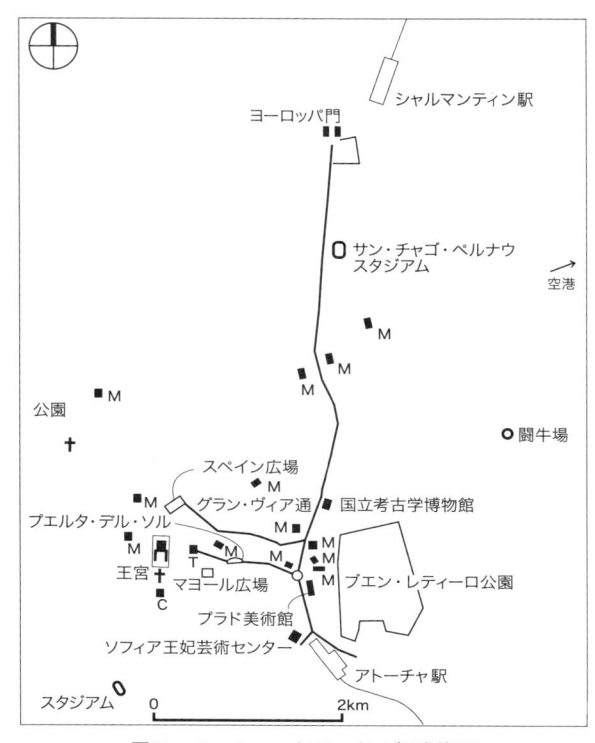

図Ⅱ-6-3　マドリードの観光資源
資料：1：50,000地形図を基にミシュランの観光地を記入した．

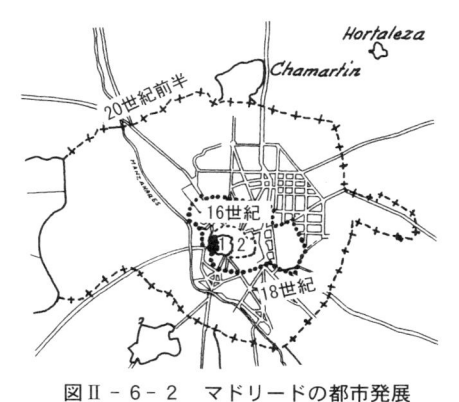

図Ⅱ-6-2　マドリードの都市発展
出　典：E. A. Gutkind（1967）：Urban Development in Southern Europe：Spain and Portugal, The Free Press, p.396.

写真Ⅱ-6-3　マドリード　マヨール広場（03年9月）

3) ガウディの町：バルセロナ

　カタルーニャ地方の中心都市であり，観光面からみるバルセロナの現在は，ガウディの町と呼んでよいであろう。この都市は海に面した中世からの旧市街と，モデルニスモといわれる，セルダの新市街都市計画（1859年）により広大な海岸平野に133m四方のグリッドと20m道路，高さ5階建てに統一された市街が展開する（図Ⅱ-6-4）。その中にガウディの建物がいくつか公開されている。アントニオ・ガウディ（1852-1926）の作品中最大のものは，未完のサグラダ・ファミリア教会である。三つの門（ファサード）と4本の大鐘塔をもち，現在も引き続き建設工事が行われている。その他カーサ・ミラ邸，高台のグエル公園と作品は市域に広がっている（表Ⅱ-2-6 b，写真57頁）。同時代のドメネク・モンタネ（1850-1923）によるカタルーニャ音楽堂（1905年），サン・パウ病院（1901年）など，その他多くの同時代建築家による近代建築の装飾性の高い建物に出会える楽しみがある。

　旧市街には修道院，大聖堂と中世以来の狭い複雑な街路が残されている。古い建物を改修したピカソ博物館がある。新市街と旧市街の接点にあるカタルーニャ広場から旧港のコロンブスの塔がある広場に至る大通りがラ・ランブラス通であり，道路中央に広い遊歩道を設け多くの屋台とパーフォーマンスがある楽しい歩行者空間を形成している。2回開かれた万国博により，南のパリを夢見て1888年にはモンジュイック要塞跡をシウタデリヤ公園に，1929年には丘の北麓にエスパーニャ広場を整備した。丘の上にはオリンピック（1992年）の主競技場，カタルーニャ国立美術館，ミロ（1893-1983）美術館がある。海岸通には現代美術館，海洋博物館，歴史博物館などがみられる。

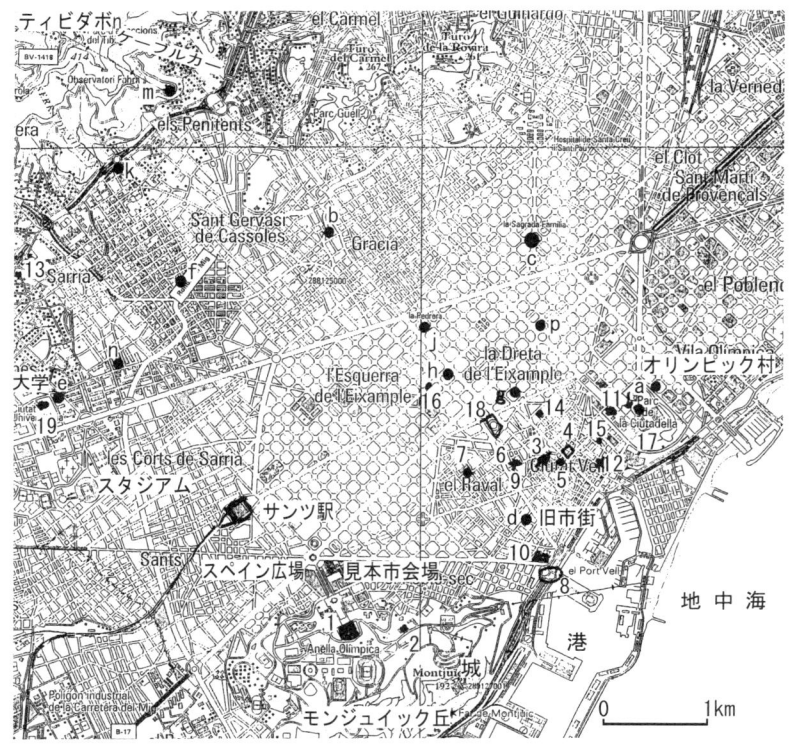

図Ⅱ-6-4　バルセロナの観光資源とガウディの建築

注：基盤の地図（Mapa comarcal de Cataluna 1：50,000, 1998）に，表Ⅱ-6-2：ガウディの建物の場所を加えた．リストと所在地は M. Gausa, M. Cervello, M. Pla：Barcelona：A Guide to its Modern Architecture 1860-2002, ACTAR による．

表Ⅱ-6-2a　バルセロナ観光資源

	M	名称
1	3	カタルーニャ国立美術館
2	3	ミロ記念館
c	3	サグラダ・ファミリア
	2	旧市街
3		大聖堂
4	1	都市歴史博物館
5	1	レイ広場
6	2	ラ・ランブラス通
7	2	バルセロナ現代美術館
8	2	レイアル広場
d	2	グエル邸
9	1	サンタ・マリア・デル・ピ教会
10		海事博物館
11	2	カステル・3・ドラゴン
12	2	サンタ・マリア・デル・マール教会
13	2	S・M・デ・ペドゥラルベス修道院
14	2	カタルーニャ音楽堂
15	1	ピカソ博物館
16	1	アントニ・タピエス財団事務局
17		シウダ・デラ・公園
18		カタルーニャ広場
19		装飾美術館

注：ガウディの建物は別表によるために，番号をつけていない．Mはミシュラン．

表Ⅱ-6-2b　A. ガウディの建物

	M	名称	年代
a		カスケードと池	1874～81
b		ヴィセンス邸	1878～85
c	3	サグラダ・ファミリア教会	1882～
d	2	グエル邸	1885～90
e		グエル邸別邸	1887
f		テレシア学院	1889～94
g		カルヴェット邸	1898～99
h		カサ・バリィョ	1905～07
j	3	カサ・ミラ	1906～10
k		ベリィエスガール邸	1900～02
l		グエル公園	
m	2	ミラリェス宅地の門	1902（1978修復）
p		ロベール博士記念碑	1910

4）アンダルシア地方等の都市
イスラーム文化の香りが残る：コルドバ

　グアダルキビル川中流に広がる都市である。ローマ時代にアンダルシア地方の中心都市であった。グアダルキビル川に架かる223mのローマ橋がその証拠である（現在も使われている）。756年ダマスカスから逃れたイスラーム系の後ウマイヤ朝が成立し，1031年まで首都であった。旧市街のメスキータ（785～987年）はモスクとして建設されたものであるが，アラブ人が去りスペイン人の町になる1523年には，ミフラーブを残して若干の改修を施し教会として使われる。アラブ様式の多くの細い柱に支えられたアーチと装飾が残されている。その西隣にある14世紀につくられたアルカサル王宮，考古学博物館，伝統的な形式を伝える大邸宅のビアナ邸などが見どころである（図Ⅱ-6-5）。

アルハンブラ宮殿の町：グラナダ

　シェラ・ネバダ山脈の麓にある都市で，訪れるには時間がかかる。中心部の旧市街は古い形態をよく残している（図Ⅱ-6-6）。コルドバの崩壊後に独立し，グラナダ王国ナスリ朝が1237年に建設した町である。キリスト教徒のレコンキスタ活動により1492年に陥落して，ヨーロッパ大陸から最後のイスラーム国が消えた。最大の観光ポイント（ある意味ではスペイン最大）は丘陵上に建つ華麗なアルハンブラ宮殿である（図Ⅱ-6-7）。広大な敷地に西端の城砦からはじまり，東へイスラーム様式で装飾された建物群は，カルロスⅤ世宮殿からアベンセラヘスの間とライオンの中庭（12頭のライオン像の泉がある，写真61頁）が続く。やや離れた北東端には夏の離宮ヘネラリーフェ離宮があり，噴水に特色のあるイスラーム式庭園である。そこから谷を隔てた北側の台地がアルバイシン地区である。ここはかつてのアラブ人の居住区が保存されて，砦，サン・ニコラ教会，考古学博物館があり，北側に城壁の一部が残っている。スペイン都市としての特色は，中世風の狭い複雑な街路の旧市街の大聖堂を軸とした王室礼拝堂，修道院等がある低地の地帯にある。

南国の香り：セビリャ

　グアダルキビル川下流左岸平野に立地する第四の大都市（旧港町）である。ヒラルダの塔はモロッコ系統の四角形をした高さ98mのモスクのミナレットであり，その展望台からセビリャの街を見ることができる。塔と中庭を残してモスクを壊し，1401年に巨大な大聖堂を建てた。3代にわたるイスラーム王朝の首都城跡に建てられたアルカサル宮殿と中庭（1362年）は，イスラームとスペインの様式が融合したこの地方独特のものであり，それと南方系の庭園であるマリア・ルイサ公園，1929年イベロ・アメリカ博覧会のために建てられた建物にとりまかれたスペイン広場等が，狭くて入り組んだ街並みの旧市街南部地区に広大な施設として展開する（図Ⅱ-6-8）。1992年に開催された万博では右岸に主会場が設けられ，それに合わせて新規格のスペイン新幹線AVEがマドリードと結ぶようになった。他に川沿いにある闘技場，黄金の塔などの見どころもある。

博物館で甦った町：ビルバオ

　大西洋に近いバスク地方の人口37万人の工業都市である。鉄鋼業，造船業が衰退して寂れていたが，1997年にビルバオ川畔に巨大でユニークな形態のグッゲンハイム美術館分館（F. O. ゲーリー，現代アート，写真52頁）を誘致し，観光客を呼び込むことに成功してにぎわいを取り戻した。旧市街も広場など街の保存状態はよい。西郊外の河口には，世界遺産登録された船の通航を妨げないためのユニークなケーブル式ビスカヤ橋がある。

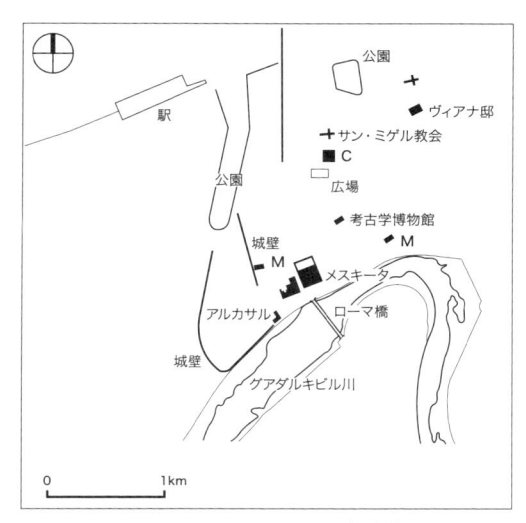

図Ⅱ-6-5　コルドバの観光資源
資料：レオナルド・ベネーロヴォロ著，佐野敬彦・林寛治訳（1983，原1975）：『図説都市の世界史2　中世』，相模書房，p.26を一部修正．

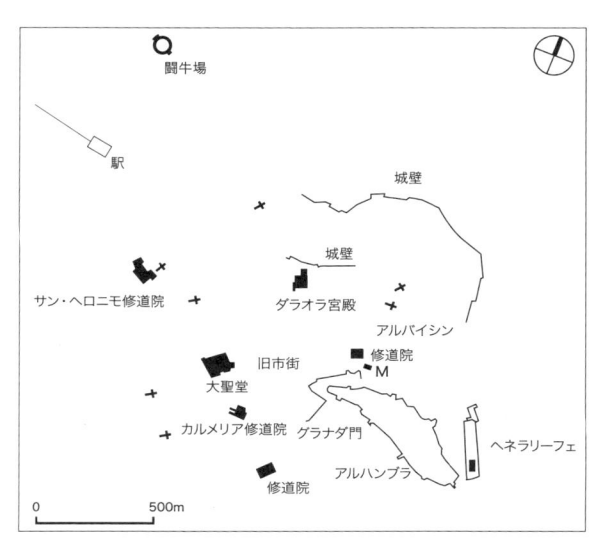

図Ⅱ-6-6　グラナダ
資料：E. A. Gutkind（1967）: Urban Development in Southern Europe : Spain and Portugal, The Free Press, p.463を基に一部著者修正．

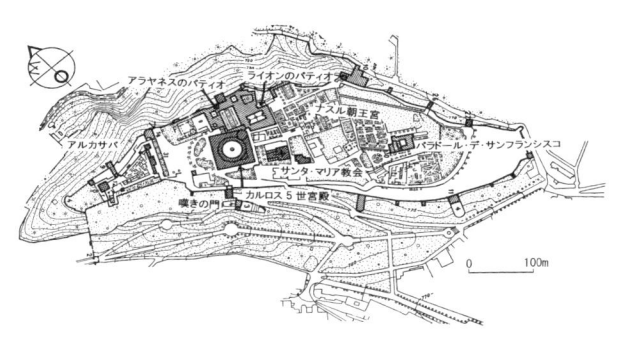

図Ⅱ-6-7　アルハンブラ宮殿
出典：レオナルド・ベネーロヴォロ著，佐野敬彦・林寛治訳（1983，原1975）：『図説都市の世界史2　中世』，相模書房，p.32.

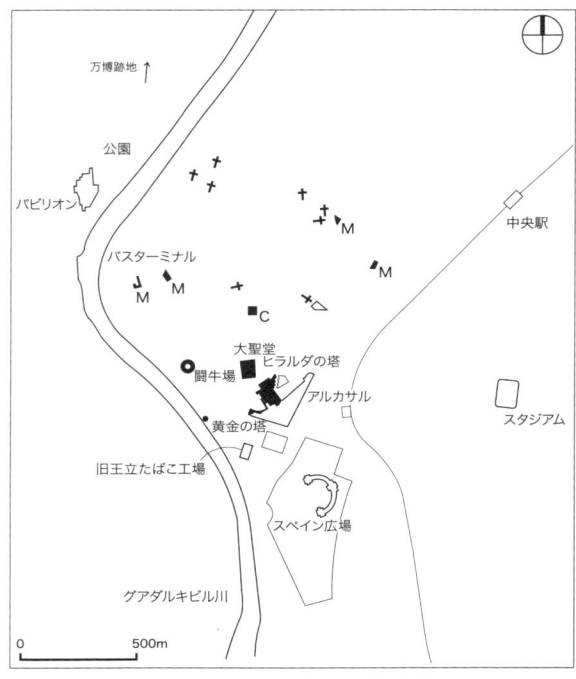

図Ⅱ-6-8　セビリャの観光資源
注：Sevilla Cartographia Budapest 1992を基に作成．

写真Ⅱ-6-4　グラナダ　アルハンブラ宮殿・ライオンの中庭（98年9月）

7. 中央・北ヨーロッパ諸国

1) 中央・北ヨーロッパ諸国の観光都市

中央および北ヨーロッパの人口規模の小さい国を取り上げる（図 II-7-1）。旧東ヨーロッパ諸国へは社会主義の時代に一般の旅行が困難だったために，90年代以降に新たな観光対象として注目を集めている。

① スイス

スイスは最も早く観光立国をめざしたツーリズムの先進国として重要である。アルプス地方の中心部にあり，4000mを越える高山・氷河と緑の高原・放牧地のアルプがつくりだす自然景観が魅力で山岳観光が中心であり，20世紀初頭から登山鉄道が発達してきた。1291年独立し，1815年永世中立国としての国際的な理解をえて，二度の世界大戦も関与せずEUにも加盟していない。都市ツーリズムはマイナーであるが，戦争の影響を受けず歴史的な構造を維持して美しい街並みを整えている。図 II-7-2 に示すように四つの言語圏に分かれている。ドイツ語が最大の割合を占める。西部はフランス語，南部はイタリア語，南東部のロマンシュ語で雰囲気は異にしている。

② 中央ヨーロッパ

ハプスブルク家の支配下にあった旧帝国はヨーロッパの中核地区であり，第一次世界大戦後解体され，第二次世界大戦後多くはソ連圏に属することとなる。ソ連解体以降チェコスロバキア，旧ユーゴスラビア諸国が次々に分割された。それぞれの都市は近世のバロック様式，近代のアール・ヌーボー様式などの建物が多く残されて，古くからの都市構造をそのまま伝える観光都市である。ドナウ川は国際河川として開放されており，船旅も楽しめる。アドリア海に面した海岸線が長いクロアチアも地中海圏に共通する要素を求める観光客が増えている。オーストリアは1955年に第二次世界大戦後の連合軍4カ国管理の下から中立国として独立した。音楽の都ザルツブルクとスイスから続く山岳地では冬季オリンピックが開かれたインスブルックが中心となる。

③ ベネルックス諸国

図 II-7-3 に見られるオランダ，ベルギー，ルクセンブルクの3国はベネルックス諸国と呼ばれている。これらの国はEUに最初から積極的にかかわり，大国間の緩衝国として統合に大きな役割を果たしてきた。ベルギーはおよそ北半分がオランダ語圏，南半分がフランス語圏で首都ブリュッセルはその中間にある。EUやNATOの本部がここに置かれている。オランダは堤防と干拓により国土を築き0m地帯が広がる。アムステルダム近郊のスキポール空港はヨーロッパのハブ空港の一つである。オランダの第二の大都市ロッテルダムはライン川河口に位置して，ヨーロッパ最大の港湾都市である。第二次世界大戦で徹底的に破壊されたために，都心部はまったく新しく再生された。日本と関係の深い（シーボルト資料）大学町ライデン，王宮，政府機関のあるハーグなどがある。

④ 北ヨーロッパ・バルト三国

北ヨーロッパとはドイツと接するデンマーク，火山島国のアイスランドと半島を形成するスカンジナビア3国はヨーロッパの高緯度国であり，夏至をはさむ白夜の季節が最大の観光シーズンである。いずれの国も都市の規模もそれほど大きくはない。バルト海に面しているバルト三国は，第二次世界大戦期にソ連に併合されて，90年代初めに独立を回復した。2004年EUに加盟した。北から南にエストニア，ラトヴィア，リトアニアが国境を接して並び，それぞれの首都であるタリン，リガ，ヴィリニュスの旧市街は城壁が残る古くからの街並みが世界遺産に登録されている。

7. 中央・北ヨーロッパ諸国

表 II-7-1 スイス観光都市

	都市名		人口(千人)	評価 M	評価 B	観光高スイス	博物館	文化財
1	バーゼル	Basel	166	3	2		22	98
2	ベルン	Bern	122	3	2	2	13	58
3	ジュネーヴ	Genève	175	3	2	2	18	78
4	インターラーケン	Interlaken	5	3	2			1
5	ルガーノ	Lugano	25	3	2	1	6	11
6	ルツェルン	Luzern	57	3	2	2	7	34
7	サン・モリッツ	Sankt Moritz	5	3	2	1	3	2
8	ツェルマット	Zermatt	5	3	2	2	1	2
9	チューリッヒ	Zürich	337	3	2	2	38	45
10	フリブール	Fribourg	31	2	2		7	39
11	モントルー	Montreux	22	2	2		1	6
12	ザンクト・ガレン	Sankt Gallen	69	2	2		10	22
13	ダヴォス	Davos	11	3	1	1	3	4

注：博物館は Office fédéral de topographie (1996)：Liste des musées，文化財は同じく (1995) Liste des biens culturels による．

図 II-7-1 本節の対象地域図

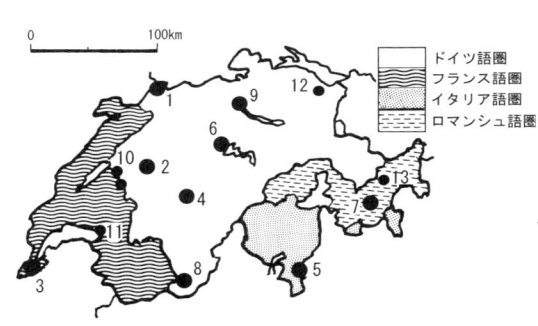

図 II-7-2 スイスの言語圏と観光都市
資料：Michelin Swiss より作成．
注：図の数字は表 II-7-1 に対応．

図 II-7-4 ベネルクス諸国の都市／資料：Michelin Holland より作成．

表 II-7-2 オランダ・ベルギーの観光都市

	都市名	人口	M
	オランダ		
1	アムステルダム	722	3
2	ハーレム	149	2
3	デン・ハーグ	442	2
4	ライデン	115	2
5	マーストリヒト	118	2
6	ロッテルダム	598	2
7	ユトレヒト	235	2
8	デルフト	92	2
	ベルギー		
1	アンヴェルス	453	3
2	ブルッヘ（ブリュージュ）	115	3
3	ブリュッセル	950	3
4	ヘント（ガン）	225	3

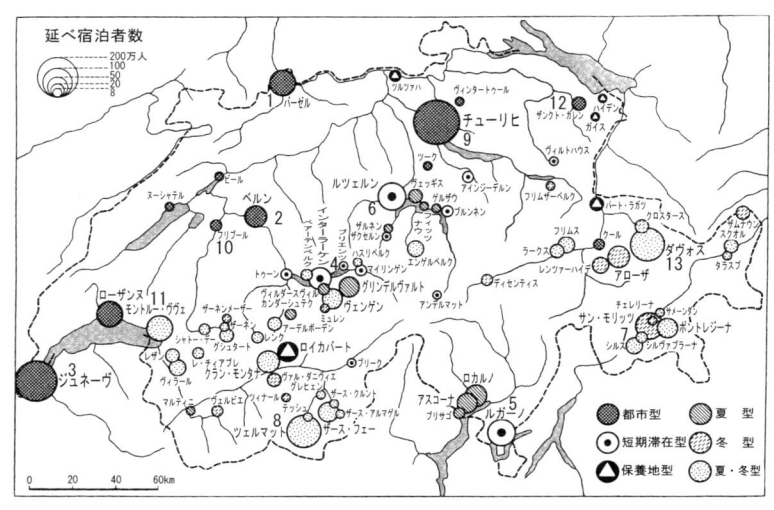

図 II-7-3 スイス観光都市の宿泊客数（1992年）
出典：浮田典良（1999）：『スイスの風景』，p.25 の図に表 II-7-1 の都市番号を加えた．

2) スイスの都市
小さな首都：ベルン

アーレ川が蛇行する段丘上に立地しているスイス連邦の首都で，人口規模では第5位の中規模な都市である。1983年旧市街は世界遺産に登録された。起源は12世紀に現ウンタートーア橋たもとに城を築き，次第に市街が西に拡張されていく（図Ⅱ-7-5）。1405年の大火後石造の建物に代わりモスグリーン色が基調となる都市景観が保たれている。1191年建設の時計塔が都心にあり，トラムが走る中央を貫くメインストリートには古くからの噴水が多く，アーケードの商店街になっている。19世紀に完成した聖ヴィンセンツ大聖堂（100mの尖塔）から街の眺望が得られる（写真27頁）。首都として連邦議会堂（1883年）は風格があり，橋をわたった南側には新市街が広がり，博物館などが多い。

スイスの大都市：チューリッヒ

チューリッヒ湖とそこを源とするリマト川をはさんで街が展開している。人口40万人弱，スイス最大の都市であり，ヨーロッパの金融センターの一つとなっている。起源は853年に女子修道院（現聖母教会）が建設されたことにある。駅前の巨大な国立博物館をはじめ，市立美術館など国内最大の博物館数をもつ。16世紀ツヴィングリに始まる宗教改革の本拠地が右岸の大聖堂（カール大帝の創建といわれる）である。旧市役所も右岸河畔にある。湖岸にはプロムナードがあり遊覧航路も出る。左岸のジール川よりには中世以来の城壁と堀跡が残されている。旧市街の中央駅から南へ延びるバーンホフ通が中心商業地区であり，ビジネスセンターもこの地区に展開する。高台にはFIFAの本部があり，工業地域と空港とは鉄道沿いの市域北側にある（図Ⅱ-7-6・7）。

国際都市：ジュネーブ

レマン湖はフランスを流れるローヌ川の源流となり，それをはさんで南側の高台に旧市街があり，紀元前からローマに属していた。その司教座のサン・ピエール教会は1160年から建設され，市役所等由緒ある建物が多くある。ここはカルヴィン派の宗教改革の拠点都市であり記念碑がある。湖北側，鉄道駅から湖岸にかけて新市街となる。第一次世界大戦後に成立した国際連盟の本部はジュネーブに置かれた。湖右岸北部のパレ・デ・ナシオンがそれであり，現在は国連のヨーロッパ本部となっている（図Ⅱ-7-8）。この周辺にはILO，WHO，WTO，国際赤十字社（博物館もある）など30以上の国際機関の本部が存在する。国際会議がしばしば開催され，ビジネスツーリズムという視点もこの都市の理解には必要である。結果として外国人居住比率が高い。湖岸にはヨットハーバーがあり，公園として整備され散歩に適している。夏季にはレマン湖の大噴水が見ものである（写真1頁）。

環境に配慮した：ツェルマット

スイスの山岳観光地には19世紀末から幹線鉄道からの登山鉄道が敷かれている。ツェルマットはインターラーケンとともに典型的な拠点である。ブリクから約1時間の登山鉄道でたどりつく。ここからゴルナグラードへの登山鉄道に乗り換えて2,800m地点まで登ればマッターホルンの眺望が得られる。いくつものケーブルカー，ロープウェーが架かり，スポーツとしての登山のみならず，一般の人でも高山と氷河の景観を楽しめるし，山麓のトレッキングができる。現在は環境保全のために，街には車は個人もバスも一つ手前の駅までしか入れない。街中の交通手段は少数の電気自動車と馬車のみになっている。人口5,000人ほどの街には多くのホテル，ペンション，土産物店が建ち並び，典型的な山岳観光拠点としてにぎわっている（図Ⅱ-7-9）。

7. 中央・北ヨーロッパ諸国　65

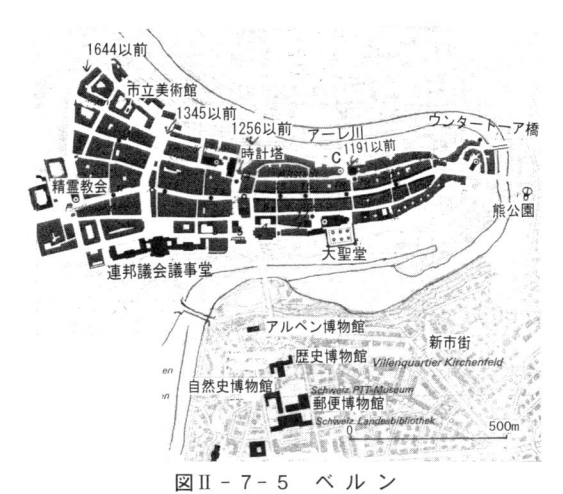

図Ⅱ-7-5　ベルン
出　典：Office fédéral de topographie（1995）：Liste des biens culturels の図9（1：12,500）を修正．

図Ⅱ-7-6　1705年のチューリッヒ
出　典：E. A. Gutkind（1972）：Urban Development in Central Europe.

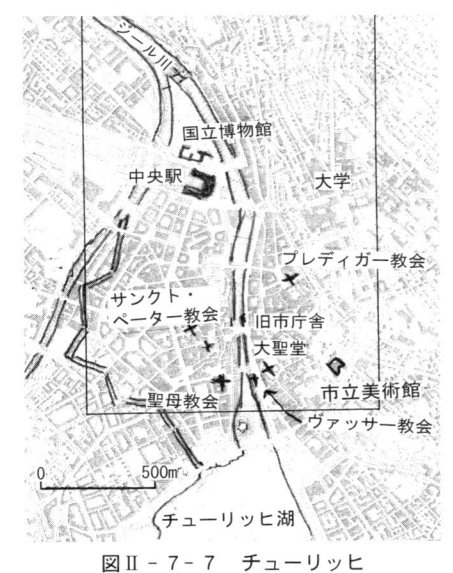

図Ⅱ-7-7　チューリッヒ
出　典：Office fédéral de topographie（1995）：Liste des biens culturels の図74（1：12,500）を修正．

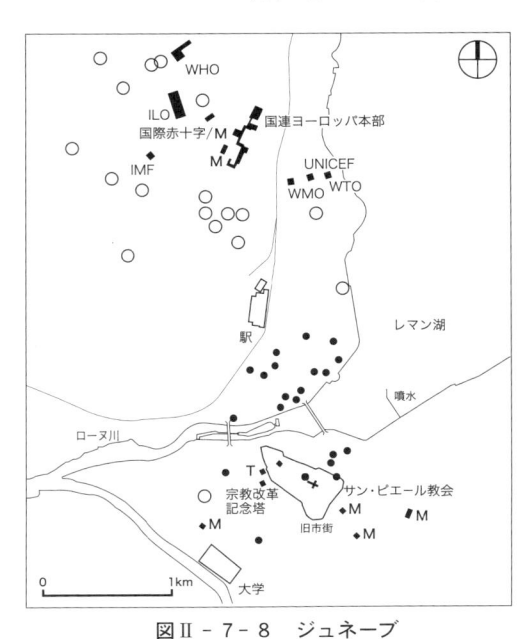

図Ⅱ-7-8　ジュネーブ
資料：IGN3429OT1：25,000（1998）を基に，Michlin 赤のホテル（黒丸）と国際機関本部（○）を Genève Le Plan 2000 から加えた．

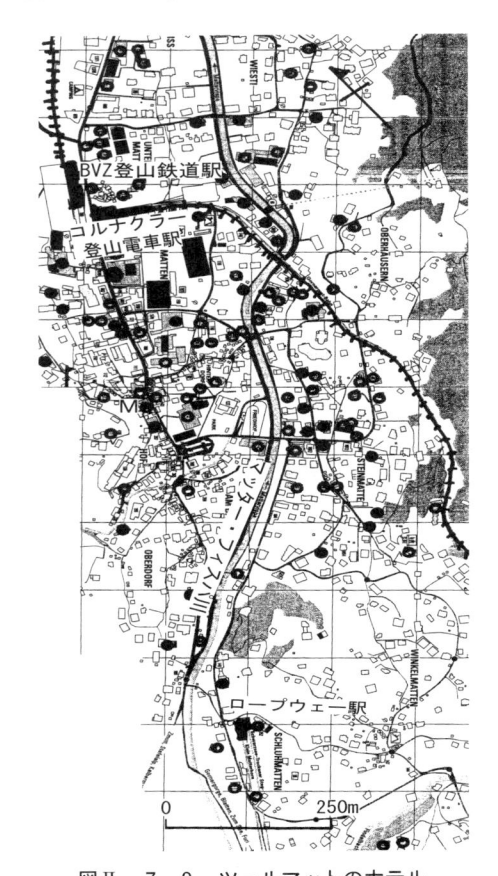

図Ⅱ-7-9　ツェルマットのホテル
資料：Tourist Office：Zermatt Hotel 2000 Guide から作成．

3）中央ヨーロッパの都市
音楽の都：ウィーン

　オーストリアの首都ウィーンは人口154万人，都市圏人口210万人の大都市である。かつて中央ヨーロッパ広域を支配したハプスブルグ王室の首都として栄え（1276～1918年，最盛期には200万人を超えた大都市であった。アルプスとカルパチア山脈とその間を流れるドナウ川右岸に立地は古来民族移動の十字路であり，AD70年にローマ帝国の軍事拠点として始まった。最古の教会といわれるルプレヒト教会（740年）の付近である。中世にゲルマン民族が入り，12世紀には城壁が築かれる。1529年のトルコ軍の攻撃以降大城壁が築かれ，1683年の第二次対トルコ戦争間に防御のために斜堤という広幅の空地帯を設けた（図Ⅱ-7-10）。必要性がなくなった1859年，皇帝ヨーゼフⅠ世により城壁を取り外し，市街地改造計画が進められた。それがリング・シュトラッセと呼ばれる旧市域を取り囲む大環状道路（写真69頁）であり，その道路に沿って国会議事堂，市役所，自然史博物館・美術史美術館，ブルク劇場，オペラ座，大学等重要な建物と公園がつくられた。旧市街（2001年世界遺産登録，図Ⅱ-7-11の黒の建物）はバロック時代の建築が多く，宮廷都市の構造が強く残されて，19世紀以降に拡大した新市街との対比がはっきりしている。

　都市観光としてはシュテファン大聖堂（1160年）の他に，ハプスブルク王室の遺産としての王宮，ベルデベーレ宮殿，19世紀末ウィーンを中心として展開した世紀末芸術，アール・ヌーボーをはじめとするさまざまな建築様式の建物に出会う。大聖堂から南へ伸びるケルントナー通が最大の繁華街であり，グラーベン商業地区には中世に流行したペスト記念碑がある。

　音楽の都といわれ，多くの大作曲家がこの都市に足跡を刻んでいる。2006年にはモーツァルト生誕200年（1756-1791）を祝った。ベートーベン，ハイドン，シューベルト，ヨハン・シュトラウス父子，ブルックナー，ブラームス，マーラー，シェーンベルクなど音楽家に関連する博物館や住んでいた建物が公開されて，多くの人々が訪れている。南東郊外のウィーン中央墓地には，これら音楽関係者の墓がまとめられた一角がある。市域南西郊外には巨大なシェーンブルン宮殿と庭園がある（1696年建設，1996年に世界遺産に登録）。

川をはさんだ古都：プラハ

　チェコ共和国の首都プラハは，ヴルタバ川（スメタナ作曲「わが祖国」モルダウとして知られる）の湾曲地点両岸にまたがる人口120万人の都市である。左岸の王城地区と右岸の旧市街とをつなぐカレル橋は15世紀に完成するが，橋のたもとには塔があり，欄干は30体の彫像で飾られている（写真27頁）。左岸フラッチャーニ地区では丘陵上のプラハ城は890年頃から始まり，14世紀のカレルⅣ世の時代にほぼ現在の形に完成した（図Ⅱ-7-12）。旧王宮，修道院，ゴシック式の聖ヴィート大聖堂などの建物が続き，一部は博物館，美術館として公開されている。夏の離宮として17世紀に建てられたヴァルドシュテイン宮殿もあり，それをとりまいてマラー・ストラーナ地区には旧い町並みが存在し，城壁も一部に残っている。右岸の旧市街は旧市庁舎（1338年，塔に付随した天文時計とからくり人形）と聖ミクラーシュ教会，ティーン教会，宗教改革の犠牲者ヤン・フスの像がある旧市街広場が中心である。その北側のヴルタバ川が東へ屈曲する場所はユダヤ人地区であり，墓地やシナゴーグが残されている。南側は新市街となっていて，国立博物館前から幅広い道路として続くヴァーツラフ広場（750m）が軸となっている（図Ⅱ-7-12）。この両側にはアール・ヌーボー様式の建物が連なっている。

7. 中央・北ヨーロッパ諸国　67

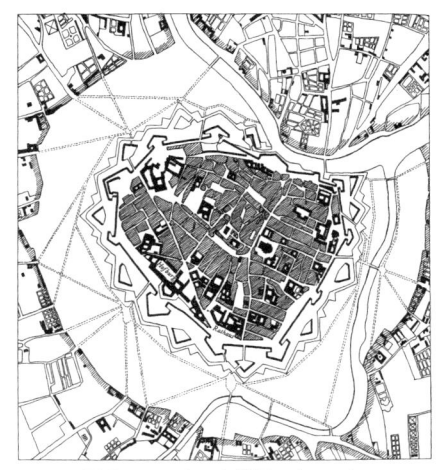

図Ⅱ-7-10　18世紀のウィーン
出典：S. E. Rasmussen（2008）：Villes et architectures, Parenthéses, p.190.

表Ⅱ-7-3　ウィーンの観光資源

1	3	ホーフブルク（旧王宮）
2		シュテファン大聖堂
3		美術史博物館
	2	リング
4		ペスト記念碑
5		国立歌劇場
6		造形美術アカデミー絵画館
7		カールス広場・教会
8		ヴェルデベーレ宮殿
9		応用美術博物館
10		ウィーン分離派館（ゼセッション）
11		アウグスチーナ教会
12	1	ペーター教会
13		カプツィーナ教会
14		マリア・アム・ゲシュターデ教会
15		旧ショッテン修道院＋教会
16		イエスズ教会
17		フィガロ・ハウス（モーツァルト記念館）
18		パスカラティ・ハウス（ベートーベン）
19		ブルク劇場
20		自然史博物館
21		ウィーン歴史博物館
22		カールス広場駅舎（ワグナー）
23		郵便貯金局
24		オイゲン公都市宮殿
25	0	旧市庁舎
26		ルプレヒト教会
27		奉納教会
28		証券取引所
29		ウィーン大学
30		市役所
31		国会議事堂
32		ミュージアム地区
33		楽友協会ホール
34		コンツェルトハウス
郊外		シェーンブルン宮殿
		プラーター公園
		ウィーン中央墓地
		ドナウタワー

注：2列目の3～0はミシュランの評価による．

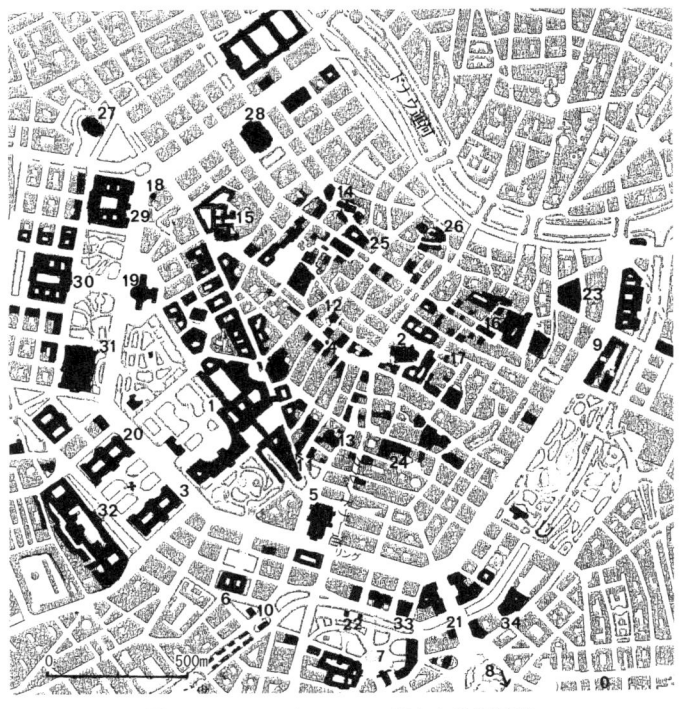

図Ⅱ-7-11　ウィーンの都心と世界遺産
注：M.Wehdorn（2004）：Vienna；A Guide to the UNESCO World Heritage Sites, Springer, Wien, p.225 による世界遺産指定の建物のリストを1：25,000 地形図上に同定した．

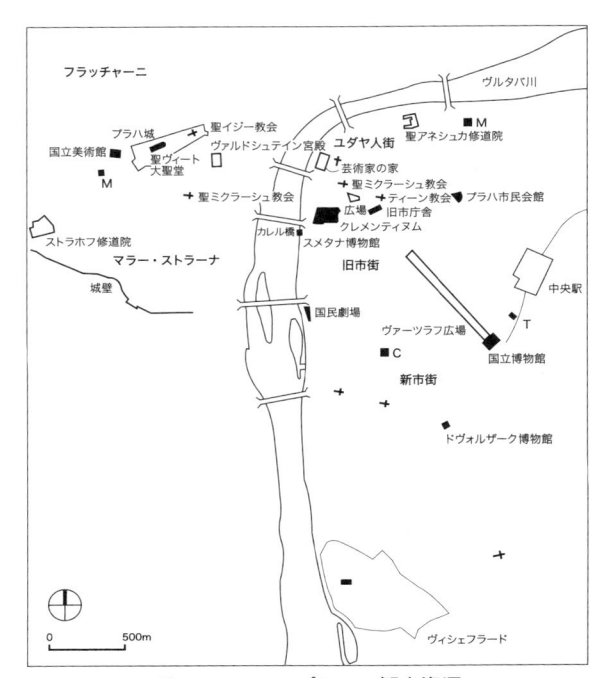

図Ⅱ-7-12　プラハの観光資源
注：ミシュランを基に作成．

4）アムステルダム・コペンハーゲン

運河都市：アムステルダム

人口72万人，15分ほどでスキポール空港と結ばれる。北海に面するゼロメートル地帯に堤防を築き，風車を利用して干拓し，ゾイデル海に注ぐアムステル川に高潮を防ぐためのダムをつくり，それを中心に都市が形成された。1275年に起源をもち，5本の運河をつくりシンゲル運河（1680年代）の外側を防御の砦で囲んでいた（図II-7-13）。17世紀から19世紀にかけての4・5階建て切妻式で装飾性の高いレンガ造りの建物が運河に面して連なる景観が維持されている。多数の木材を打ち込んだ人工地盤は不等沈下を起こし，歴史的建造物には傾いた建物も見受けられる。1850年以後市域は拡大して一部の運河は埋立てられた。それらの運河網を船で巡る観光コースがある。

ダム広場に面して西側には王宮（旧市庁舎，写真69頁）とそれに接して新教会があり，北側に証券取引所とその東側には旧教会（14世紀）があり，都市の核を形成している。この内部地区に歴史博物館，主体は17世紀の建物であるが，市最古の建物（1460年）が存在するベヘインホフ（旧ベギン会修道院）が必見である。第二次世界大戦では占領されてナチスの迫害を受け，アンネ・フランクの家に象徴されるユダヤ人の犠牲とダム広場に設けられた占領下の犠牲者の慰霊塔が，爆撃による破壊をまぬがれたこの都市のシンボルとなっている。アムステル川とシンゲル運河の交点には15世紀の市門に建つムント塔がランドマークになる。かつての繁栄を築いた東インド会社の建物（1606），証券取引所などもある（図II-7-14）。

運河に面した鉄道中央駅は東京駅のモデルになったといわれている。旧市街に接して国立美術館，ゴッホ美術館，市立博物館の三大美術館が集まり，それにコンセルトヘボウ（ホール）が集中する博物館地区がツーリズムの中心である。都心には画家レンブラントの生家が公開されている。市内の移動にはトラムが便利な都市である。港よりには海事博物館もある。他方，ゲイ・ホモが市民権をもつ町（Gay Capital）であり，レッドゾーン地区（旧教会付近）が認められ，大麻・マリファナが普及していることもこの都市のもつ別の一面であり，それが一部の観光要素にもなっている。

海洋都市：コペンハーゲン

1165年に起源をもつこの都市はデンマークの東端のシェラン島にあって，対岸のマルメ（スウェーデン）とは高速道路＋鉄道橋でつながっている。人口50万人程度のこじんまりとした都市である。空港から近い中央駅（1911年）の東側がチボリ公園である。19世紀中頃にできた遊園地の原型であり，ホールと飲食施設が整い，市民の憩いの場となっている。その先に市庁舎があり，国立博物館（1869年），クリスチャンボー宮殿（旧王城，1918年再建），王宮（アマリエンボー）が連なる旧市街中心地区が成立している。さらにアマリエンボー宮殿の向かいにはローゼンボー公園（宮殿），国立美術館がある。旧市街北端には星型状の城（カステレット）とそれをとりまく複数の堀と旧港が隣接して，古い街並みがよく保存されている（図II-7-15・16）。現在の大型港湾はさらに北方につくられている。この旧港の端に有名な人魚像がある。この島の北端スウェーデンとの海峡に面したクロンボー城は，シェークスピアのハムレットを没後200年記念して上演した舞台として知られ，2000年世界遺産に登録された。

7. 中央・北ヨーロッパ諸国　69

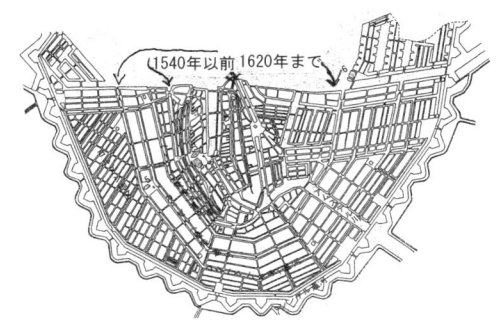

図Ⅱ-7-13　アムステルダム
出　典：G. J. Ashworth, J. E. Tunbridge（1990）: The Tourist-Historic City, Belhaven Press, p.182.

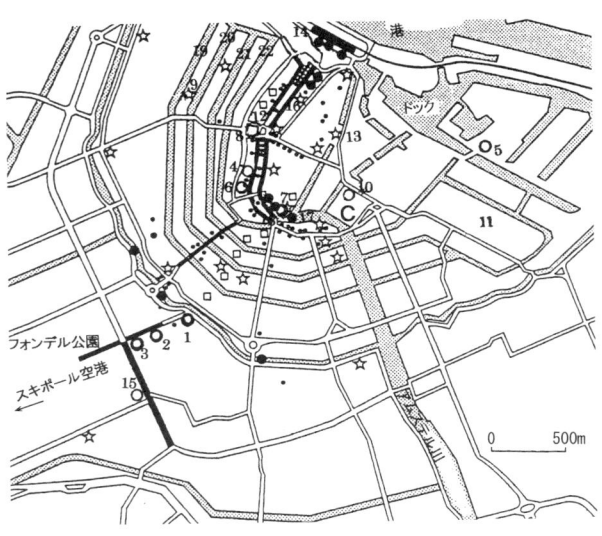

図Ⅱ-7-14　アムテルダムの観光資源
資　料：J - C. Boyer（1999）: Amsterdam:la plus petite des grandes mtropoles, L'Harmattan, Paris, p.154を基に著者修正，白丸は運河遊覧カナルバス発着所．

表Ⅱ-7-4　アムステルダムの観光資源

1	国立博物館	12	新教会
2	ゴッホ国立美術館	13	旧教会
3	市立美術館	14	中央駅
4	アムステルダム歴史博物館	15	コンセルトヘボー
5	国立海洋博物館	16	旧証券取引所
6	ベヘインホフ	17	シンゲル花市
7	考古学博物館	18	ムント塔
8	王宮・ダム広場	19	プリンセン運河
9	アンネの家	20	カイセル運河
10	レンブラントの家	21	ベーレン運河
11	熱帯植物園	22	シンケル運河

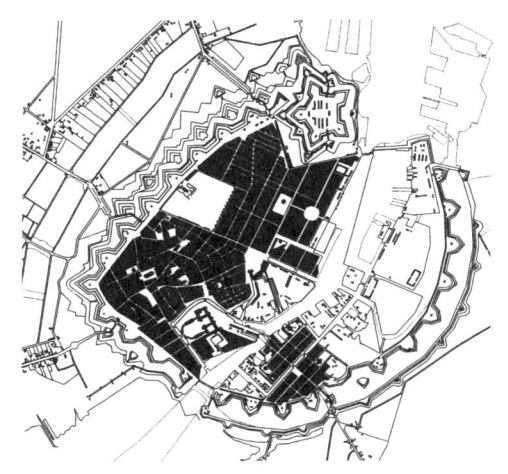

図Ⅱ-7-15　1850年頃のコペンハーゲン
出　典：E. A. Gutkind（1965）: Urban Development in the Alpine and Scandinavian Countries, The Free Press, p.315.

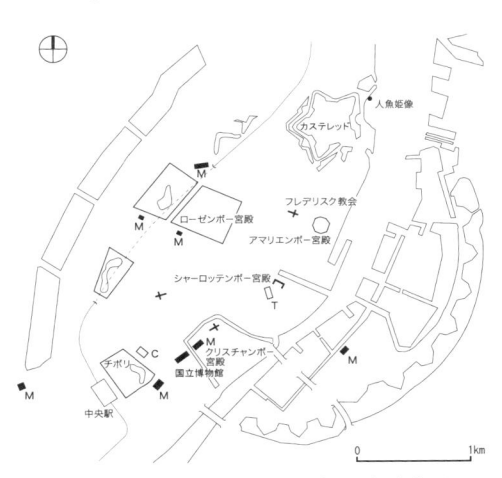

図Ⅱ-7-16　コペンハーゲンの観光資源
注：Kraks Minikort over Kobenhavn, Kraks Forlag AS 2000をベースに作成．

写真Ⅱ-7-1　ウィーン リングと国会議事堂（06年11月）

写真Ⅱ-7-2　アムステルダム ダム広場と宮殿（03年2月）

8. 地中海圏諸国

1）地中海圏の観光都市

　地中海をとりまく地域のうちスペイン，イタリア以外の国からギリシャおよびイスラーム圏のトルコ，モロッコ，エジプトを取り上げる。これら諸国はともに観光に力を入れており，イスラーム圏の国にあっても比較的開かれている（ビザなしで入国が可）国である。

　① **ギリシャ**　バルカン半島の最南端に位置するギリシャの国土は山岳地が多い。この観光は古代ギリシャの遺跡とエーゲ海の島々が中心であり，都市ツーリズムとしては首都アテネに限ってもよく，他にはマケドニア地方の第二の都市テッサロニキのみ。ギリシャの遺跡群はそれぞれ離れて存在する。ミケーネ，オリンピア，デルフィ，メテオラの古代遺跡と中世都市ミストラスの廃墟が重要である。島嶼部ではエーゲ海を中心に大小の島が展開している。クノッソス宮殿のある南のクレタ島，トルコに近いロードス島（聖ヨハネ騎士団の根拠地であった城壁に囲まれた旧市街と，トルコ時代の名残りを示すモスクが存在する），キクラデス諸島のデロス島，サントリーニ島（火山の爆裂口），ミコノス島など青い海と白い建物のコントラストが魅力の地域である（図・表Ⅱ-8-1）。

　② **トルコ**　トルコの主要部分は小アジアといわれるアジア地区にあるが，ボスポラス海峡およびダータネルス海峡を隔ててヨーロッパ大陸のバルカン半島にまたがっている。北は黒海，西はエーゲ海，南は地中海という海洋に囲まれて，東は山地となってイラン・アルメニア・グルジアに接している。黒海に面した北側のポントス山脈および地中海側のタウルス山脈に囲まれて，内陸部は乾燥した高原が広がる。大都市はヨーロッパに近い雰囲気をもつが，地方都市から農村部はアジア的であり，またイスラーム文化が強くおおっている。住民の97％までムスリムである。イスラーム圏のなかでは1923年に共和国となり政教分離が行われた結果，世俗化されて最も容易にイスラーム文化に接することができる。ここには人類文明の最初期のチャタル・フユック遺跡（BC6000年頃）から最初に鉄器を使用したヒッタイト王国（BC4500年頃）の遺跡，古代ギリシャ，ビザンチン帝国（東ローマ帝国），セルジュクトルコ，オスマン帝国を経た長い歴史の遺産が豊富にある（図表Ⅱ-8-2）。

　③ **エジプト**　エジプトはナイル川とともに存在する。世界遺産にも登録されている古代エジプトの遺跡群の観光が魅力であり，その最大の拠点がカイロである。この街の南郊外に大ピラミッドとスフィンクス像がある。さらにナイル川の中流部ルクソール（旧テーベ）は右岸にカルナックの大神殿とルクソール神殿があり，対岸にはハトシェプスト祭殿やツタンカーメン王をはじめとする王家の谷と呼ばれる王の墓群が散在している。さらに上流部のアスワン，アスワンハイダム建設により水没するアブシンベル神殿を移転させた壮大な遺跡などツーリズムの対象は多い。それらの観光拠点にはイギリスが支配していた時代から避寒地用のホテルが整備されてきた。

　④ **モロッコ**　北アフリカ側イスラーム圏のモロッコ，アルジェリア，チュニジアをマグレブ諸国という。旧フランスの植民地であった。古代ローマの世界に属し，早くからイスラーム文化が伝わり，エジプトやスペインとも一味ちがう文化圏を形成している。アルジェリアは政治的状況から観光するには厳しく，モロッコが最も観光に力を入れている。海岸部は地中海気候，アトラス山脈を越えた内陸は砂漠が広がる世界である。フェスやマラケシュ，メクネスに代表される伝統的な形態の市場が観光の魅力となり，旧市街は世界遺産に登録されている（図Ⅱ-8-3）。フランス植民地時代に建設された新市街とのコントラストが興味深い。この地域のモスクは基本的に異教徒には開放されていない。

8. 地中海圏諸国　71

図Ⅱ-8-1　ギリシャの観光地
注：番号は表Ⅱ-8-1に対応．

表Ⅱ-8-1　ギリシャの観光都市・遺跡

		人口	M	B	GB	計	世界遺産
1	アテネ	772	3	2	3	8	W
2	クレタ（島）		3	2	3	8	W
3	エピダウロス		3	2	3	8	W
4	メテオラ		3	2	3	8	W
5	ミケーネ		3	2	3	8	W
6	ミコノス（島）	4	3	2	3	8	
7	ミストラ		3	2	3	8	W
8	オリンピア		3	2	3	8	W
9	ロドス（島）	2	3	2	3	8	W
10	アトス		2	2	3	7	W
11	ケルキラ（島）	105	2	2	3	7	W
12	コリントス	22	2	2	3	7	
13	デルフィ	2	2	2	3	7	W
14	デロス		2	2	3	7	W
15	パトモス（島）		2	2	3	7	W
16	サントリーニ（島）	9	3	2	2	7	
17	ティリンス		2	1	3	6	
18	バッサイ		2	2	2	6	W
19	テッサロニキ	384	2		2	4	W
20	キオス（島）		1	1	1	3	W
21	ヴェルギナ		1		2	3	W
22	サモス（島）			1		1	W

注：人口の単位は千人．

表Ⅱ-8-2　トルコの観光都市と遺跡

	都市	人口（千人）	合計	世界	時代		遺跡	合計	世界	時代
1	イスタンブル	8,831	12	85	B	1	エフェス	12		G
2	ブルサ	1,184	11		O	2	ネムルトダー	12	87	G
3	コンヤ	761	9		S	3	アフロディシアス	11		G
4	サフランボル	31	7	94	O	4	ボアズカレ	10	86	H
5	トラブゾン	214	7		B	5	ベルガマ	9		G
6	アンタリヤ	606	6		G	6	スメイラ	9		B
7	アランヤ	117	6		S	7	パムックカレ	9	88	G
8	カイセリ	524	6		S	8	ギョレメ	8	85	B
9	アンタクヤ	144	6		G	9	カイマクル	8		B
10	アンカラ	3,203	6		G	10	ミレトス	7		G
11	エディルネ	119	6		O	11	トロイ	7	98	G
12	ディヤルバクル	551	5		O	12	プリエネ	7		G
13	トカト	113	5		O	13	ディディマ	7		G
14	アマスヤ	74	5		O	14	ペルゲ	7		G
15	ボドルム	24	5		G	15	テルメソス	7		G
16	イズニク	16	4		O	16	アスペンドス	7		G
17	イズミル	2,250	4		G	17	ヤズルカヤ	6	86	H
18	シヴァス	250	4		S	18	ニサ	6		G
19	マルディン	65	4		O	19	クサントス	6	88	Ly
						20	アラジャ・フユック	5	86	H
						21	アニ	5		*
						22	サルデス	5		Lyd
						23	ディブリー	5	85	S

注）合計の数字：ベデカー，ギドブルー，ミシュランおよびイタリアとスペインのガイドブックの評価の合計を示す．世界：世界遺産に登録された年次の下2桁の数字．時代；O：オスマン朝，H：ヒッタイト，G：ヘレニズム，B：ビザンチン，Ly：リキア，Lyd：リディア，＊：アルメニア，S：セルジュクトルコ．

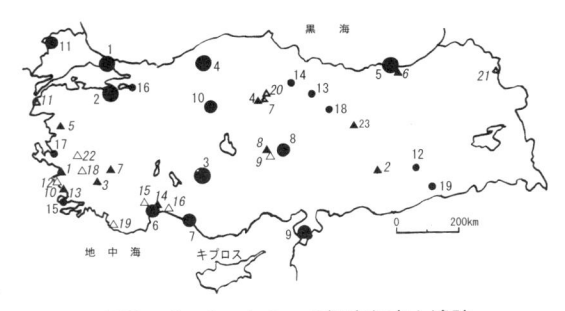

図Ⅱ-8-2　トルコの観光都市と遺跡
注：番号は表Ⅱ-8-2に対応．●は都市，▲は遺跡．

2）二つの大陸にまたがる大都市：イスタンブル

　この街は長い歴史をもつ都市でありコンスタンチヌス帝による東ローマ帝国の首都設定（330年）に始まり，コンスタンチノーブルと呼ばれてビザンチン，オスマン帝国の時代を通して都として栄えてきた。首都移転後も経済，交通の中心であり，人口約1,000万人のトルコ第一の巨大都市である。東西文明の融合した町といわれ，アジア的な側面とヨーロッパ的な側面をもつユニークな町である。事実，立地的にも市域はボスポラス海峡をはさんでヨーロッパとアジアにまたがっている。その間は2本の巨大な吊り橋と多数のフェリーで結ばれている。ヨーロッパ側は金角湾により南側の世界遺産に登録されている歴史地区を含む旧市街と，北側の新市街とに分かれ，ガラタ橋などで結ばれている。

　観光としては旧市街が重要である。起源はBC660年に遡るギリシャ人植民都市に始まる。海よりの現在のトプカプ宮殿のある場所である。447年テオドシウス帝により市域が拡張されて市壁がつくられ，その後より堅固にされて残っている。この城壁と海に囲まれた交通の要衝であったことから，都市が繁栄してきた。古代の姿はアト・メイダン（ヒポドローム，競技場，式典の場），オベリスク（AD2世紀），ヴァランス水道橋に残されている。都心にはイエレバタン地下貯水池（532年）もある（図Ⅱ-8-4）。

　ビザンチン時代を象徴するものはアヤ・ソフィア寺院である。532年に建設された巨大なドームの教会である。オスマン時代に4本のミナレットが建てられてモスクとして使用され，共和国になってからは博物館として，ビザンチン時代の姿にもどされて公開されている。カーリエ・モスクは城壁に近いギリシャ正教のコーラ教会からモスクに転用され，現在はモザイクがよく残されている博物館となっている。新市街のベイヨール地区にあるガラタ塔（68m）は1348年，ジェノヴァにより建設され金角湾をはさんだ旧市内を展望するのによい（図Ⅱ-8-5）。

　オスマン時代にも基本構造は変わっていない。トプカプ宮殿は海峡に望む東端の丘陵地にあり，城壁に囲まれている。大帝国の心臓部に当たり，建物自体はそれほどの豪華さはないが，イスラーム様式の内装と大帝国に集まった豊富な美術工芸品が見られる。敷地内にある考古学博物館も見逃せない。旧市内に多いモスクはオスマン時代を象徴するものである。6本のミナレットをもつスルタン・アフメット・モスク（通称ブルーモスク，1609～16年）が最も有名であるが，スレイマニエ・モスク（1544～48年，写真73頁）はシナンの傑作であり，オスマン帝国最盛期をつくったスレイマン大帝の墓があり，モスクコンプレックスとして貧窮院，病院，学校，図書館という施設が一緒にある。伝統的な市場として有名なグランドバザール（カパル・チャルス，屋根付き市場，写真73頁）は，1461年火災のあと再建された。内部にはさまざまな施設があり，あらゆる種類の商品が扱われているが，現在では観光客向けになっている。香料食品を主としたエジプトバザール（ミスル・チャルス）を含め伝統的商業地区をなしている。オリエント急行の終着駅シルケジがある。

　新市街のベイヨール地区は，19世紀末から1930年代までヨーロッパ化された地区として最もにぎわった繁華街であり，60年代に衰退したが，その残照がイスティクラル通にトラムを80年代復活させて観光向けになっている。近代的ホテルもこの地区に多く，ボスポラス海峡の眺めが魅力である。ボスポラス海峡に面しては西欧風のドルマバハチェ宮殿（1854年）があり，19世紀以降にスルタンが使用していた。対岸のアジア地区ではハイダラパシャ駅とクリミア戦争の際にナイチンゲールが活躍したという病院の建物が目立つ。

8. 地中海圏諸国　73

表Ⅱ-8-3　イスタンブルの観光資源

	I	N	
1	2	3	トプカプ宮殿
2	2	3	考古学博物館
3	2	3	アヤソフィア（博物館）
4	2	3	ブルーモスク（スルタン・アフメット）
5	2	3	スレイマニエモスク
6	2	3	カーリエモスク（博物館）
7	2	2	カパル・チャルス（グランド・バザール）
8	2	2	ガラタ塔
9	2	2	イエルバタン（地下宮殿）
10	1	2	ドルマバハチェ宮殿
11	1	1	トルコ・イスラム美術館
12		1	ユルップ
13		1	エジプト・バザール
14		1	ファティエ・モスク
15	1		イエニモスク
16	1		リュステム・パシャ・モスク
17	1		シェフザーデモスク
18	1		バヤジットモスク
19	1		ソコル・メフメット・パシャモスク
20	1		バランス水道橋
21		1	イシュテクラル通・タクシム広場
22			クチュック・アヤソフィアモスク
23			モザイク博物館
24			テオドシウス城壁

資料：I は Touring Club Italiano（1966）: Turchia,
N は Guide Neos（1998）: Turquie, Michelin.

図Ⅱ-8-4　イスタンブル（1422年）
出　典：Yurt Ansiklopedisi, Istanbul, Anadolu Yayincilik, 1983, p.3812.

写真Ⅱ-8-1　イスタンブル
グランドバザール（09年9月）

写真Ⅱ-8-2　スレイマニエ
モスクと商業地区（09年8月）

図Ⅱ-8-5　イスタンブルの観光資源
注：1:25,000 イスタンブール観光地図をベースに表Ⅱ-8-3の観光資源を記入．

3）アンカラとアンタリア
共和国の首都：アンカラ

アンカラはアナトリア高原内陸のステップ地帯の盆地に立地する。1923年，共和国の成立とともに首都に制定され，計画された（1928年ドイツ人 H. ヤンセンによる）官庁街をもつ近代的な都市であるが，オスマン期には小さな県庁都市に過ぎなかった。現在の500万人近い規模の巨大都市となるとその計画地区（中心は重厚な官庁街の建物群と国会議事堂）も広大な都市域に対して埋没感は免れない（図Ⅱ-8-6）。

都市核としては，盆地中央の丘陵上ビザンチン時代の城砦と付近に古代ローマ時代の遺跡がある歴史都市である。と同時に，急激な都市化と都市域の拡大に伴いゲジェコンデュと呼ばれる都市基盤整備の不十分な住宅地区が広範囲に存在して，開発途上国的な側面を合わせもつことに特徴がある。ウルス地区は歴史的保存地区の対象となっているが，火災とその後区画整理により1930年代に建設された2・3階建ての建物が多く見られる。時計塔のある城門とその南（アト・メイダン広場）に使われなくなったいくつかのハーンとハーンを改装したアンカラ考古学博物館（ヒッタイト時代のコレクション）があり，アンカラ城とともに最大の観光ポイントである。アタチュルク廟とアタクレと呼ばれる展望塔が，現代都市アンカラのランドマークである。

地中海の保養地：アンタリヤ

地中海に面したアンタリヤはエーゲ海地域とともにトルコを代表する海水浴場と保養地であり，近年観光都市として人口70万人の大都市に急成長している。海岸部や台地上には近代的な大ホテルがあり，多くの観光客を受け入れている。旧港（現在はマリーナ）のある旧市街（写真75頁）は古代ローマ時代に建設された城壁が残り，ハドリアヌス帝時代の門がある。また，新市街に接する入口には中世につくられたイヴリ・ミナレ塔があり，この都市のランドマークとなっている。この旧市街地区（カレイチ）は80年代までは衰退して荒れていたが，伝統的な木造2階建ての住宅が多く残っていた。90年代になるとそれらの建物を修復してペンションに転用し，観光客向けに改装が進んだ（図Ⅱ-8-7）。これらはドイツ人に好まれている。周辺地域にはテルメッソス，ペルゲ，アスペンドス，シデといったローマ遺跡も多数あり，それらの観光拠点ともなっている。

4）パルテノン神殿がランドマーク：アテネ

アテネは西洋文明の起源地であり（BC1400年），アクロポリスの丘をとりまく城壁のある都市国家であった。紀元前1世紀にローマに征服されてから街は衰退していく。15世紀にはオスマン帝国の支配下に入る。一時期は小さな街になっていた。1830年オスマン帝国から独立して首都として復活した。1860年以降，人口増加とともに新市街が拡大していき，現在人口約300万人。パルテノン神殿（写真75頁）があるアクロポリスの丘がアテネ観光の中心であり，丘の上にはそのほかにアテナ古神殿，いくつかの建物と博物館などがあり，市内を展望できる。その麓に列柱の並ぶアゴラ（市場），プーレウテリオン（国会議事堂），円形劇場などが展開する。それを展望するには東のリカヴィトスの丘（ケーブルカーがある）と西のフィロパポスの丘（ムセイオンの丘とも呼ばれる）がすぐれている。街の中心は，国会議事堂と無名戦士の墓のあるシンタグマ広場と市場に近いオモニア広場が軸となっている。さらに近くには国立考古学博物館とビザンチン博物館，第1回近代オリンピックが行われた競技場もこの付近にある（図Ⅱ-8-8・9）。

8. 地中海圏諸国　75

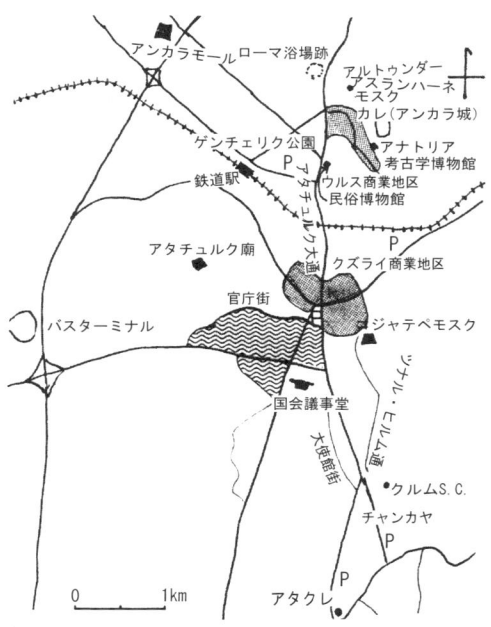

図Ⅱ-8-6　アンカラの観光資源
出典：寺阪昭信（2009）：共和国の中央に造られた首都アンカラ．阿部和俊編：『都市の景観地理　大陸ヨーロッパ編』，古今書院，p.105 の図を修正．

図Ⅱ-8-7　アンタリヤのペンション
出典：寺阪昭信（1996）：アンタリヤにおける街並み保存とツーリズム．日本地理学会発表要旨集，49, p.221.

図Ⅱ-8-8　古代アテネ（紀元前 5 世紀）
出典：アルド・ロッシ著，大島哲蔵・福田晴虔訳（1991，原 1987）：『都市の建築』，大龍堂書店，p.217.

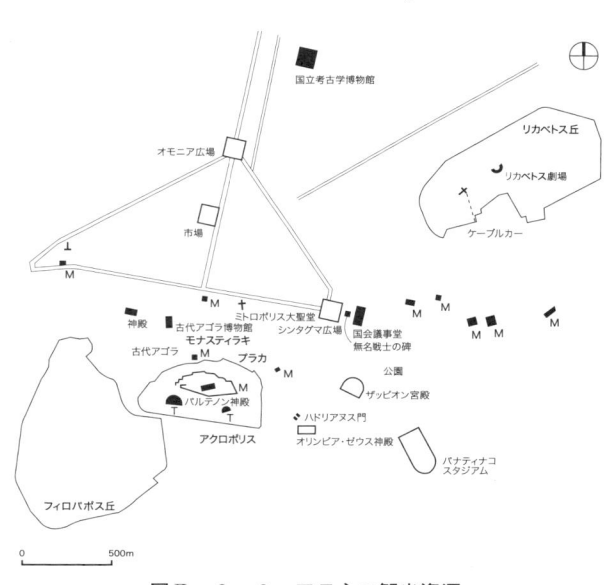

図Ⅱ-8-9　アテネの観光資源
注：Michelin Greece の図を基に作成．1833 年のアテネ．
Z. Celik, D. Favro, R. Ingersoll eds. (1994): Streets, Univ. of California Press, p.113.

←写真Ⅱ-8-3　アンタリア旧港とカレイチ地区（09年9月）

→写真Ⅱ-8-4　アテネパルテノン神殿（83年9月）

5）北アフリカ

ナイルの賜物：カイロ

　カイロは人口約700万人エジプト第一の，アフリカ最大の巨大都市である。ナイル川デルタの頂点に立地し，周囲の砂漠地帯に市街地が拡大しつつある。主要部は右岸にあり，大きくは旧市街と新市街に分けられる。旧市街は南部の高台にシタデルと呼ばれる旧い城壁に囲まれた地区があり，その麓から巨大なモスクと各種のバザール（市場）が北に向かって通りに連なる。中心部にあるのがアル・アズハルモスクとハーン・アル・ハリーリィー（各種の市場），北端のアル・フトゥーフ門に接してあるのが，アル・ハーキムモスクである（図Ⅱ-8-10）。

　ナイル川の中洲ゲズィーラ島は，かつての王族が庭園をつくった遺産により緑が多く，オペラハウス，美術館，各国の大使館も多くあり，高級住宅地区となっている。その中にカイロタワーがあって，この都市を眺望するのに適している（写真77頁）。右岸沿いには近代的高層ビルが立ち並ぶ。

　新市街にあるエジプト博物館は，世界各地の大博物館に古代エジプトの展示がなされていて，見慣れているとはいえ，本場だけにそのスケールが大きく収蔵品の規模と質が高い。なかでもツタンカーメン王のマスクと棺は圧巻である。ナイル川右岸沿いの市域南部にはコプト教徒・ユダヤ人地区があり，コプト教の教会，ユダヤ教会，ギリシャ正教会，修道院，それにコプト博物館がある異質の地区を形成している。カイロでも最も古くから街がつくられてきた場所であると考えられている。

　左岸南部郊外のギザ地区には，最大のクフ王以下三つの大ピラミッドとスフィンクスがある。エジプト最大の観光資源であり，周辺には高級ホテルも整備されている。

フランス植民地の遺産：カサブランカ

　モロッコの首都はラバトであるが，経済と交通の中心は大西洋岸のカサブランカであり，この国最大の都市（人口350万人），港湾都市でもある。戦前の映画で有名になった都市は植民地時代の中心地であり，現在やや薄汚れてはいるが名前の通り白い建物が多い町である（図Ⅱ-8-11，写真77頁）。旧市街のメディナは城壁に囲まれて，伝統的な商店の多い迷路状の狭い街路の街並みである。市域北西端の海岸部に建設された巨大なハッサンⅡ世モスクが近代都市のランドマークとなっている（フランス人の設計，オイルマネーを受けて建設された。1993年に一般に公開）。旧市街との接点は国連広場，都心に広大なアラブ連盟公園があり，植民地時代の大聖堂がある。王宮に接した新市街地のハッブース地区には，モロッコとフランスの様式が混合した整った商業集積がある。

迷宮都市：フェス

　モロッコ北東の古都フェスは世界遺産都市であり，808年に創設された最もイスラームの色が濃い都市である。メディナは中央を流れる川により南北に二分された起伏の多い土地にあり，城壁で囲まれた街である。川筋には伝統産業の皮革工場が集まっている。カラウィーンモスクが中心となり，その周囲を市場がとりまき，西側にはフンドック（キャラバンサライ，宿泊，取引，倉庫機能）地区も残されている。街路は狭く，袋小路も多くて中心道路（これも狭いが）を離れると迷路となっている。その南東部，やや離れて鉄道駅を軸とした広い街路のフランス植民地時代に建設された新市街が展開している（図Ⅱ-8-12）。

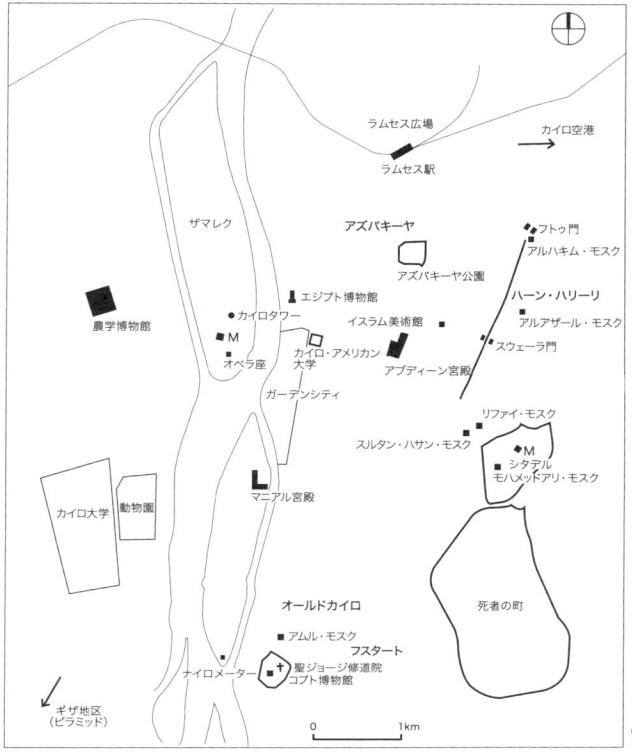

図Ⅱ-8-10　カイロの観光資源
注：Michelinを基に作成.

写真Ⅱ-8-5　カイロ　ナイル川と新（川沿い）
旧市街（後方）（06年8月）

図Ⅱ-8-12　フェスの中心部
出典：陣内秀信・新井勇治編（2002）：『イスラーム世界の都市空間』，法政大学出版局，p.350.

図Ⅱ-8-11　カサブランカ
資料：1:50,000地形図にモスク・地名を記入.

写真Ⅱ-8-6　カサブランカ　フランス統治時代に
形成された街区（07年2月）

9. アメリカ合衆国

1) アメリカ合衆国の観光都市

　日本からアメリカ合衆国へ向かうツーリストは多い。第二次世界大戦以後，アメリカ文化の影響を強く受けている日本では，その源ともいうべきアメリカ本国の実態を経験できることに，ツーリズムの魅力の一つがあろう。そのなかで比較的近いハワイとグアム・サイパンなど太平洋の島々に行く人が多い。ハワイは新婚旅行が多い時期もあった。

　都市ツーリズムの対象になるものを，各種ガイドブックにより整理してみる。アメリカにおいて出版されている都市レベルのガイドブック（Fodder）は 15 都市に過ぎない。ドイツのベデカーでは最高ランク評価の都市は 10，フランスのミシュランは 15 である。それらの評価を表に整理して，ツーリズムの対象都市としては上位 15 都市に収まる。それに評価が分かれる 11 都市を加えて表Ⅱ-9-1 に整理した。すべてに共通する最上位評価の都市は 10 になる。国立公園とか州別のガイドブックもあるが，広大な国にしては都市観光の対象となるのは少ないとみるべきであろう。

　まず，ニューヨーク，ロサンゼルス，シカゴの三大都市が対象となるし，人口規模はやや小さいが首都ワシントン，港湾都市のサンフランシスコとボストン（歴史都市），それにフィラデルフィア（独立宣言が行われた初期の首都）からなる。大都市圏人口（2000 年）からみれば 100 万人以上の上位 8 位まではすべて含まれる。それ以下の規模では，西海岸ではシアトル（周辺の国立公園やレーニア山観光の拠点，郊外エヴァレットにあるボーイング工場へのツアーなど）とサン・ディエゴ，カジノで有名なラスベガス（国際会議も多く開催）がある。南ではフロリダ半島の保養地マイアミとオーランド（ディズニーランド），メキシコ湾岸ではジャズ発祥地のニューオーリンズ（ミシシッピ川河口に立地し，2006 年にハリケーンにより壊滅的な打撃を受けた），やや内陸のサン・アントニオはウォーターフロントの再開発によるモールが成功してにぎわっている。人口 10 万人以下の小都市ではサンタ・フェが加わる（図Ⅱ-9-1）。

　アメリカ合衆国の都市ツーリズムは，面的にも立体的にもスケールの大きさと新しさを経験する。共通するのは，格子状の街路網と他の国とは規模のちがう都心部高層ビル群の景観である。また，歴史的都市といっても，アジアやヨーロッパに比べれば時間も相対的に短く，経済発展の速度も速いので新しい建物が多く，古い街並みが保存されている度合いは少ない。現在もダイナミックに変わりつつある点に特徴がある。

　文化的観光の軸となる美術館は，各都市にすぐれた収集品をもつ規模の大きなものをもっている。これはアメリカのもつ富の大きさから，個人で比較的短期間に世界各地から買い集められたものであり，それらを収集した人たちが公的な美術館に寄贈し，あるいは個人美術館として公開しているものが基本となっている。日本の美術工芸品についても，重文級のものをあちこちで見かけることになる。音楽や演劇の世界でも同様な傾向があり，世界第一級のレベルの公演に接する機会が多くある。

　1994 年の野茂投手の移籍以来，日本のプロ野球選手の大リーグへの進出が年ごとに増え，今では 10 を超える都市に分散して活躍している。その結果，大リーグ観戦をかねたツーリストが増えている。ニューヨークの規模になると目立たないが，シアトル，ボストンなどは日本からのツーリストの増加が認められる。日本人選手の獲得には日本からのツーリストの増加への期待がこめられている。

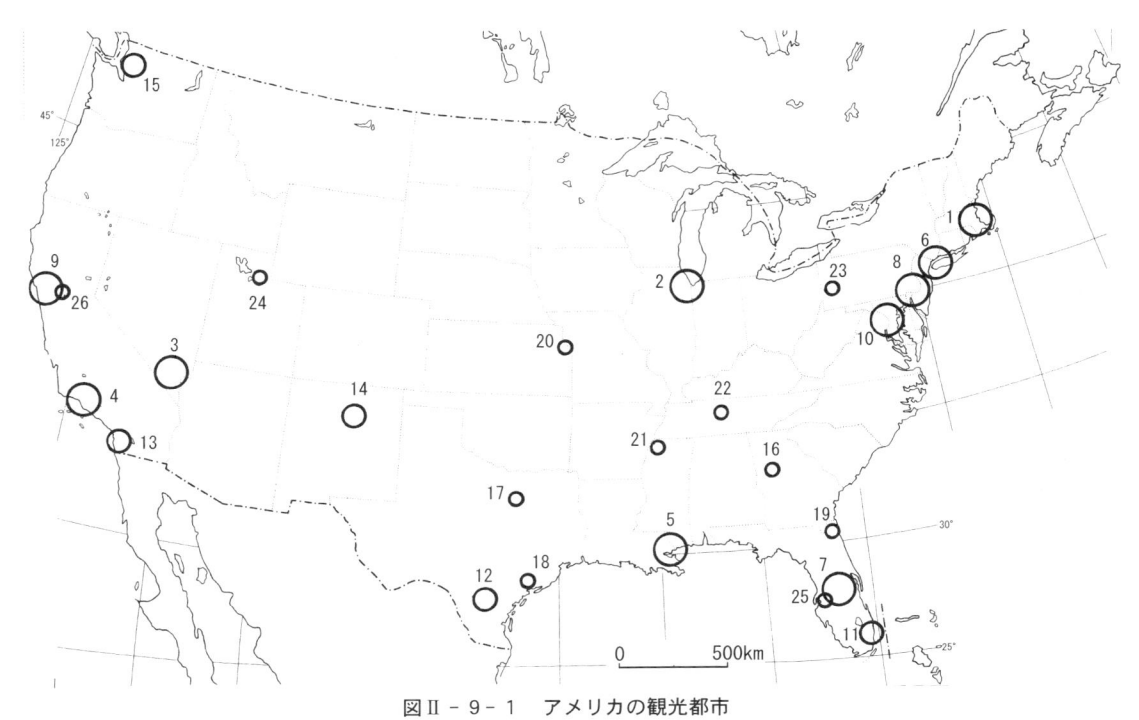

図Ⅱ-9-1 アメリカの観光都市
注：ミシュランとベデカーの評価を基に整理した．表Ⅱ-9-1に対応．

表Ⅱ-9-1 アメリカの観光都市

	都 市 名		人口(千人)	M	B
1	ボストン	Boston	589	3	2
2	シカゴ	Chicago	2,896	3	2
3	ラスベガス	Las Vegas	478	3	2
4	ロサンゼルス	Los Angels	3,694	3	2
5	ニューオーリンズ	New Orleans	484	3	2
6	ニューヨーク	New York	8,008	3	2
7	オーランド	Orland	185	3	2
8	フィラデルフィア	Philadelphia	1,517	3	2
9	サンフランシスコ	San Francisico	776	3	2
10	ワシントン D. C.	Washington D. C.	572	3	2
11	マイアミ	Miami	462	3	1
12	サン・アントニオ	San Antonio	1,144	3	1
13	サン・ディエゴ	San Diego	1,223	3	1
14	サンタ・フェ	Santa Fe	67	3	1
15	シアトル	Seattle	563	3	1
16	アトランタ	Atlanta	416	2	1
17	ダラス	Dallas	1,185	2	1
18	ヒューストン	Houston	1,953	2	1
19	ジャクソンヴィル	Jacksonville	735	2	1
20	カンサス・シティ	Kansas City	441	2	1
21	メンフィス	Memphis	650	2	1
22	ナッシュヴィル	Nashville	569	2	1
23	ピッツバーグ	Pittsburg	334	2	1
24	ソルト・レーク・シティ	Salt Lake City	178	2	1
25	タンパ	Tampa	303	2	1
26	オークランド	Oakland	395	3	

資料：人口は2005年，『国連世界人口年鑑2005』，Vol.57，人口10万人以上．

写真Ⅱ-9-1 ボストン ニューベリー通（04年3月）

写真Ⅱ-9-2 シカゴ シアーズタワーからの都心景観（08年3月）

2）ニューヨーク

巨大都市ニューヨークは世界最大の都市観光地ともいえる。市域は5区からなるが，ハドソン川河口とイーストリバーにはさまれたマンハッタン島の南部を占めるマンハッタン区がその中心である。東西の幅は4kmほどの狭さである。1625年に島の南端の砦（バッテリー公園）にオランダ系の住民がニューアムステルダムとして開発を始め，1664年ニューヨークとなった。港湾都市として19世紀後半から経済の中心となるにつれ，ヨーロッパからの移民が増加して，市街はマンハッタン島の北に拡大していった。第二次世界大戦後には国連本部（42～48番街イーストリバー側，1953年完成）が設置され，ル・コルビジュエもかかわったこの建物には存在感がある。

碁盤目状に区画された街区に斜めに走る大通りブロードウエイが通り，その中央部タイムズスクエア付近（43番街）は劇場・映画館などが集中したネオンがきらめく繁華街をなし，音楽・演劇等の世界的中心であり，毎日多数の公演が行われている。芸術の世界にとって，ニューヨークでの評価が決定的に重要となっている（図Ⅱ-9-2）。

世界最大の高層ビル街ニューヨークの特徴をつかみ，魔天楼を見るには34番街のエンパイアステートビル（381m，1931年，5番街，写真81頁）が今でも人気があり，ランドマークとなっている。建物の形からはクライスラービル（319m，1930年，42番街，レキシントン通）が美しい。ハドソン川から船によるマンハッタン島を巡る観光も，自由の女神とともにこの都市の景観を楽しみ，理解する手立てになろう。フェリーによる移民の入口となっていたエリス島（移民博物館がある）と自由の女神像のあるリバティ島への便がある。

世界経済の中心であるウォール街（写真81頁）は，2001年の世界貿易センタービルの破壊以後（グラウンド・ゼロの再開発事業が進行中）警備が厳重になりあまり観光には適さないが，銀行・証券取引所を中心とした高層の金融・ビジネス街は一見の価値がある。北に向かい市役所，ブルックリン地区と結ぶブルックリン橋，チャイナタウン，リトルイタリー地区へと続く。14番街付近のグリニッジ地区やソーホー，トライベッカ地区は比較的低層の古い町並みが整備されて若者でにぎわう街となっている。その北の26～50番街にかけてはエンパイアステートビルなど高層ビルが集中している地区であり，鉄道のセントラル駅などもある。買物についても五番街を代表として高級専門ブランド店，高級百貨店の商業集積のレベルは高く，ウィンドショッピングを満喫できる。

島の中央部にある巨大な公園セントラルパークは，市民の憩いの場であり利用者が多い。その周辺部に多くの博物館・美術館が立地している。なかでも東側にあるメトロポリタン美術館は規模と美術品収集の範囲の広さから，世界三大美術館の一つといわれている。公園西側にある自然史博物館（恐竜の化石が多くある）も同様に大規模である。美術館系では最近日本人建築家谷口吉生による案が選ばれた新装された近代美術館（MOMA，写真81頁），グッゲンハイム美術館（F. L. ライトの設計）は建物自体も一見の価値がある。その他にもこの都市には，個人のコレクションの公開を含めて多くの重要な美術館・博物館があり，世界の重要な名画が集められている。

北部のハーレム地区はアフリカ系住民が多く住む地区であるが，近年再開発が進み変わりつつある。さらにハーレム川をわたった北のブロンクス区にはヤンキースタジアムがある（地下鉄で行ける）。2009年から新スタジアムになった。

図Ⅱ-9-2　ニューヨークの観光資源
注：ニューヨークの交通図を基にミシュランの評価を考慮して作成．

写真Ⅱ-9-3　ニューヨーク　ハドソン川から望むエンパイヤー・ステート・ビル（04年3月）

写真Ⅱ-9-4　MOMA 美術館（谷口吉生設計）
（寺阪桂子撮影，09年3月）

写真Ⅱ-9-5　ウォール・ストリート
（04年3月）

3）東海岸の都市

大国の首都：ワシントンD.C.

1790年に新しい首都をポトマック川のほとりに建設することが決定した。ほとんどすべてのアメリカ都市が碁盤目状に計画された町割を基本とする中で，この都市がもたらすフランス人の計画による公園と放射状街路の導入は，他の都市にはない魅力をもたらしている。大国の首都として官庁街の重厚で統一感のある薄いベージュ色の建物群と大統領官邸，議会堂（キャピトル）と重要なモニュメントの白亜の建物群，それらを結ぶザ・モール（写真83頁）と称する東西4kmにわたる緑のオープンスペースのコントラストと調和は，他の国の首都には見られない規模と独特の景観を構成している。中央部の小高い丘の上にあるキャピトル（国会議事堂，写真83頁）を超える建物が規制されているため，アメリカの都市としては比較的低層であり圧迫感のないユニークな都市景観をつくりあげている。連邦政府の官庁街は，新古典主義様式の列柱をもつファサードの建物とともに色彩的にも統一がとれている（図Ⅱ-9-3）。

観光の中心となる広大な空間ザ・モール（写真83頁）は，ポトマック川に面した市域南部にある。西のリンカーン記念碑と東のキャピトル，北のホワイトハウスと南のジェファーソン記念碑を結ぶひし形の中央にオベリスク状のワシントン記念塔が立つ構造のなかに，偉人と戦争犠牲者追悼する多くの記念碑とスミソニアン博物館群が納まっている。それらが表Ⅱ-9-2に示した博物館・美術館群である。なかでも規模と内容から世界最大の存在は航空・宇宙博物館（写真83頁）であろう。それに美術館系のナショナルギャラリー（西館・東館），国立自然史，歴史博物館がこの都市を代表する博物館である。その他コーコラン・ギャラリー，フィリップス・コレクションが美術館として重要である。その他の記念碑ではではアーリントン墓地（ケネディ大統領など），世界的な地理普及誌 National Geographic の本部（展示部門も，写真83頁）がある。西の郊外にはジョージタウンの歴史的町並みがある。

アメリカ合衆国の古都：ボストン

東海岸北部に位置するボストンはアメリカでは最も古い歴史をもつ都市（1630年）として記録され，独立にいたるモニュメントがある。港町としてイギリス人によって初期の基盤が建設されたために，都心部の旧市街にはイギリス・ビクトリア様式の19世紀初めに建てられたレンガ造り低層建築が多数見られる。チャールズ川と運河にはさまれた中心部，とくにビーコンヒルを中心とした旧市街は歴史的な積み重ねを感じさせる建物が多く残されている。市庁舎から西へボストン・コモンの広大な公園とそれに続くコモンウェルス通，ニューベリー通にショッピング街（写真79頁）があり，プルデンシャル・センター・スカイウォーク（50階）から市街を展望することができる。東側と運河南部の旧港湾地区はウォーターフロントとしてヨットハーバー，レンガ造りの倉庫とともに，公園，水族館が整備されている。近くには19世紀以来の伝統をもつクインシー・マーケットとファヌイエルホール（70年代に再生されて食品市場とともに飲食店もある）がにぎわっている。都心部では近年の再開発により高層ビルが増えており，60年代にK.リンチが研究した都市のイメージとはちがった世界も展開している（図Ⅱ-9-4）。

伝統的な観光としてはボストン美術館の存在は大きい。フェノロサなどによる日本・東洋美術の収集に特色がある。チャールズ川対岸（北部）のケンブリッジはハーバート大学とMIT（マサチューセッツ工科大学）がある文教地区である。

9. アメリカ合衆国　83

写真Ⅱ-9-8　ザ・モール　リンカーン記念館前からワシントン記念碑（08年3月）

写真Ⅱ-9-9　ナショナル・ジェオグラフィック（08年3月）

図Ⅱ-9-3　ワシントン都心部

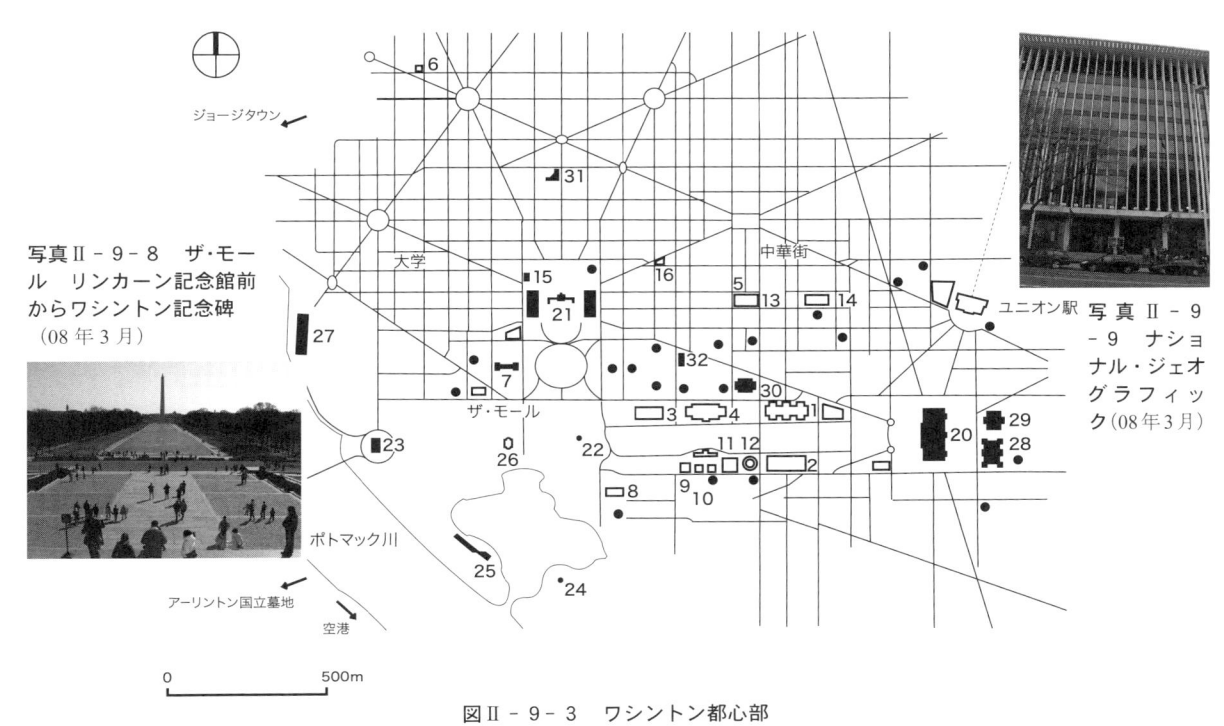

資　料：G. M. Moeller Jr.（2006）: AIA Guide to the Architecture of Washington, D. C. 4th ed., Johns Hopkins を基に作成．数字は表Ⅱ-9-2に対応．黒丸は連邦政府系機関の建物．

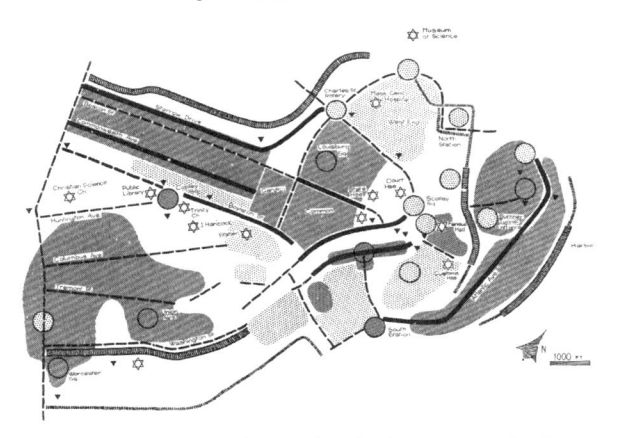

図Ⅱ-9-4　ボストン都心部（K. リンチによる）
現地調査から引き出されたボストンの視覚的形態．

表Ⅱ-9-2　ワシントン D.C. の観光資源

		博物館系			建造物・記念碑系
1	3	ナショナル・ギャラリー	20	3	国会議事堂
2		国立航空宇宙博物館	21		ホワイト・ハウス
3	2	アメリカ歴史博物館	22		ワシントン記念碑
4		国立自然史博物館	23		リンカーン記念館
5		国立肖像画美術館	24		ジェファーソン記念館
6		フィリップ・コレクション	25		F・D・ルーズベルト記念館
7		コーコラン・ギャラリー	26		戦没者慰霊碑（3）
8		ホロコースト記念博物館	27	2	J・F・ケネディー記念ホール
9		フリーア・ギャラリー	28		国立国会図書館
10		アーサー・サックラー・ギャラリー	29		最高裁判所
11		国立アフリカ美術館	30		国立公文書館
12		ハーシュホーン美術館・庭園	31	0	ナショナル・ジェオグラフィック協会
13	1	国立アメリカ美術館	32		旧郵便局
14		国立建築博物館			
15		レンウィック・ギャラリー			
16		女性芸術美術館			

写真Ⅱ-9-6　ワシントン D.C. 都心から望むキャピトル（08年3月）

写真Ⅱ-9-7　スミソニアン地区（航空宇宙博物館）（08年3月）

4）ロサンゼルス・シカゴ
広大な市域に広がる：ロサンゼルス

　太平洋に面した西海岸は地中海性気候に属し，晴天が多い温暖な気候下に立地している。自動車が普及してから急速に発展したこの都市は，広大な空間に比較的低層の建物からなる市街が展開している（図Ⅱ-9-5）。市庁舎・ユニオン駅を含む都心部の高層ビル街は，狭く衰退していて魅力に乏しい。都心南東部に2回のオリンピックを開催したスタジアムがあり，1930年代のこの都市の規模がわかる。映画の街ハリウッドは映画好きの人にとってのメッカである。ハリウッドには映画関係の博物館とウォーク・オブ・フェイムというハリウッド大通に有名人の名前が書き込まれた星型が埋められている。やや北に離れて屋外のハリウッド大ホールとそのさらに北部に映画撮影所の一部をテーマパークとして開放している。それに対して，南東部郊外のアナハイムには大規模な本家のディズニーランドがあり，ロサンゼルス都市圏最大の観光要素となっている。

　ハリウッドから続く北西地区には超高級住宅地ビバリーヒルズがある。高級ブランド街もあるが，住宅地区は1戸の規模が大きく，塀に囲まれて乾燥地域にあって緑の多い景観を呈している。その西隣にはUCAL大学の広大なキャンパスがある。太平洋岸サンタモニカ海岸も大きなピアがあり，大都市の海水浴場として便利な存在である。西北部地区のプレンウッド台地には，1997年にゲッティ・センター（大美術館）が開館し，無料のケーブルカーで登る。そこからはロサンゼルスの街が展望できる。

　ヒスパニック系が多数を占めるこの都市の中で，アジア系の存在も注目される。なかでも日系人社会の歴史は古く，都心東部にあるリトルトーキョウ（写真85頁）の存在は他ではみられない構成要素であり，日系人移民の苦難の歴史を記録した全米日系人博物館は必見である。都心に比較的近い北部にチャイナタウン，西にはコリアンタウンがある（図Ⅱ-9-6）。

摩天楼都市：シカゴ

　アメリカ合衆国中西部の中心都市，ミシガン湖岸の港町として19世紀に急速に発展してきたシカゴは，第3位の人口規模をもち，アメリカ合衆国における都市社会学，都市地理学の発祥地といってよい（バージェスの同心円モデル，ベリーの因子生態学モデルなど）。1871年の大火以降に農産物取引の中心となり，急速に近代都市として発展し市域を拡大していった。1920年代のアルコール類の密売に伴うマフィアの活躍した暗黒街のイメージが強いが，1960年代の公民権運動による大規模なアフリカ系アメリカ人の反乱以降は落ち着いた町となっている。ループと呼ばれる都心は，ニューヨークよりも早くから高層ビルが建設された。環状の高架鉄道（最初は路面電車）が走り，広大な郊外には地下鉄と電車網が放射状に展開している。

　ニューヨークに次ぐ高層ビル群（写真79頁）がこの都市を特徴づけるが，1974年から約30年間世界で最も高いビルであったシアーズタワーの存在（443m，近年，クアラルンプール，台北，ドバイなどに抜かれた）をはじめ，高層建築については構造的，形態的に20世紀建築の世界をリードしてきた都市である（図Ⅱ-9-7）。それらが織り成す都市景観はアメリカの都市の中でも際立っており，現在も再開発等の建設が続いている活気のある都市である。都心の湖岸にはアメリカでも屈指の規模をもつシカゴ美術館があるほか，ギャラリーも豊富である。シカゴ川をはさんだ都心北部のミシガン大通には高級なブティック街が形成されて，にぎやかな買物空間が成立している。

9. アメリカ合衆国　85

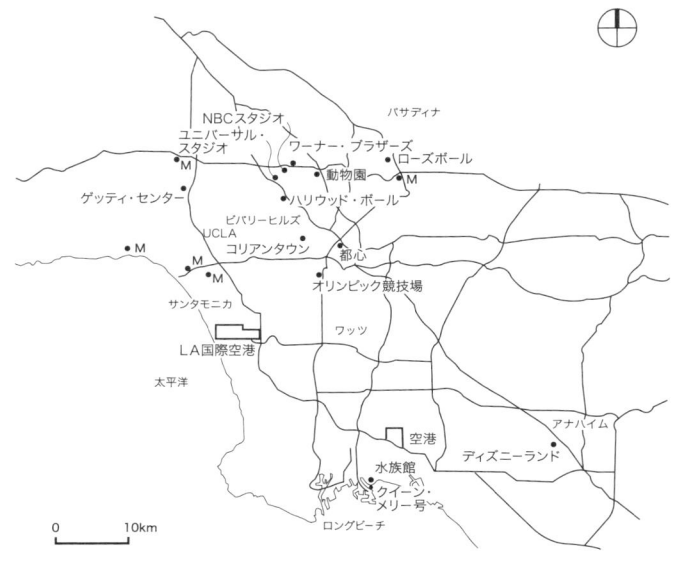

図Ⅱ-9-5　ロサンゼルス大都市圏
注：ミシュランの地図をもとに作成．

図Ⅱ-9-6　ロサンゼルス都心部
資料：AAA Automobile Club California : Los Angeles Metropolita Area を基に作成．

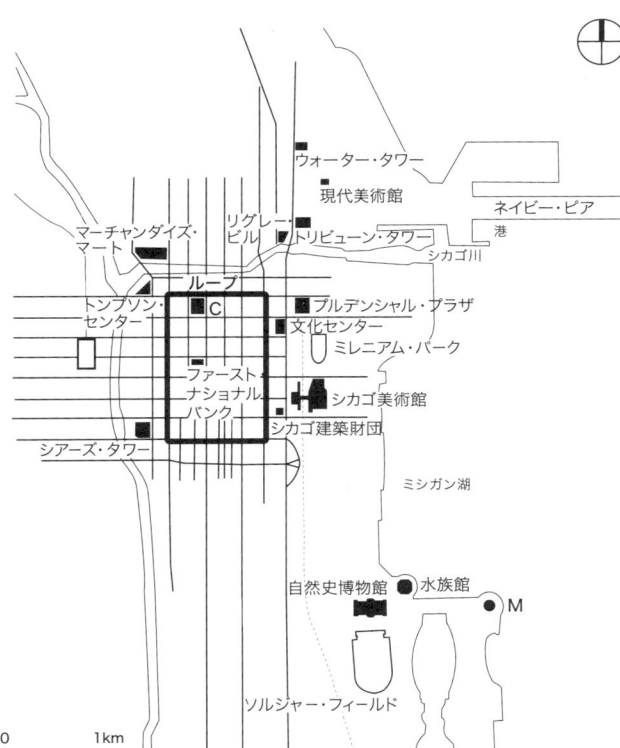

図Ⅱ-9-7　シカゴ都心部
注：Chicago Official Map & Guide, Convention and Tourism Bureau を基に作成．

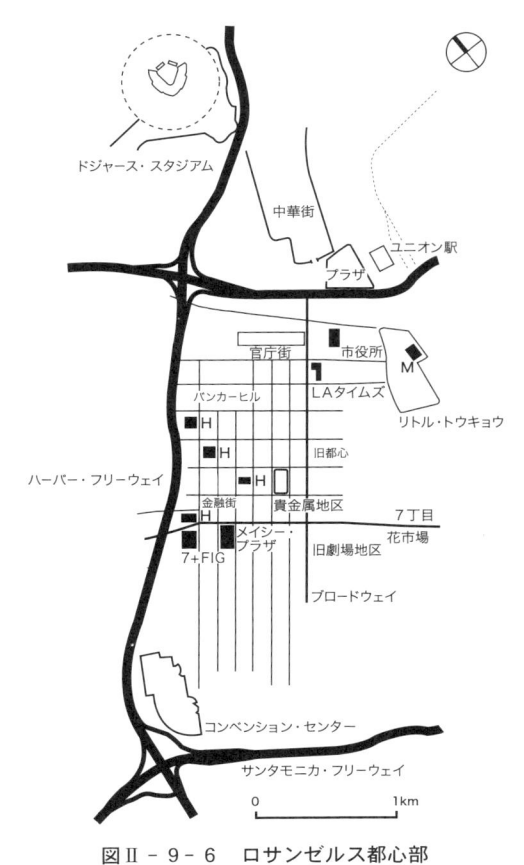

写真Ⅱ-9-10　ロサンゼルス　リトル・トウキョウ
（04年8月）

第Ⅲ章　日本の観光都市

横浜　中華街（09年3月）

札幌　雪祭りと旧道庁本庁舎（重文）
（寺阪俊樹撮影，08年2月）

広島　原爆ドーム（世界遺産）（09年5月）

1. 日本の観光都市

　最初に日本の観光都市をどのように選定するかを考えてみる。観光地（都市単位）について入込み客数の全国統一されたものは存在しない。日本のガイドブックは各種出版されているが，統一された評価基準はなされていない。そこで，世界の都市で行った方法を準用した。ミシュランが2007年に*Japon*を刊行したので，都市を対象に3星評価を整理し，イギリスのLonely Planet（2003，8版記載頁数）およびナショナル・ジェオグラフィックのTraveler Japan（2005）を加えて外からの視点を基礎においた。その上で，JTBによる観光資源の選定（1999年）から人文資源の10項目（史跡，社寺，城址・城郭，庭園・公園，歴史景観，地域景観，年中行事，歴史的建造物，現代建造物，博物館・美術館）に限り，特A（SA）級（日本のイメージを構成），A級（全国的な観光客），B級（地方規模の観光客）のリストを都市別に整理した（表Ⅲ-1-1）。

　表にはさらに近年観光資源として高く評価されるようになった世界遺産，重要伝統的建造物群保存地区（2008年7月現在83），またやや旧いデータ（1995年）ではあるが観光地宿泊ランキングによる宿泊者数を加えて，それらが複数あり，人口10万人以上を原則とした。いくつかの例外は外国人向けに評価の高い日光と宿泊客の多い温泉都市熱海，伊東である。それに萩とJTBの評価が低い大都市横浜を加えて34都市になる。それを3段階に整理した。以下の日本編で解説した都市には＊を記したが，表にはない都市も一部は扱い，他方，大都市周辺の小都市犬山，宇治などは省略した。

　Aクラスとしては東京，京都，奈良の3都市で異論はなかろう。Bクラスとして，札幌，日光，横浜，鎌倉，金沢，名古屋，大阪，神戸，広島，福岡，長崎，那覇の12都市となる。日光，鎌倉を除くと県庁所在地である。大都市として広域中心都市の仙台が漏れるが，福岡はやや甘いかもしれないが，観光拠点として大宰府を範囲に入れていると考えた。B・Cクラス間の線引きを厳密にするには困難であるが，Cクラスが残りの19都市である。萩，伊勢については観光客数が少ないが，日本の伝統的な観光要素がある都市としては重要であると考えた。ミシュランは姫路を高く評価しているが，都市ツーリズムとしては城以外に魅力が乏しく，高いランクにはできない。高山も人口規模からこのクラスにした。ミシュランの1星クラスはここではかなり省略してある。

　Bクラス都市で解説しない都市があるとともに，観光産業が重要な北海道と沖縄および大港湾都市を扱った。以上の基準とは別に日本の観光にとって重要な温泉地（JTBの評価は低い），日本の多くの都市の起源であり歴史的核である城下町が観光要素として重要であること，最近町並み保存運動が観光的にも注目されてきた重要伝統的建造物群保存地区についての項目を加えた。その他表Ⅲ-1-2にはイベント関係として各地の祭り（このリスト以外にも，大規模なものは100万人単位の集客力がある）を参考に取り上げた。夏の花火大会なども毎年開催され，地域の活性化につながる要素としては考慮しなければならないかもしれない。

　都市景観をどこから見るかという問題に触れておく。関東平野と北海道の一部を除くと，日本の都市は近くに山がある。ケーブルカーやバスにより用意に接近できる山頂からの展望は，都市の景観を楽しむ一つの方法である。ミシュランが3星にした東京近郊の高尾山に外国人客が多いという。巨大都市近くにある緑の山の存在は外国の大都市では考えられないので，日本人にとっては見落としていた観光資源である。

1. 日本の観光都市　89

図Ⅲ-1-1　日本の観光都市
注：図の番号は表Ⅲ-1-1に対応．

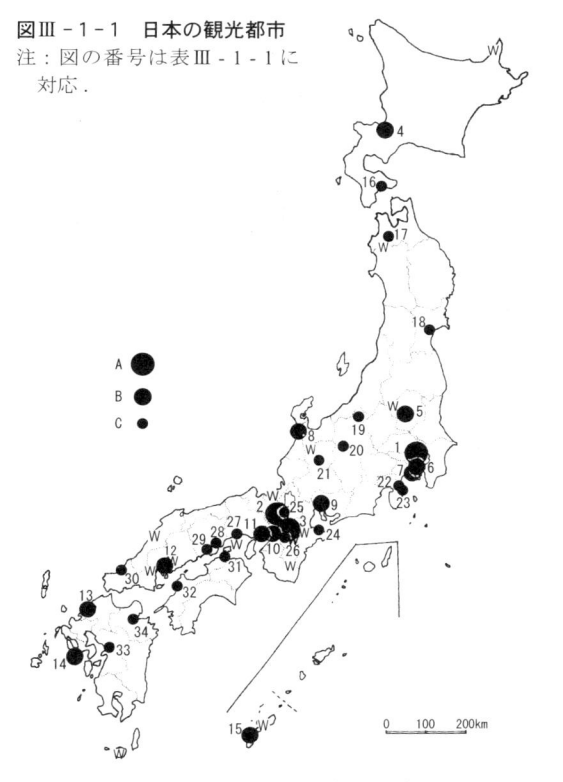

表Ⅲ-1-1　日本の観光都市

	都市名	人口(千人)	M	LP	NG	JTBランク SA	JTBランク A	JTBランク B	重伝	世界	国宝 寺院	国宝 神社	城	美	博物館	宿泊者数(95年,千人)	宿泊施設
1	*東京	8,489	3	63	46		1	12	44					1	26	249	1,226	525
2	*京都	1,474	3	50	34	4	4	41	79	4	W	33	4	1	4	63	1,294	361
3	*奈良	370	3	10	12		3	5	24		W	31	1			15	218	67
4	*札幌	1,880	1	8	3	1	1	5	3						1	22	606	134
5	日光	96	3	7	7		2	1	4		W	1	5			7	72	154
6	*横浜	3,579	1	5	1				6						1	42	229	67
7	*鎌倉	171	2	5	3			4	8			1			2	13		14
8	金沢	454	2	8	4			2	4	2				1	1	23	156	96
9	*名古屋	2,215	1	7	2			2	4					1	3	34	132	133
10	*大阪	2,628	2	15	3			4	9			1		1	4	29	431	241
11	*神戸	1,525	1	5	1			2	2	1					2	33	147	94
12	広島	1,154	1	8	2	1		1	4		W	1		1	2	18	150	97
13	福岡	1,401	1	8	3			2	9						1	14	302	136
14	*長崎	442	2	10.5	7		2	2	10	2		2				18	359	74
15	那覇	312		7.5			1	2			W			1		7	316	68
16	*函館	294		4.3	4		2	2	3	1				1		11	278	71
17	弘前	173		2	0.2			1	6	1				1		4		30
18	仙台	1,025	1	7	1		1	1	4					1	1	20	109	118
19	長野	378	1	4	2						1				1	20		91
20	松本	227	1	2	1		1	1						1	1	8		153
21	高山	96	3	8.5	4		2	2	4	2						28	90	162
22	*熱海	41		0.3	0.3				1						1	4	239	73
23	伊東	72		0.3											1	11	145	120
24	伊勢	97	2	3	1		1	1	3							8		39
25	大津	301		1	0.1	1	1	2	8	1		7	2	1	1	8	68	60
26	*橿原	124		1					1							2		7
27	姫路	482	3	3	2		1		2		W			1		10		33
28	岡山	674	1	5	3			3	5					1		20	73	60
29	倉敷	469	2	3.5	2			2	2	1					1	17	57	48
30	萩	57		4.5	3				4	3						9		33
31	松山	514	2	4.5	4		1	1	4					3	1	16	142	80
32	高松	422	1	6	2			1	3						1	10		65
33	熊本	669	1	5	2			1	6					1	1	12	69	64
34	*別府	126	1	6	2											4	206	97

表Ⅲ-1-2　日本の年中行事・祭

都市		JTB	名称	人出(万人)	時期
北海道	札幌	SA	雪まつり	220	2月
		A	yosakoi ソーラン祭	200	6月
青森	青森	A	青森ねぶた祭	350	8月
	弘前	B	弘前さくらまつり	200	4〜5月
岩手	盛岡	B	チャグチャグ馬っ子	−	6月
宮城	仙台	A	仙台七夕	200	8月
秋田	秋田	A	秋田竿灯	125	8月
	横手	A	かまくら	44	2月
山形	山形	A	花笠まつり	100	8月
福島	相馬	A	相馬野馬追	23	6月
栃木	日光	B	東照宮物揃千人行列	−	5月
埼玉	秩父	A	秩父夜祭	25	12月
千葉	成田	B	成田山節分会	−	2月
東京	東京	A	三社祭	150	5月
神奈川	鎌倉	B	鶴岡八幡例大祭	−	9月
	平塚		湘南ひらつか七夕まつり	300	7月
富山	八尾	A	おわら風の盆	23	9月
山梨	富士吉田	B	吉田の火祭り	20	8月
岐阜	高山	A	山王祭	30	4月
	郡上八幡	A	郡上踊り	30	10月
愛知	名古屋	B	名古屋まつり	200	10月
滋賀	大津	B	日吉山王祭	−	4月
京都	京都	A	葵祭	30	5月
		SA	京都祇園祭	50+	7月
		A	時代祭	20	10月
大阪	大阪		十日戎	100	1月
		A	大阪天神祭	30	7月
	岸和田	B	岸和田だんじり祭	60	9月
奈良	奈良	B	若草山焼き	12	1月
		SA	東大寺修二会	12	3月
岡山	岡山	A	西大寺会陽	30	8月
徳島	徳島	A	阿波おどり	130	8月
高知	高知	B	よさこい祭り	100	8月
福岡	福岡	A	博多どんたく港まつり	220	5月
		A	博多祇園山笠	300	7月
佐賀	唐津	B	唐津くんち	50	11月
長崎	長崎	A	長崎くんち	30	10月
鹿児島	鹿児島	B	おはら祭	60	11月
沖縄	沖縄	A	エイサー	3.5	旧暦5月

資料：『祭りを旅する』，日之出出版，2003．
JTB：観光資源台帳を基に著者作成．

注：*：本文で解説した都市．人口2005年国勢調査にその後の合併による分が加えられている．M：Michelin Japon 2007の評価，LP：Lonely Planet，NG：National Geographicの該当ページ数，JTBランクは指定項目の数，重伝：重要伝統的建造物群保存地区指定数，世界：世界遺産登録地，国宝：指定数，博物館数：全国博物館総覧，美：日経おとなのOFF；日本の美術館ベスト100, 2005, 宿泊施設：全国宿泊施設要覧07-08, 旅行出版社, 2007.

2. 東　京

　東京は日本を代表する観光都市である。首都として，さらには世界都市として，ビジネスツーリズムの需要は大きく，大都市としてのさまざまな魅力を備えているために，多くのツーリストが訪れる。インフラストラクチャーとして東京を中心とした新幹線網の形成，国内航空の羽田，国際線の成田を中心とする東京への人の移動の便は高い。都市内交通も環状線のJR山手線を軸としたJR・私鉄の放射状の鉄道網および地下鉄が整備されて，移動を容易にしている。宿泊施設としても新たなホテルの建設が都心部で進み，とくに近年には外資系の進出も目立つ。居住者とツーリストを合わせると外国人の比率が高いことも，東京の姿を反映している。首都の機能としての中央官庁街に，銀座，新宿，赤坂，青山など各種の機能分化した商業，娯楽地区，伝統を伝える浅草，文化施設の集中した上野などの地区が，旧江戸城＝皇居を中心として都市の発展とともに外延的に拡大している空間構造に，東京のツーリズム対象が重なっている。

　古利根川（利根川東遷以前），荒川（現隅田川）によって形成された沖積地と武蔵野台地とにまたがって立地する東京は，地形的な変化に富み，坂の多い町として知られる。江戸として徳川幕府の拠点となって以来，地形改変が続けられてきた。皇居以下，寛永寺，増上寺など主要寺社地は，建物が新しくなるも過去の雰囲気を伝えているところが多い。道路体系も江戸時代の五街道が放射状の幹線に引き継がれているが，過去の痕跡は志村と西原2カ所の一里塚のみに残る。台地末端の江戸城を中心に沖積地の町人町，台地の武家屋敷という地域構造は，明治時代に首都となるとともに欧風建築が導入されて大きく変わる。それが1923年の関東大震災と1945年の大空襲による焼失と再建によりさらに変わった。その後，東京オリンピックに伴う都市改造，1980年代後半のバブル期以降次々と再開発された結果，かつての面影を探し出すのはむずかしいが，浅草雷門（仲見世通），麻布十番，神楽坂，巣鴨地蔵通り，谷中銀座などいくつかの商店街にはかつての香りをいく分漂わせて，人気を呼んでいる。武家屋敷の跡地利用は新宿御苑，小石川植物園，六義園，浜離宮に代表される公園，大学等の教育施設，官公庁・大使館などの土地利用となり，町人町の多くは下町の商工住混在地区となっている。

　第二次世界大戦後，東京湾の埋立てが広く展開して臨海副都心が整備され，芝浦，豊洲地区のウォーターフロントの再開発など水辺空間が見直されている。港湾機能以外にも国際展示場をはじめ商業・サービス等さまざまな施設がつくられて，新交通システム「ゆりかもめ」によりツーリズムの場にも拡大されている。都心の多くの水路が埋立てられたが，隅田川の船旅は震災復興によるさまざまなタイプの橋を楽しめる，数少ない観光コースである。

　東京の最大の魅力は，東京一極集中による絶えざる都市改変により，最先端を行く建物と新たに入る商業集積によって，若者に魅力あるスポットが次々に生み出されることにあるのではないか。霞ヶ関ビル（1968年）以降，超高層ビルの増加は著しく，ランドマークとしての東京タワー（1958年建設）の陰が薄くなり，押上地区への新テレビ塔（スカイツリー）建設計画が進んでいる。新宿西口の副都心，池袋サンシャインシティ，臨海副都心，品川（天王洲アイル），汐留（カレッタ汐留），恵比寿（ガーデンプレス），渋谷，青山・原宿（表参道ヒルズ），丸の内，六本木・赤坂地区（六本木ヒルズ，東京ミッドタウン，赤坂サカス）等々と再開発が続いている。東京タワーとともにそれら多くの高層ビルからの眺望が得られるのも，この都市景観の理解を助ける。

　表Ⅲ-2-1とそれを基にした図Ⅲ-2-1は，東京の観光資源を地区別・種類別に整理したものであ

2. 東 京　91

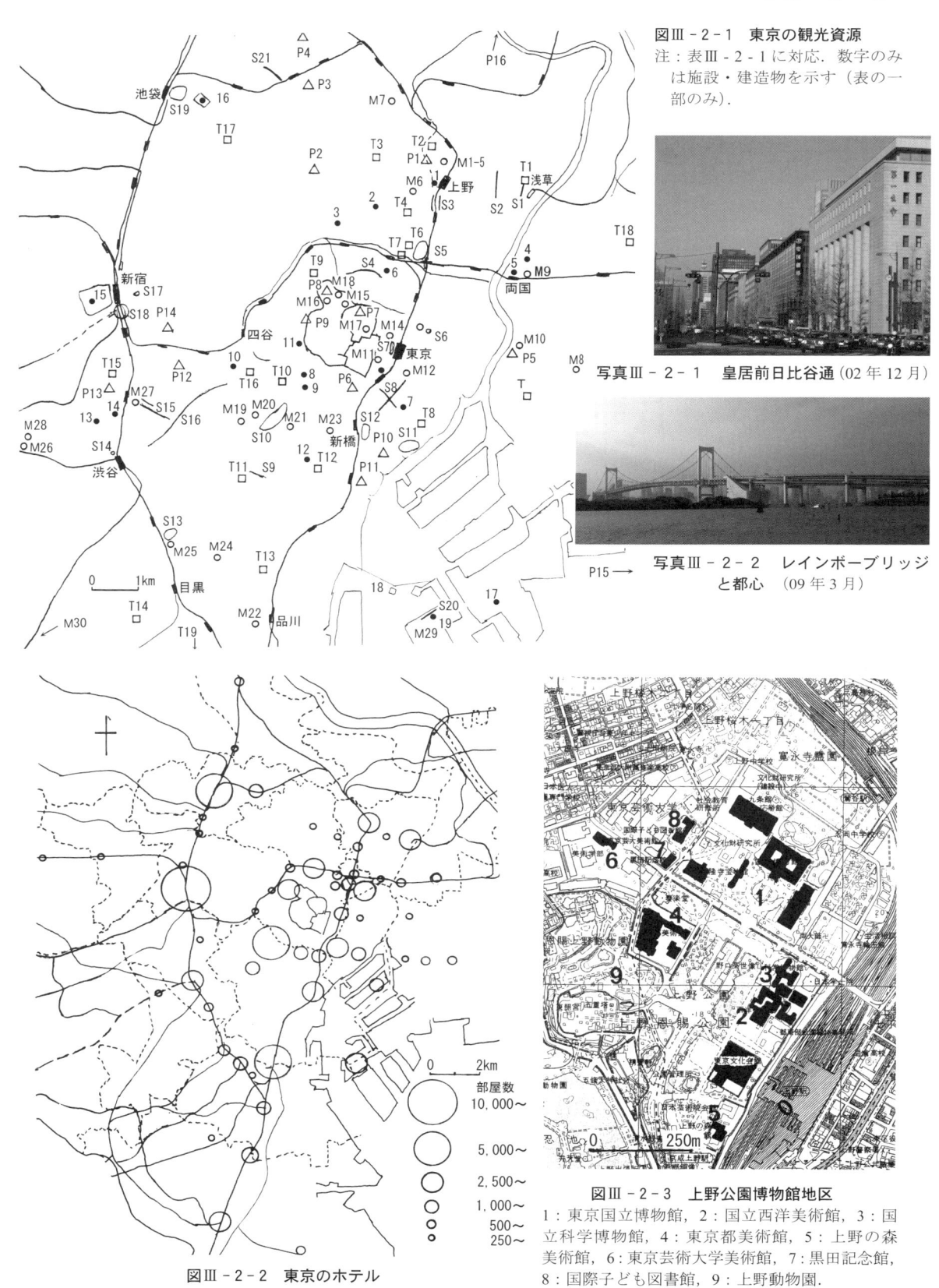

図Ⅲ-2-1　東京の観光資源
注：表Ⅲ-2-1に対応．数字のみ
　は施設・建造物を示す（表の一
　部のみ）．

写真Ⅲ-2-1　皇居前日比谷通（02年12月）

写真Ⅲ-2-2　レインボーブリッジ
　と都心　　（09年3月）

図Ⅲ-2-2　東京のホテル
資料：『全国宿泊施設要覧07-08』．

部屋数
10,000～
5,000～
2,500～
1,000～
500～
250～

図Ⅲ-2-3　上野公園博物館地区
1：東京国立博物館，2：国立西洋美術館，3：国立科学博物館，4：東京都美術館，5：上野の森美術館，6：東京芸術大学美術館，7：黒田記念館，8：国際子ども図書館，9：上野動物園．
地形図1：10,000「上野」（1998）より作成．

る．主としてそれらの立地が山手線沿いとその内側に集中するので，表は主要駅を中心とした地区別とその他に整理した．また，世界主要都市のガイドブックを発行しているイギリスの Time Out（第4版，2007），ミシュランなどいくつかの外国版の「東京」を参照して，外国人にとっての東京を見る眼を参考にした．地域名，観光資源名の後につけた数字は，そこに解説がついた観光要素である．かなり詳細なリストになっている．東京のツーリズムを支える要素として，ホテルの分布（地区別，部屋数）を図Ⅲ-2-2に示した．都心および主要駅付近に立地している．

首都機能として，都心の核を構成する皇居，国会議事堂，霞ヶ関，永田町地区は独特の雰囲気をもつ．とくに直接利用はできない皇居およびとその周辺の公園は，数少ない東京の緑地を提供している貴重な空間である．かつて銀座は東京を代表する商業中心であったが，今やその地位は揺らいでいるが海外ブランドの大規模店の進出により変化している．地価の路線価格は依然として高いものの，若者には新宿，渋谷，青山・原宿（表参道）にある流行の最先端に眼が向き，それらとの間に激しい競争が展開されている．歩行環境からすれば銀座のウィンドショッピングの魅力は捨てがたい．日本橋，新宿の百貨店集積も，他の都市にはない規模と高級感を提供する．秋葉原の電気製品店街，神田神保町の古本店街，若者向けの原宿，とくに竹下通といった特異な分野は全国区となっている．

文化的要素としては，上野の森が第1位にあげられる．上野駅の山手線内側に上野公園と動物園をはじめ東京国立博物館を筆頭に，国立西洋美術館ほか3の美術館（東京都美術館，上野の森美術館，東京藝術大学美術館）と国立科学博物館が文化会館のホールとともに博物館群が勢ぞろいしている（図Ⅲ-2-3）．東京国立博物館（1882年）は日本と東アジアを中心とした考古学の遺物と美術品を展示．本館，表慶館（1909年），法隆寺館，東洋館，平成館の5棟からなる．国立科学博物館は日本で最大規模の総合科学（自然系）・技術系の博物館である．国立西洋美術館は旧松方コレクションが第二次世界大戦後返還され，それを収納展示するために建てられた．日本で唯一のル・コルビジュエ（前川国男）による設計．前庭にはロダンの「考える人」，「カレーの市民」が展示されている．国立近代美術館（石橋正二郎寄贈，谷口吉郎設計）は，主として日本人による近代絵画が中心．東京都現代美術館など博物館・美術館の数は200を超え，2007年に新国立美術館が開設した作品を所蔵しない新たなタイプもある．それらの多くは山手線沿線とその内部とに集中している．劇場・ホールについてもサントリーホールをはじめとして（東京ドームや武道館も使われる），世界最大級の集積があり，クラシックからポピュラー，前衛のライブ音楽まで，海外からの演奏家を含めて巨大な市場をつくっている．他方，国立劇場などの日本の伝統芸能である能，歌舞伎を行う場所もある．東京ドームシティはスポーツ施設と一体となったテーマパークである．

ナイトライフについても，六本木，新宿歌舞伎町といった不夜城が魅力になっている．また，中華街こそ形成されていないものの，世界各国の料理が食べられるし，食材も入手できる．その洗練度は世界第一級のようである．2007年に刊行されたミシュラン赤の評価は多くの批判があるものの，数の多さでパリを越えているという．飲食部門での東京の存在感は高い．韓国系を軸としてアジア系住民の町を形成している新宿北隣の大久保地区は，国際色豊かである．外国人観光客の新たな潮流としては，日本を代表するサブカルチャーのアニメに対する関心も高く，アキバ（秋葉原）は単なる電気製品街を超えたツーリズムの一つの中心となっている．新たなタイプとしては日本の工業技術に関心をもつ人向けの工場見学の需要も多く，工場を公開する企業も東京を含めて首都圏には多い．

表Ⅲ-2-1　東京の観光資源

地域	T	寺社	M	美術館・博物館	P	公園	S	買物		施設・建造物
浅草2	1	浅草寺2 浅草神社					1 2	仲見世通 合羽橋道具街1		リバーピア吾妻橋1
上野・谷中2	2	寛永寺	1 2 3 4 5 6 7	国立西洋美術館 東京国立博物館2 国立科学博物館 上野動物園 東京都美術館 横山大観美術館 朝倉彫塑館2	1	上野公園1	3	アメヤ横丁1	1	東京文化会館 岩崎邸 旧東京音楽学校奏楽堂 国際子供図書館
本郷・水道橋	3 4	根津神社 湯島天神			2 3 4	小石川植物園 六義園2 古河邸・庭園			2 3	東京大学赤門 東京ドーム1
両国	5	富岡八幡宮	8 9 10	東京都現代美術館2 江戸東京博物館2 深川江戸資料館	5	清澄庭園1			4 5	震災記念堂 両国国技館
御茶ノ水・秋葉原	6 7	神田明神 湯島聖堂					4 5	神保町本屋街 アキバ	6	ニコライ堂
東京駅・日本橋			11 12 13 14	出光美術館2 フィルムセンター 日本銀行(貨幣博) 通信総合博物館			6 7	三越本店 丸の内(丸ビル・新丸ビル)		日本橋(道路元標) 東京駅 中央郵便局 日本工業倶楽部 東京証券取引所 帝国劇場
銀座・有楽町2	8	築地本願寺			6	日比谷公園	8	銀座通	7	東京国際フォーラム1 歌舞伎座
皇居周辺2	9	靖国神社1	15 16 17 18	国立近代美術館2 同工芸館 三の丸尚蔵館 科学技術館	7 8 9	皇居東御苑1 北の丸公園 千鳥が淵公園			8 9 10 11	第一生命ビル 明治生命ビル 日本武道館 霞ヶ関ビル 国会議事堂 首相官邸 日本水準原点 迎賓館(赤坂離宮) 国立劇場 千鳥が淵戦没者墓苑
赤坂・1六本木	10 11	日枝神社 善福寺	19 20 21	新国立美術館2 サントリー美術館 大倉集古館			9 19	麻布十番 六本木		六本木ヒルズ2 東京ミッドタウン サントリーホール
新橋・品川	12 13	増上寺1 泉岳寺1	22 23	品川水族館 NHK放送博物館	10 11	浜離宮庭園1 旧芝離宮恩賜庭園	11 12	築地市場2 カレッタ汐留	12	東京タワー1 鉄道建設基点跡
目黒・恵比寿	14	目黒不動尊	24 25	東京都庭園美術館 東京都写真美術館			13	恵比寿ガーデンプレイス		明治学院記念館 目黒雅叙園
渋谷・原宿・青山1	15 16	明治神宮3 豊川稲荷	26 27 28	日本民芸館 大田浮世絵美術館 日本近代文学館	12 13	神宮外苑 神宮御苑	14 15 16	109ビル 表参道・竹下通1 青山通	13 14	NHK放送センター 表参道ヒルズ 代々木体育館
新宿1					14	新宿御苑3	17 18	伊勢丹 サザンテラス	15	都庁・西口高層ビル群3
池袋	17	護国寺					19	池袋東口	16	サンシャイン60 東京カテドラル
お台場1			29	船の科学館	15	葛西臨海公園	20	アクアシティお台場	17 18 19	東京ビッグサイト レインボーブリッジ1 フジテレビ2
その他	18 19	亀戸天神 池上本門寺	30	世田谷美術館	16	水元公園	21	とげぬき地蔵通		東京ジャーミー

注：Michelin, Time Out Tokyoほか各種東京ガイドブックから作成．各項目の後につく1～3の数字はMichelin: Japonにおける評価．

3. 京　都

　京都は日本を代表する観光都市である。とはいえ人口150万人，先端的な産業を含む工業都市という側面をもちつつ，関西における文化・学術の中核を担う機能をもっている。年間4,800万人の観光客があり，増加し続けている。かつての修学旅行生に代わって，女性が7割，熟年層の増加，リピーターの日帰り客が多いという特色をもつ。それは1964年の新幹線開通，名神高速道路（1963年）により交通が便利になることから顕著になってきた。国際文化観光都市宣言をして，宝が池地区にいち早く京都国際会館＋ホテルを建設して，国際会議を誘致してきたし，外国人観光客も増えている。

　京都観光とは794年の平安遷都以来，千年以上にわたる首都の伝統と第二次世界大戦の爆撃から奈良とともに免れて街の連続性が維持され，寺社，名所，旧跡がよく保存されて有形無形の文化財が多いことが基礎にある。それに食べる（京料理），買物（伝統工芸）する魅力が加わる。他方，宗教法人の総本山が多くある宗教都市でもあり，東西本願寺，京都五山をはじめ臨済宗14派など優れた庭園をもつ大寺院とともに多くの寺社がある。また，伝統芸能（生花，茶，日本舞踊）の家元があり，弟子の養成・学校が存在するとともに関連する伝統産業が成立・維持されて，西陣の織物・友禅染（和服），清水焼（陶磁器）などが存在する。分散傾向にあるとはいえ都市規模に対して大学の存在感は大きく，学会の開催なども多く，アーバンツーリズムの基盤を数多くもつ都市である。

　観光の基礎としての自然条件も重要である。東山・比叡山，北山，西の愛宕山に囲まれた盆地という条件と鴨川，桂川がもたらす四季の変化，とくに春の花見と秋の紅葉狩りを中心として，雪しぐれの寺社，夏の大文字送り火などが楽しめてリピーターを増やしている。冬のオフシーズンには通常未公開の文化財を開示する寺社を選び，JRによる冬の旅キャンペーンが行われている。

　伝統行事である三大祭り（葵祭，祇園祭，時代祭）に鞍馬火祭り等年間を通して多くの行事がある。なかでも祇園祭は東京の三社祭，大阪の天神祭とともに日本三大祭りと呼ばれる代表的な祭りである。その歴史の長さ，厄除けとしての（伝染病から護る）町衆の共同体が有する地域への影響と，山鉾の美術的価値が高く，観光として（地域の祭りとしては1カ月続くが，7月17日の山鉾巡行と前日の宵山）最もツーリストの多い祭りである。

　古都の文化財として日本でいち早く世界遺産（1994年）に登録されたものが，観光資源の中心にある。それらは市内と宇治市，大津市（比叡山）にまたがる。主要な寺社の国宝級の歴史的建造物（および所蔵する仏像，襖絵に代表される美術工芸品）と庭園が中心である。それらは東寺，金閣寺，銀閣寺，天竜寺，竜安寺，清水寺，西本願寺，仁和寺，西芳寺，醍醐寺，高山寺，延暦寺，平等院，二条城，上賀茂神社，下鴨神社，宇治上神社。京都を代表する観光資源といえる。JTBによる分類と合わせて表Ⅲ-3-1，図Ⅲ-3-1に示した。東に隣接する山科盆地の醍醐寺，北西山地の高雄の高山寺，大津市にまたがる比叡山延暦寺，南東宇治市の平等院，宇治上神社を除くと大部分は京都盆地の周辺部・山麓に立地することになる。都心部は東寺，西本願寺，二条城のみである。観光客が多いのもこれらの地区である（表Ⅲ-3-1）。

　世界遺産には登録されていないがJTBによる特A級として修学院離宮・桂離宮庭園（江戸時代後半の建造物，国宝ではない）をあげている。これらは申込み制をとって入場制限されているので簡単には入れないが，それだけの価値はあろう。これらは戦前，ドイツ人のブルーノ・タウトにより国際的に日本の建築美が紹介されて有名になった。

3. 京 都　95

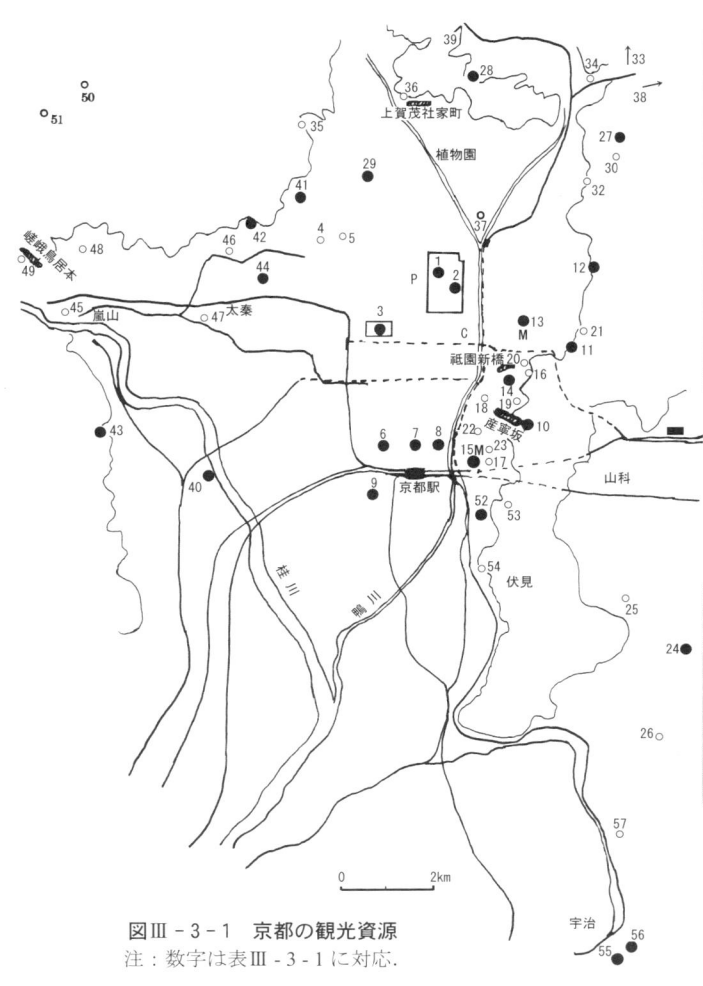

写真Ⅲ-3-1　東寺（南大門と国宝五重塔）
（05年2月）

写真Ⅲ-3-2　二条城（国宝）（03年4月）

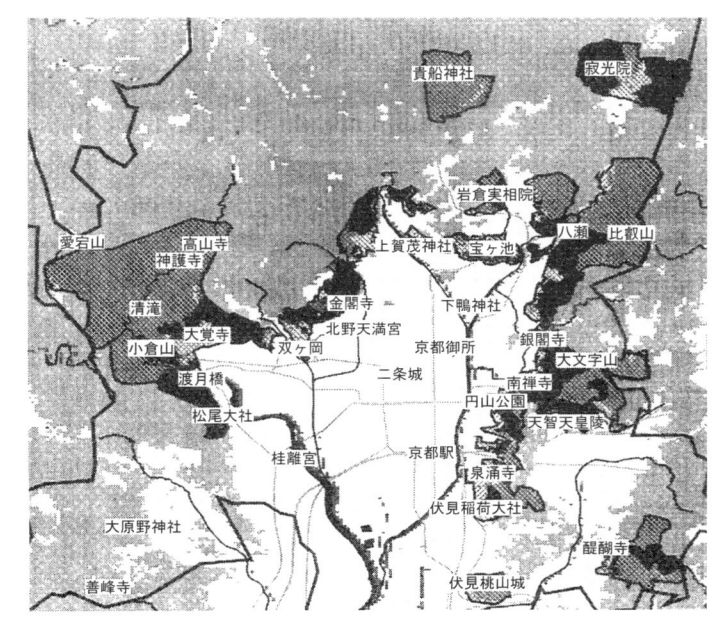

図Ⅲ-3-1　京都の観光資源
注：数字は表Ⅲ-3-1に対応．

図Ⅲ-3-2　京都の都市景観
出典：青山吉隆・中川　大・松中亮治（2003）：
『都市アメニティの経済学』，学芸出版
社，p.109．

保存区域（14区域　8,513ha）
特別保存地区（24地区　2,861ha）
山林，緑地
市街地
京都市界線

A級としては史跡が3で，京都御所，仙洞御所，二条城。このうち御所は春・秋に一般公開されるが，仙洞御所は申込み制により入場が制限されている。社寺16，庭園18には建物としては評価されてない寺院が含まれている。大徳寺は塔頭も含めて5カ所あり最も数が多い。これらは禅宗の寺院に多く，庭園が仏教思想を表現しているからであり，自然と人工のバランス，池と枯山水をめぐることになる。円通寺はそれらのなかで比叡山を借景に取り入れた閑静な場所に立地するが，周囲の宅地開発の波が押し寄せ景観破壊の危機にある。B級の寺社の中にはツーリストがあまり訪れない場所も多くある。

　市内には多数の博物館があるが，筆頭は建物にも風格を漂わす京都国立博物館（片山東熊，1895年）である。平安神宮のある岡崎地区には国立近代美術館，市立美術館，動物園など8が集まり，文化資源ゾーンを形成している。その他の博物館では京都文化博物館別館（旧日銀京都支店），考古博物館，平安博物館，西陣織記念館，府立総合記念館，堂本印象美術館，池　大雅美術館，太秦映画村（テーマパーク）。個人のコレクションの公開－野村美術館，泉屋博古館（住友），表千家，主要寺院のいくつかが市内に散在している。産業考古学として，明治初期の近代化の象徴的存在として蹴上インクラインと琵琶湖疎水（散歩にも適している）は欠かせないし，梅小路鉄道博物館もある。近年では近代化遺産としては，明治期以降の建築物にも関心が寄せられ，博物館等として公開されるものもある。京都市内博物館ガイドブック（市教育委員会，1994年）には142がリストにあがっている。

　京都観光の特色としてショッピングがある。なかでも四条通に近い錦小路の食料品市場（約400m）は伝統的な雰囲気を残してにぎわっているし，みやげ物店が多い新京極通と寺町通は近代的な商業地の河原町通，四条通以上に観光客が集まる。さらに夜の観光として，伝統的飲食店街の先斗町・祇園地区の存在は京都の魅力の一つであり，多くの観光客をひきつけている。

　京都では伝統的な景観を維持するために，いくつかの施策がとられてきた。古都保存法による開発規制，風致地区の指定，それに歴史的風土保全区域の指定（1966年）が行われ，東山，醍醐，鞍馬，御室・衣笠，高雄，嵯峨・嵐山，上賀茂・松ヶ崎の7地区から6地区が加わり8,513haに拡大されて，さらに24の特別保存地区（1996年，2,861ha）がある。その上に重要伝統的建造物群保存地区として産寧坂（8.2ha 門前町），祇園新橋（1.4，茶屋町），嵯峨鳥居本（2.6，門前町），上賀茂神社（2.7，社家町）の4地区が指定されている。このような広域に保全の網がかけられている都市は他に存在しない。その後，美観地区の指定（景観条例，1972年）をうけて御所，二条城，鴨川，鴨東，祇園新橋，清水，東・西本願寺，東寺がその対象となっている（図Ⅲ-2-2）。

　そのような動きのなかで，伝統的な都市景観を構成する重要な要素である都心部に残る伝統的民家，町家の保存が注目されている。商家を中心に木造2階建て，格子，中庭をもつ建物が西陣地区や祇園地区に多くあり，バブル期以降急速に失われていく現状に対して，伝統的建造物群保存地区だけでなく散在している建物の保存課題となっている。

　他方，現代都市への対応として再開発が行われる。京都タワー（1964年）に始まる，現代建築の大型・高層化が続き京都ホテル（現ホテルオークラ），90年代の京都駅改築（1997）と，そのたびに景観をめぐる議論がなされてきた。都心部の人口減少，空洞化（駐車場）と再開発によるマンション建設により，京町屋がもつ伝統的景観の維持がむずかしくなっている。そのことは，祇園祭を支える都心住民層の減少とも通じている。琵琶湖疎水の開発・水力発電，市電の導入といった先端的な行動により発展してきた京都の伝統との調和の問題でもある。

表Ⅲ-3-1　京都の観光資源

地域	番号	分類	寺社	分類	庭園	世界遺産	国宝建造物・国宝仏像数	地域	番号	分類	寺社	分類	庭園	世界遺産	国宝建造物・国宝仏像数
洛中	1	SA	京都御所	A	御内庭			洛北	29	A	大徳寺	A	方丈		唐門・方丈
	2	SA	仙洞御所	A	○							A	狐蓬庵		
	3	SA	二条城	A	二の丸	W	二の丸御殿					A	聚光院		
	4	B	北野天満宮				本殿					A	真珠庵		
	5						千本釈迦堂 4					A	大仙院		本堂
京都駅付近	6	A	西本願寺	A	滴翠園	W	書院・唐門・飛雲閣								竜光院書院
	7	A	東本願寺						30	B	曼珠院	B	○		
	8			A	渉成園				31	B	寂光院				
	9	A	東寺			W	金堂・大師堂・五重塔・観智院客殿 21		32	B	詩仙堂	B	○		
									33	B	三千院	B	○		
									34	B	蓮華寺				
									35	B	光悦寺				
東山	10	A	清水寺			W	本堂		36	B	上賀茂神社			W	本殿
	11	A	南禅寺	B	○		方丈		37	B	下鴨神社			W	本殿
	12	A	銀閣寺	A	○	W	銀閣・東求堂	鞍馬	39	A	鞍馬寺				6
	13	A	平安神宮	B	○			洛西	40	SA			桂離宮		
	14	A	八坂神社						41	A	金閣寺	A	○	W	
	15	A	三十三間堂				本堂 31		42	A	竜安寺	A	方丈	W	
	16	B	知恩院						43	A	西芳寺			W	
	17	B	智積院						44	B	妙心寺	A	退蔵院		
	18	B	建仁寺						45	B	天竜寺	A	○	W	
	19	B	高台寺	B	○				46	B	仁和寺	B	○	W	金堂
	20	B	青蓮院	B	○				47	B	広隆寺				桂宮院本堂 6
	21		永観堂						48	B	大覚寺				
	22						豊国神社唐門		49		化野念仏寺				
	23						妙法院庫裏	高雄	50	B	高山寺			W	石水院
醍醐・山科	24	B	醍醐寺			W	金堂・五重塔・薬師堂 3		51	B	神護寺				
				A	三宝院		表書院・唐門	洛南	52	A	東福寺	A	霊雲院		三門・龍吟庵方丈
	25	B	勧修寺	B	○				53	A	泉涌寺				
	26						法界寺阿弥陀堂 1		54	B	伏見稲荷				
洛北	27	SA			修学院離宮			宇治	55		平等院	B	○	W	鳳凰堂 52
	38	SA	延暦寺			W	根本中堂 (大津市)		56		宇治上神社			W	本殿・拝殿
			円通寺	A					57		万福寺				

庭園の○印はその寺の庭園を示し，名称のあるものは塔頭の庭園名を示す．庭園のBのみは省略．
注：JTB 資料より作成．国宝建造物については，中野達夫（2000）：『国宝建築探訪』海青社による．

表Ⅲ-3-2　京都市の観光客（2006年）

		観光客の割合
1	清水寺	20.8
2	嵐山	15.6
3	金閣寺	11.7
4	銀閣寺	10.6
5	南禅寺	9.9
6	高台寺	8.5
7	八坂神社	7.2
8	嵯峨野	6.7
9	二条城	6.4
10	鞍馬・貴船	6.3

出典：『京都市観光調査年報』．

写真Ⅲ-3-3　琵琶湖疎水とインクライン（03年4月）

写真Ⅲ-3-4　鴨川・四条付近（08年9月）

4. 奈　良

　奈良県へは年間3,500万人，奈良市には1,300万人の観光客があるといわれる大観光地である。県内には世界遺産が3カ所（古都奈良の文化財，法隆寺地区，紀伊山地の霊場－吉野，大峰，熊野），国宝（203，建物，仏像，工芸品，書蹟等）と重要文化財が1,421と日本で一番多く文化財が集中している。奈良は都の期間は短く784年に長岡京に移って以来歴史の表舞台から離れる。幸いにも爆撃を受けず旧い町並みと文化財が残り，高層ビルや工場が少ない。市域の北部は世界遺産にも登録されて，古都保存法，歴史的保全地区の指定等により文化景観がまもられている。

　平城京は，奈良盆地の南に位置する藤原京から直線道路でつながる盆地の北端部に風水思想上の好立地点として，710年に遷都された。平城京の中心部から東へやや高度のある春日山山麓に外京地区が広がり，そこが現在の中心地区である。平城宮跡（東西1.3km，南北1km）の発掘が進み，その中心部の朱雀門・大極殿が復元されて展示資料館がある。盆地の北部には左紀古墳群と天皇陵が多くある。東西5.9km，南北4.8kmの条坊制（大路による区画）の都市計画によって築かれた街路網は残されている。鹿が出迎えてくれる独特の雰囲気をもつ近鉄奈良駅近くの奈良公園を中心とした興福寺・東大寺・春日神社の保存地区が観光の軸となる。それらは奈良時代に仏教を国是として政治が行われた時代に建設された大寺院の町を引き継いでいる。なかでも最大のものが，盆地北東部の若草山麓に展開する東大寺である。これは全国につくられた国分寺の総本山に当たり，754年に建設された。国宝建造物が多く南大門，法華堂＝三月堂，金堂＝大仏殿と大仏（る舎那佛），転害門，鐘楼，開山堂，本坊経庫，二月堂（修二会），正倉院がそれである。皇室の財宝を納めた校倉造りで有名な正倉院は，秋に所蔵品が公開される。多くの人が集まるのは，3月初め二月堂（修二会）で行われるお水取りの行事である。藤原氏の菩提寺として714年に建てられた興福寺は鎌倉時代に再建されて，五重塔，三重塔，東金堂，北円堂は国宝であり，五重塔と猿沢の池は奈良のランドマークとなっている。国宝春日大社（768年），とその奥山である春日山原始林は典型的な照葉樹林が残されている数少ない貴重な場所である（図Ⅲ-4-1，表Ⅲ-4-1）。

　国立奈良博物館は明治初期の混乱期に散失する文化財を保存するために1895年設立され，京都のそれとともに重要な存在である。現在の都心をやや離れてあるのが法相宗総本山である薬師寺（薬師三尊像，東塔），鑑真によって建てられた唐招提寺（金堂，講堂，鼓楼，経蔵，宝蔵）が世界遺産に登録されている。規模は小さくなるが西の秋篠寺，北の般若寺，平城宮に近い海龍王寺，法華寺が国宝に指定されている。

　ならまち　奈良市の中心部（近鉄奈良駅）から1ブロック南に入ると，静かな古い建物が並ぶ地区がある。奈良町の街並み保存は1974年以来，市民主導のまちづくりとして行われてきた。1984年に奈良まちづくりセンターがNPO法人として認められ，さらに1994年に奈良町都市景観形成地区に指定された。ここには江戸時代末から戦前までの伝統的な建物が数多く残っており，旧い町並みが続き，それを保存する動きが進んできた。さらに新築，改造，増設，外観の修理に最大8割助成する制度により，木造在来工法による日本瓦を用いた建物を維持し増やしている。そして，駐車場や屋外広告にも制限を加えて，落ち着いた町並みをつくりだしている。元興寺極楽坊（五重小塔，本堂），十輪院という国宝級の建物が核となり，今西家住宅（酒造家），なら町格子の家，資料館等をめぐり歩いて楽しめる。

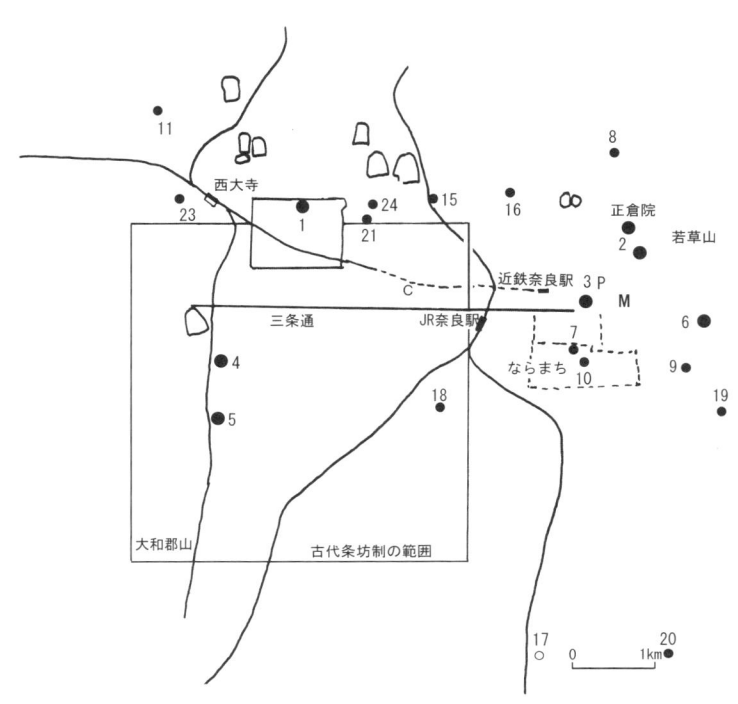

図III-4-1 奈良の観光資源
注：表III-4-1に対応.

表III-4-1 奈良の観光資源

	評価		世界遺産	国宝建造物	国宝仏像
1	A	平城宮跡	W		
2		東大寺	W	7	17
3		興福寺	W	4	16
4		唐招提寺	W	5	7
5		薬師寺	W	2	3
6		春日大社	W	1	
7	B	元興寺		2	1
8		般若寺		1	
9		新薬師寺		1	1
10		十輪院		1	1
11		秋篠寺		1	1
12		霊山寺		1	1
13		園城寺		1	
14		円成寺			
15		不退寺			
16		興福院			
17		帯解寺			
18		大安寺			
19		百豪寺			
20		円照寺			
21		法華寺			
22		正暦寺			
23		西大寺			
24		海龍王寺		1	

注：JTB資料より作成.

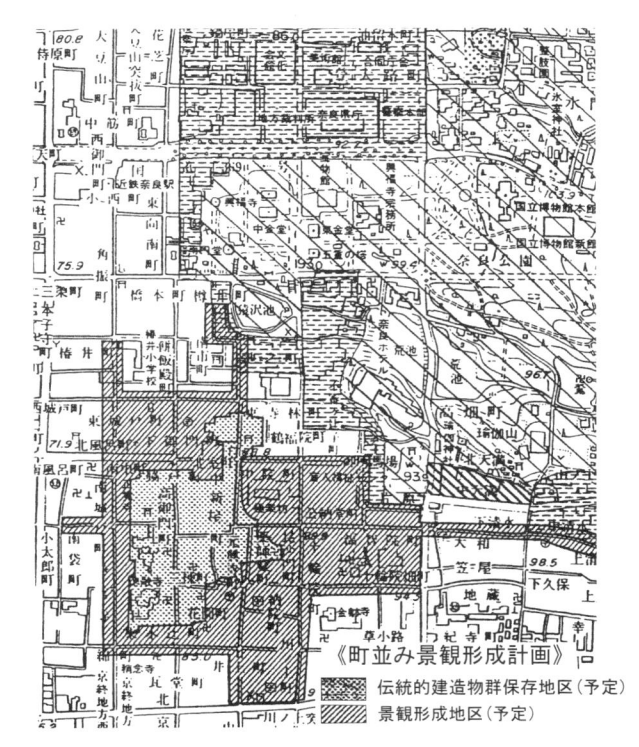

図III-4-2 ならまちの町並み景観形成計画
出典：（社）奈良まちづくりセンター（2004）：『まちづくりのめざすもの』p.220.

写真III-4-1 東大寺二月堂（国宝）（05年2月）

写真III-4-2 ならまち（05年2月）

5. 鎌　倉

　鎌倉は関東にある唯一の古都として，常時観光客でにぎわっている。東京に近いことから年間約1,800万人の観光客を集めている。後に記すように，首都圏の高級住宅地として開発されてきた側面もある。

　源　頼朝が，南に海が開け三方を丘陵で囲まれた三浦半島のつけ根に，七つの狭い切り通しのみにより外部とつながる天然の城壁で囲まれた狭い土地に鎌倉幕府を設けた。幕府の跡を現在の景観から想像することは困難であるが，その狭い場所に鶴岡八幡宮（1180年，現在の建物は1624年，重文）と由比ガ浜に向かう若宮大路（段葛，1225年）を軸に街がつくられた。とくにその規模のうえで鶴岡八幡宮と大鳥居の存在感は大きい。初詣に日本有数の参詣客を集めている。そこに鎌倉幕府跡碑，頼朝の墓，鎌倉大仏（高徳院），禅宗の鎌倉五山（臨済宗，建長寺，円覚寺＜舎利殿がこの地区唯一の国宝＞，寿福寺，浄智寺，淨妙寺）を含む37の史跡，3の名勝，57の建造物が文化財に登録されている。京都・奈良には及ばないが，首都圏では数少ない歴史を感じさせる街である。北丘陵部の谷奥に立地する五山以外にも多くの宗派の寺院（長谷寺，杉本寺，英勝寺，覚園寺など）が各所に散在しているし，庭園・花で名高い寺もある（瑞泉寺，名月院，東慶寺など）。かつての大寺の跡もいくつかあり，それぞれの境内では四季の花を楽しめる。西よりの鎌倉大仏（高徳寺）は屋外の青銅の大仏として，とくに外国人観光客に人気がある。JR駅前から鶴岡八幡宮までの間に段葛をはさむ大通りと，その西側に並行する若者向きの飲食店も多くある商店街，小町通に人が集中する。日帰り客と修学旅行客が多く宿泊施設は少ない。鎌倉宮，荏柄天神，銭洗弁天などにも人が集まる。

　鎌倉のもう一つの側面は，日本における1880年ドイツ人ベルツの薦めによる海水浴場の始まりの地であることにある。由比ガ浜，材木座は遠浅の白砂の海岸で，波が静かである。腰越岬の西には七里ガ浜，さらに江ノ島がある片瀬海岸が続き，南隣には逗子，葉山（御用邸もある）の海岸が，首都圏の海水浴場を代表する存在である。現在ではサーフィン，ヨットなどと遊び方も変わり，冬でも若者が集まっている。半島の東京湾側に軍港横須賀があったために鉄道（JR横須賀線）が早期に開通（1889年）し，片瀬江の島（藤沢市，江ノ島神社－弁財天が名高い首都圏有数の観光地）と結ぶ江ノ電の開通（1910年）により便利となる（現在もそのクラシックな電車に人気がある）。そのため，東京の保養地・別荘地として，また旧海軍人の引退後の居住地として開発されてきた。

　その後，冬も比較的過ごしやすいことから文化人が多く住むこととなる。1939年からは鎌倉ペンクラブが存在し（1961年まで），ノーベル賞作家川端康成，後の文化庁長官となった今　日出海などが活躍した。ここにかかわりをもった作家は多く，鎌倉文壇といわれたほどの存在感があった。その結果として，鎌倉文学館（旧別荘）が存在している。県立近代美術館（1951年，坂倉準三，1964年には別館）があり，文化都市という側面がある。

　戦災をまぬがれた土地が60年代からの高度成長期に，東京への通勤の便利さと，鎌倉という地名のブランドから宅地開発が急速に進み，寺院の多い周囲の緑の丘陵が危機に瀕した。鎌倉のよさが失われようとしたときに，鎌倉在住の文化人が政府を動かして古都保存法を制定して，日本最初の環境保全への舵きりをすることができた。1967年歴史的風土保存地区として五つの地区が指定され（朝比奈138ha，八幡地区307，大町材木座149，長谷極楽寺204，山の内158，合計956ha），うち特別保存地区が596.6haある。それにもかかわらず，多くの丘陵の裾野は現在では宅地として埋め尽くされている。

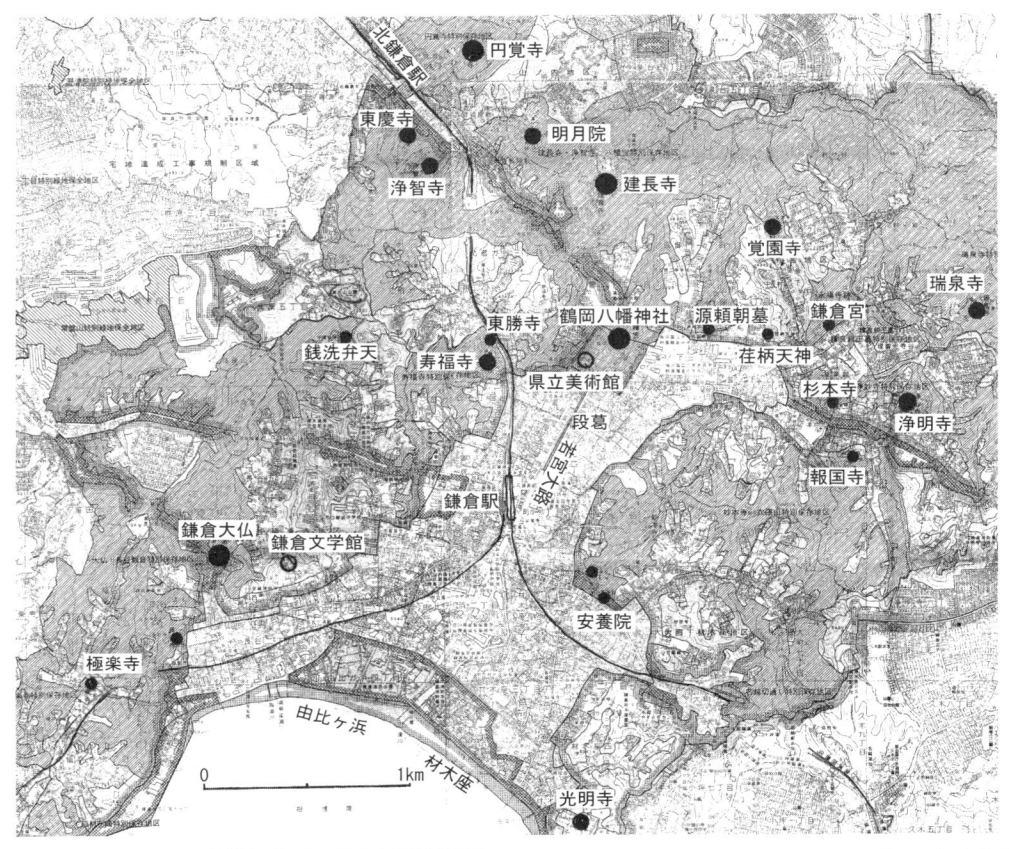

図Ⅲ-5-1　鎌倉の観光資源
注：鎌倉市文化財保護課：鎌倉市歴史的保存地区の図（1万分の1）に
　　主要観光資源を記入．黒丸大の寺は鎌倉五山．

写真Ⅲ-5-1　鶴岡八幡宮（09年9月）

写真Ⅲ-5-2　鎌倉大仏（高徳院）
（09年3月）

写真Ⅲ-5-3　建長寺（09年3月）

写真Ⅲ-5-4　若宮大路（段葛）
（09年3月）

表Ⅲ-5-1　鎌倉の観光資源

	評価		五山
1	A	鶴岡八幡神社	
2		鎌倉大仏（高徳院）	
3		建長寺	○
4		円覚寺	○
5	B	光明寺	
6		覚園寺	
7		明月院	
8		瑞泉寺	
9		寿福寺	○
10		東慶寺	
11		浄智寺	○
12		浄妙寺	○
13		極楽寺	
14		安養院	
15		東勝寺	
16		杉本寺	
17		報国寺	
18		鎌倉宮	
19		荏柄天神	
20		源頼朝墓	
21		銭洗弁天	
22		鎌倉文学館	
23		県立美術館	

注：評価はJTBによる．

6. 大阪・名古屋

大　阪

　古代難波の宮時代から淀川河口に瀬戸内と結ぶ港湾機能をもつ大阪は，水路網が整い水の都といわれる。難波宮跡は上町台地に位置し，その北の台地末端に秀吉によって大阪城と城下町がつくられた（図Ⅲ-6-1）。水運機能の中核として，江戸時代から戦前までの日本の経済を支えてきた。明治初めまでの市街地は城の西側に展開していた。市街地が拡大するのは，オランダ人技術者デ・レーケの指導により毛馬堰が建設されて新淀川（放水路）が完成（1910年）してからである。大阪城は大阪の歴史的核であり，高層ビルにより見える範囲が狭まったとはいえ，大阪のランドマークである。天守閣は1665年の落雷焼失以後再建されなかったが，1931年に鉄筋コンクリート造りで復元された。

　キタといわれるJR大阪駅と阪急・阪神電車のターミナルである。ビジネス街と百貨店の集積によるショッピング街とその裏の歓楽街からなる。その南の堂島川と土佐堀川にはさまれた中之島は，現代大阪のへそにあたる場所である。中之島公園，市役所（改築），赤レンガの中央公会堂（1918年），府立図書館（1904年），日銀大阪支店（1903年，日銀本店と同じ辰野金吾の設計）という，かつての経済の中心であった時代を偲ばせる重要なシンボル的建造物が並んでいる

　もう一つの中心はミナミといわれる。南北を通る大通り御堂筋（地下鉄とともに昭和初期の関一市長の遺産）によりキタとつながる。商業中心の心斎橋と難波地区があり，南海，近鉄のターミナルとなっている。歓楽街の新世界にある通天閣（1912年 64mが1943年火災により消滅，1956年再建。103m）は大阪のシンボル的存在となっている。南の天王寺地区にある四天王寺は，建物が縦一列に並ぶ四天王寺式伽藍配置で知られる。

　港湾地区の天保山に客船ターミナルがあり，海遊館（水族館）とサントリーミュージアムがある。その安治川（旧淀川本流）の対岸には，2001年工場跡地を再開発してロサンゼルスにあるテーマパークUSJ（ユニバーサル・スタジオ・ジャパン）を誘致し，ホテルの整備とともに若者向きの新たな観光要素が加わった（図Ⅲ-6-2）。

名古屋

　徳川御三家の一つである大城下町として発達した名古屋は，尾張名古屋は城でもつといわれて，金のしゃちほこで名高い城がシンボルとなっている。国宝に指定されていたが第二次世界大戦末期に空襲で天守閣と本丸御殿は消失したが，1959年に天守閣は再建された。東部の徳川庭園に徳川美術館があり，北側に広大な名城公園が整備されている。三の丸地区は県庁，市役所・警察・病院・中央官庁の出先機関などの官庁街となり，地域政治の機能を担っている。城の南側は戦後いち早く100m道路（久屋大通・大通公園）を軸として広域の格子状の街路が整う区画整理事業が行われ，都心地区寺院の墓地を東部の平和公園に移転させた。都心部は他の大都市よりも整備されている。ランドマークとなっているテレビ塔がそこに立つ。商業地区は名古屋駅前（JR，近鉄，名鉄が集中しており，近年再開発が進んだ）と伝統的な栄地区とに二分されている。

　歴史的遺産としては，南部の核は旧東海道の近くにある熱田神宮（三種の神器の一つをもつ）であり，正月には全国有数の参拝客を迎える。広大な境内に信長が奉納した塀がある。そこと都心との中間に位置する大須観音は，古くから参詣客が多い門前町として発展して縁日もたつ。近年，若者たちが集まる店舗が増えてにぎわっている（図Ⅲ-6-3）。

6. 大阪・名古屋　103

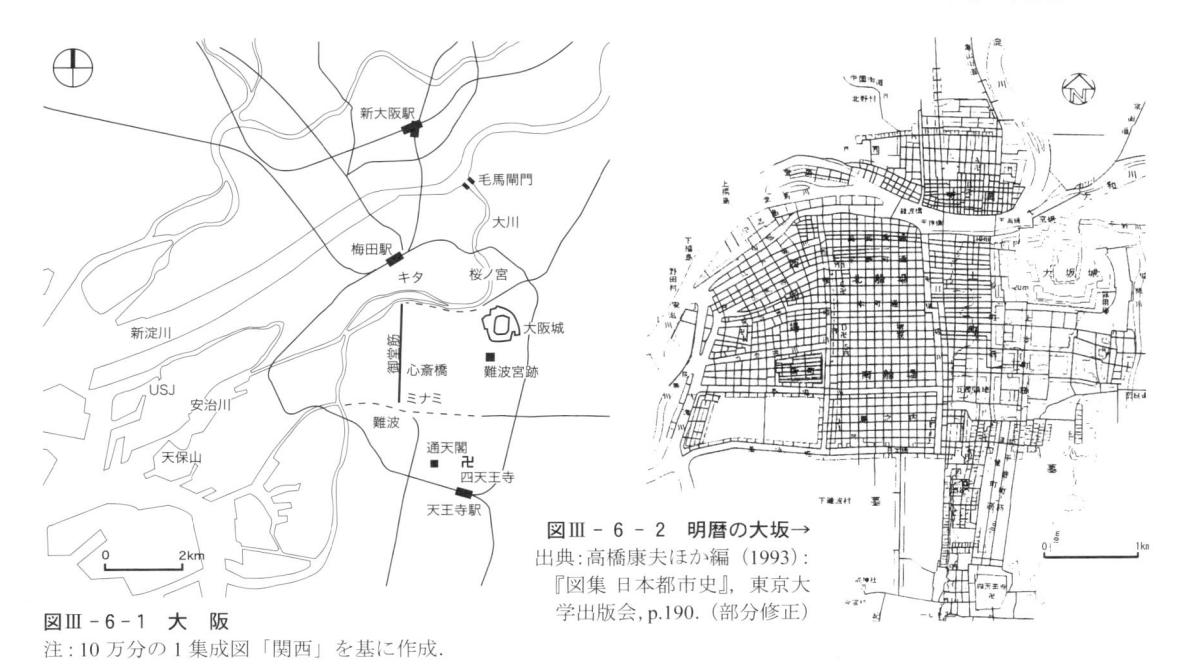

図Ⅲ-6-1　大　阪
注：10万分の1集成図「関西」を基に作成.

図Ⅲ-6-2　明暦の大坂→
出典：高橋康夫ほか編（1993）：
『図集 日本都市史』，東京大
学出版会，p.190.（部分修正）

写真Ⅲ-6-1　堂島川と中之島
（日銀大阪支店・市役所）（08年9月）

写真Ⅲ-6-2　名古屋　久屋大通・公園
（07年5月）

図Ⅲ-6-3　名古屋
注：1：50,000「名古屋北部」（2009），「南部」
　　（2001）を基に作成.

7. 北海道と沖縄

　日本の南北の端に位置する沖縄と北海道では，観光産業が他地域よりも重要である。

　北海道への観光は内地と異質な自然環境・景観（6カ所の国立公園と世界遺産知床を楽しめること，富良野のお花畑など，梅雨がなく涼しい夏，冬の雪と氷の世界）を楽しむのが主流である。明治以来計画的に建設された碁盤目状街路の都市も，独特の都市景観をなしている。かつての基幹産業（石炭，水産業，林業）の衰退にともない，観光にかける期待は大きい

　沖縄は琉球王朝の下に育まれた文化と亜熱帯の気候に属しているゆえの，本土とは異なった景観である。多数の島嶼からなり，沖縄本島を中心に日本の最西端である与那国島を含む先島諸島まで広域にわたる。美しい海に海水浴，サーフィンなどのツーリズムが育っている。第二次世界大戦最後の戦場となり，大きな破壊を受けたうえ，1972年までアメリカの占領下にあった。現在でも嘉手納空港をはじめとした米軍基地が多く存在し，基地経済に依存している側面を実感する。本島南部の激戦地区を中心に軍の壕跡や慰霊碑などがあり，なかでもひめゆりの塔，平和祈念資料館を多くの人が訪れている。1972年の本土復帰を記念して1975年沖縄海洋博（特別万国博覧会）が開かれ，跡地は美ら海水族館と海洋文化園となっている。バブル期以降，本土からの資本によりリゾート開発が進められてきた（恩納村の万座ビーチなど）。

札　　幌

　石狩平野の南端，豊平川の扇状地に位置する札幌は，1869年北海道開拓使が置かれ以来，北海道開発の中心として発展してきた。昭和期には道内最大の都市となり，市域は拡大を続け，いまでは人口190万人，全国第5位の都市に成長した。

　北海道庁旧館の赤レンガの建物と時計台および中島公園内に移築された豊平館は，数少ない開拓時代を偲ばせる歴史的遺産である（琴似にも屯田兵村跡がある）。都心にある植物園と駅北の広大な敷地をもつ北海道大学のキャンパスは，北国を象徴する景観である。主軸となる東西の通は大通公園であり，東寄りにはテレビ塔が建てられ市街を一望でき，その西端には大倉山スキージャンプ台が見える。東西は大通り，南北の通りは創成川が基軸となり，東西南北の地番がつけられている（図Ⅲ-7-1）。1972年に開かれた冬季オリンピックを期に街は整備され，地下鉄および地下街ができ，冬季の活動に便利となった。駅前地区の商業集積，ススキノ歓楽街，狸小路の商店街などが，この大都市の賑わいを演出している。ビール園やラーメン店も，この都市の知名度を高めている。円山公園とそれに続く藻岩山にはロープウェーがあり，市内が展望できる。冬季には手近なスキー場として市民に利用されている。札幌ドームの開設は札幌に元気を与えている。豊平川上流にある定山渓温泉も広大な市域に含まれる。

　かつて北海道の観光シーズンが夏に限られていたが，2月の雪祭りはジェット機の就航によりオフシーズンに観光客を呼ぶことができるようになった。その成功に基づいて，北海道各地で類似の催しが（オホーツク沿岸では流氷，台湾からの客がある）展開されるようになった。また，6月には一般参加ができるよさこいソーラン祭も賑わいをもたらすようになっている。

函　　館

　函館は函館山（332m）と北海道とをつなぐ砂州（トンボロ）上に市街（最も狭い場所は幅1km）が発展し，北海道の玄関口にあたる開拓の拠点であり，1855年最初に開港された。青函連絡船を通

7. 北海道と沖縄　105

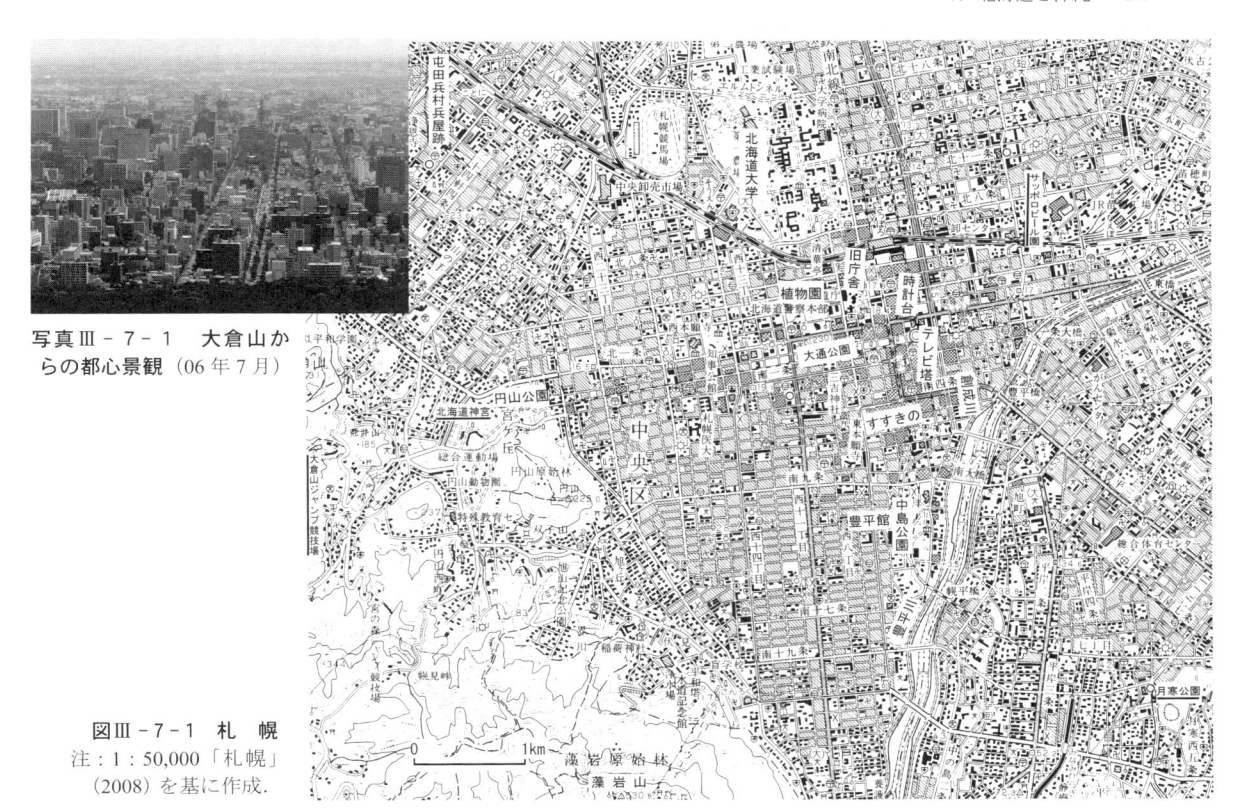

写真Ⅲ-7-1　大倉山からの都心景観（06年7月）

図Ⅲ-7-1　札幌
注：1：50,000「札幌」（2008）を基に作成．

写真Ⅲ-7-2　重伝建地区倉庫群と函館山（05年12月）

図Ⅲ-7-2　函館
注：1：50,000「函館」（2008），「五稜郭」（2007）を基に作成．

図Ⅲ-7-3　函館市域の拡大
出典：平岡昭利編（2000）：『北海道　地図で読む百年』，古今書院，p.58.

して本州との結びつきで栄えてきたが，70年代から次第に本州と北海道の人の移動が飛行機に移行して衰退していった。洞爺丸台風（1954年）による大惨事以来進められた青函トンネル計画により，ようやく1988年に海峡線が開通した。その結果，青函連絡船が廃止され函館の街はいっそう寂れた。

函館山は町並みと本州を展望する格好の場所で（図Ⅲ-7-2），ロープウェーにより容易に行けるが，とくにその夜景は定評がある。レンガ造りの倉庫群が観光向けの施設に転用され，ハリストス正教会等の教会，旧イギリス領事館（開港記念館），旧北海道開拓事務所（函館支庁舎），旧函館区公会堂等の建物が公開されている。これらがある函館山麓の元町，末広町地区が重要伝統的建造物群保存地区に指定されている。この街はたびかさなる大火を教訓に，幅員の広い道路が整備されている。市街地北部の五稜郭は，江戸時代末期にヨーロッパ風の星形の保稜と広い堀をもつ日本ではめずらしい形態の城である。展望塔五稜郭タワーがある。市街地の東端，函館空港近くには湯の川温泉があり，市電で都心と結ばれているのも重要な観光資源である。

小　樽

小樽は明治初期に鉄道が開通し，石炭積出港として発展し始めた。その後，埋立てにより港湾が整備されて北海道を代表する国際貿易港となる。第一次世界大戦直後には北海道の農産物の輸出で栄え，昭和戦前期まで北海道経済の中心地（都心は北のウォール街ともいわれた）であった。第二次世界大戦後はサハリンを失いソ連との貿易が途絶え，石炭産業が衰退し，銀行などの経済機能も戦時中から札幌に移り人口も減少していった。

商業都市として繁栄した当時の建物が狭い海岸部に残されていて，港町としての遺産が多くある。使用されなくなった運河を埋立てて道路にする計画が，1966年から始まり工事が進んだ。しかし，反対運動が「小樽運河を守る会」に結集するなかで工事が中止され，運河も幅半分は埋立てられて道路となったが，倉庫群とともに残された（約1kmの長さ）。以来，小樽は運河の町といわれる。運河沿いの倉庫群と散策路となってツーリストをよんでいる。大正・昭和初期の最盛期に建てられた建物群（銀行，商社，船会社など）が一部は用途を変えて公開されている（国指定の重文をはじめ70以上の建物が文化財登録）。旧日本銀行小樽支店（現金融資料館）は，北海道全体を統括し1940年に札幌に移転するまで，この都市を象徴する存在であった（図Ⅲ-7-3）。

那　覇

那覇は，国際空港と港湾を有する人口30万人規模の琉球諸島の中心都市である。かつては海に面した波上宮が示すように，安謝川，国場川河口の港町として発展してきた那覇地区と東部の石灰岩の台地上に展開する城下町首里とから成り立っていた（図Ⅲ-7-4・5）。現市域は，戦場となって完全に破壊された上に復興されていったものである。首里は，琉球王国のグスクおよび関連遺跡群として2000年に世界遺産に登録された。首里城・守礼門，識名園等は戦災で破壊されたので再建されたものではあるが，首里城の石垣や王陵（墓群）は昔の姿をそのまま伝えている。また，15世紀頃の城砦であるグスクが沖縄本島の北部から今帰仁城址，座喜味城址，勝連城址，中城城址と遺跡群があり，世界遺産に加っている。

那覇は国際通りを中心に繁華街が展開しているし，本土では見かけない野菜・果物を扱う伝統的な公設市場があり，観光客も多数訪れている。国場川南の国際空港から都心の首里までモノレールが運行されるようになり（2003年），アクセスは便利になった。那覇港は本土各地と琉球諸島間を結ぶ航路の拠点となっている。毎年かなりの頻度で台風が通過するので，建物は全体的に低層でコンクリート造りが多く，伝統的な建物は屋根瓦も漆喰で止められ，石垣や防風林のある景観を形成している。

7. 北海道と沖縄　107

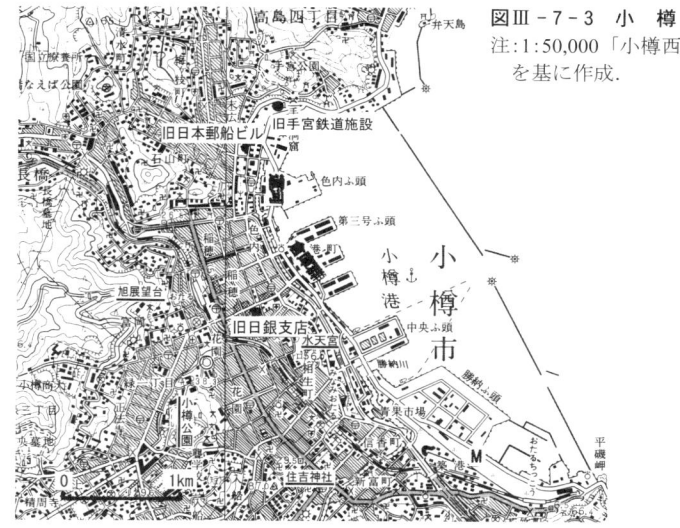

図Ⅲ-7-3　小樽
注：1:50,000「小樽西部」(2004)，「小樽東部」(1993)
を基に作成．

写真Ⅲ-7-3　小樽運河の倉庫地帯（06年7月）

↓図Ⅲ-7-4　那覇
注：1:50,000「那覇」(2007)を基に作成．

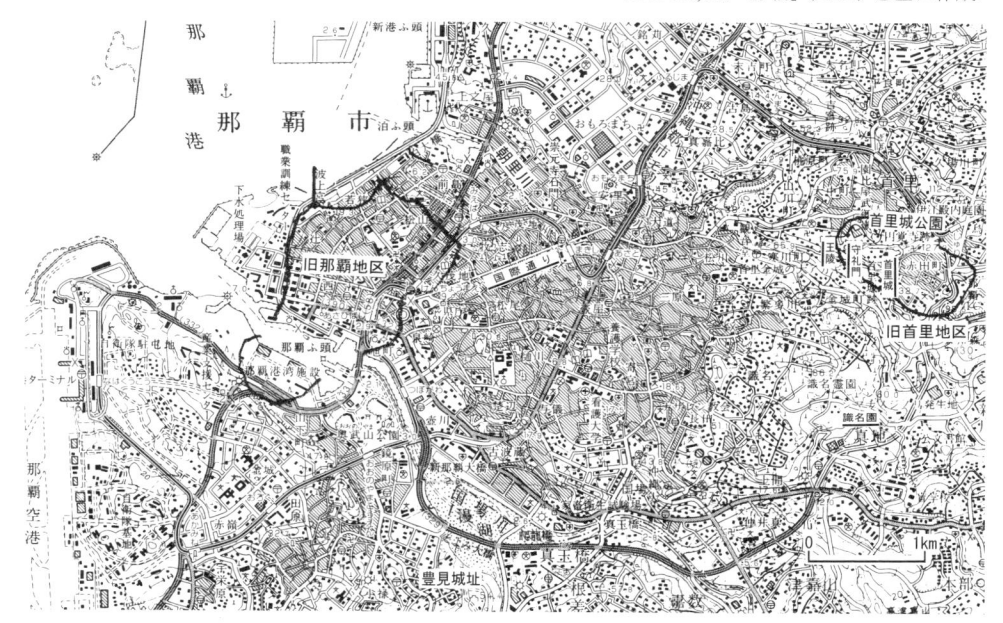

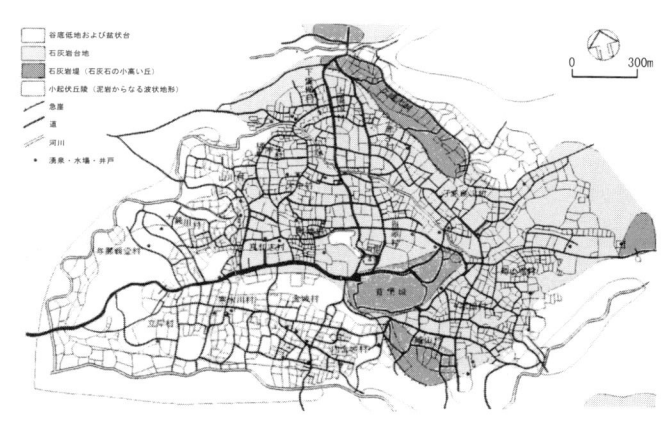

図Ⅲ-7-5　首里の街の立地
出典：高橋康夫ほか編（1993）：『図集　日本都市史』，東京大学出版会，
　p.185．

写真Ⅲ-7-4　首里城守礼門（寺阪俊樹，08年1月）

8. 港湾都市

　港町は広大な水辺空間（ウォーターフロント）があり，開放的で魅力のある都市空間をもっている。1858年の修好通商条約により函館，神奈川（横浜），新潟，兵庫（神戸），長崎の5カ所が開港地に指定され，外国人居留地を設定し港湾都市として成長してきた。明治初期の開港地は外国との交易により洗練された街となる。居留地は隔離と交流の場となり，現在はごく一部しか残っていないが，モダンな西洋風建築が建てられた。レンガ造りの倉庫，税関，外国領事館，海運会社，商社，銀行等が独自の景観を伝えている。20世紀後半から海外への渡航が空路になり，貨物もコンテナ化に伴い埠頭が変わった。使用されなくなった諸施設が，文化遺産としてツーリズムの対象となってきた。港の景観を楽しむために，山地にケーブルカーやロープウェーが施設されたりタワーが建てられて，港を展望することができる。都市を海上から遊覧するのも，他所にはないツーリズムの魅力である。横浜，神戸，長崎にみられる中華街の形成も，港町の特色の一つである。グルメブームとともに重要な観光対象となっている。重要伝統的建造物群保存地区としての港町は，ここで取り上げた近代建築の函館，神戸，長崎の他に，江戸時代からの港町の構造が残されている佐渡小木町，瀬戸内海の豊町御手洗（大崎下島），塩飽本町笠島（丸亀市），九州・日向市美々津などが指定されている。指定地区外の鞆の浦（福山市），門司港（北九州市）も優れた街並みが残っている。

横　浜

　東海道の宿場町神奈川（現在の東神奈川付近）が江戸時代までの中心であったが，湾南部のかつての新田開発によりできた半農半漁村の横浜村を新たな開港地に指定して，堀で囲んだ外国人居留地をつくりだした。丘陵に囲まれた水深の深い内海としてすぐれた立地条件をもち，首都東京の外港として日本の表玄関となる最大の港に発展し，2009年には開港150年を祝っている。関東大震災と空襲により，明治から大正期にかけての建物で残っているものは少ない。港湾地区には核となる大改装された大桟橋を中心に税関（1934年），赤レンガ倉庫群（1911年），横浜開港資料館旧館（旧英国領事館，1931年），県立歴史博物館（旧横浜正金銀行本店，1904年），横浜市開港記念館（1917年，開港50年記念に建設）等が，県庁（1928年）とともに往時の大港湾の繁栄ぶりを写しだす（図Ⅲ-8-1）。

　かつての外国人居留地にある中華街（2.5ha）はおもに広東系華人が多く，10の門をもち，守護神関帝廟もあり，約250店と世界一の集中度を示す規模と美観をもつものと思われる。つねに多くの客でにぎわい，周辺に店舗が拡大中である。おしゃれな店が並ぶブティック街元町も近接している。それに続き山下公園（関東大震災の残滓による埋立地），背後の丘陵地には港の見える丘公園から山手町にかけてカトリック山手教会（1906年建設が関東大震災により壊れ，1933年再建），旧領事公邸などの古い洋館も残され，外国人墓地等があり，現在でも外国人居住者の多い地区となっている。

　港湾地区北隣の桜木町にはみなとみらい（MM 21）地区がある。ここは1983年以来造船所跡を埋立・再開発し，広い敷地内に現在日本一高いビルであり，展望台のある横浜ランドマークタワー（296m，70階，1993年）をはじめとする高層建築がならぶ。ビジネス街であるとともに国際会議場，ホテル，各種専門店などが入る複合施設や集合住宅がある。横浜美術館（丹下健三，1989年）もこの地につくられ集客力をもつ。一角には旧ドックが保存され，帆船日本丸が公開されている。本牧地区には三溪園がある。これは，明治の富豪原 三溪が海に面した場所に大庭園と茶室をつくり，重文級の古建築を移築して公開した。

8. 港湾都市　109

図Ⅲ-8-1(a)　横　浜
注：1：25,000「横浜東部」(1999).

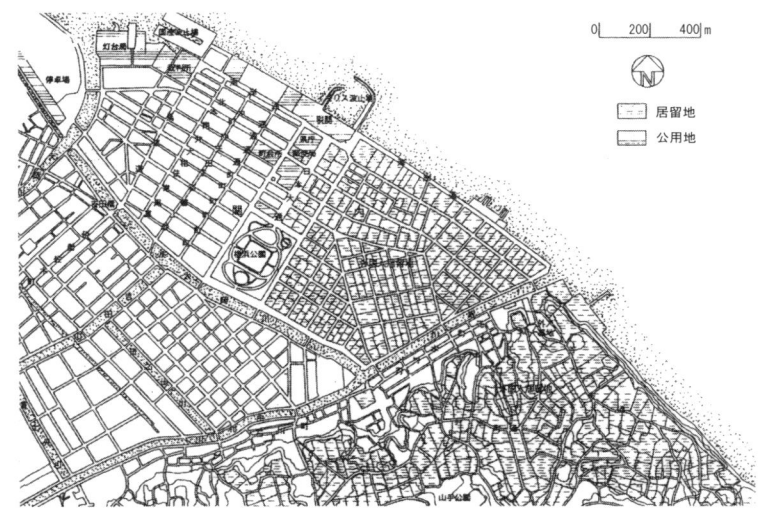

図Ⅲ-8-1(b)　最後の在方町　横浜（明治21年「YOKOHAMA」を基に作図）
出典：宮本雅明（2005）：『都市空間の近世史研究』, 中央公論美術出版, p.66.

写真Ⅲ-8-1　横浜　MM21地区と
ランドマークタワー（09年3月）

写真Ⅲ-8-2　神戸　異人街・風見鶏
と都心部（09年3月）

写真Ⅲ-8-3　長崎　グラバー邸と港
（05年2月）

神　戸

　神戸は瀬戸内海の拠点として古代から大輪田泊，中世以降の兵庫津（現在の和田岬付近）があった。背後を六甲山脈が東西に走り，水深が深いという条件の下に，開港地兵庫が指定された。メリケン波止場を中心に埋立てを行い，近代的港湾機能を整備して，横浜と並び西日本第一の港湾となった。1995年の阪神淡路大震災で甚大な被害を受けてから，その地位は低下した。生田川の右岸に外国人居留地をつくるが，その後，居住が六甲山麓寄りにも認められて，現在の異人館群が山手地区に形成された。重要伝統的建造物群保存地区には，風見鶏館をはじめ65の建物が指定・公開されている。また，モスクやユダヤ教会などさまざまな宗派の宗教施設があって，南京街（中華街）とともに国際都市の面影を伝えている。旧居留地地区には倉庫群をはじめ神戸市立博物館（旧横浜正金銀行神戸支店，1935年），神戸税関旧庁舎（1927年），過去の輸出の花形であった関係から旧神戸市立生糸検査所（1927年）など，明治から戦前期につくられた商社，銀行，海運関係の建物が残されており，用途は変わったが都心の景観を構成している（図Ⅲ-8-2）。

　1970年代以降コンテナ化に対応する港湾機能の拡充のために，ポートアイランド（436ha）と六甲アイランド（580ha）の大規模な埋立地を造成してきた。それぞれは新交通システムのポートライナーと六甲ライナーにより都心と結ばれている。ポートアイランド地先には2006年に開港した神戸空港もある。旧造船所地区の再開発（1993年）は複合商業施設ハーバーランドとなり，モザイクと呼ばれる飲食店みやげ物街には人が集まっている。ケーブルカー・ロープウェーに乗り六甲山・摩耶山から神戸市内，大阪湾・淡路島の眺望がえられて，百万ドルの夜景といわれている。六甲山系の北側には，古くから名湯といわれた有馬温泉がある。

長　崎

　長崎半島の湾奥に発達したこの町は，平野部が狭く山に囲まれて坂の多い街である。1945年8月9日のアメリカの原爆投下を受け7万人以上の犠牲をうけた。それは市街地北部の中心浦上地区にあたり，原爆落下中心地碑（爆心地），と隣接する平和公園（平和祈念像），原爆資料館および再建された浦上天主堂に記録されている。

　この地方は戦国期にイエスズ会によりキリスト教が普及した伝統があり，江戸期を通じて隠れキリシタンとして受け継がれてきた。市南部の大浦天主堂にそれは集大成されている。江戸時代オランダ人居留地として唯一1571年開港したかつての出島は，資料館とともに商館跡地が整備されている。周辺の埋立てが進み，県立美術館，公園として再開発されて市街地に連続して島としての面影は失われた。江戸時代には中国人も中島川左岸に居住が認められ，唐人町，華人町といわれ崇福寺に代表される唐風寺院の存在も，この地の文化受容の多様性を象徴している。都心を流れる中島川には，1982年7月豪雨により破壊された眼鏡橋（日本最初の石橋）が修復され，周辺の寺町とともに街並みに風情がある。

　明治になると大陸と最も近い上海航路が開かれて，中国への玄関口となった。大浦川で分けられた東山手町と南山手町の2カ所が重要伝統的建造物群保存地区に指定されている。大浦天主堂（国宝）・修道院とともに南山手町の旧外国人居留地区は長崎湾東側の山腹にあって，造船所を見通す場所にあるグラバー邸（コロニアル様式洋風木造住宅）の周囲に，幕末・明治期の洋風建物が集められ公開されている。東山手町では，旧領事館が撤退した跡地がミッション系の学校となり，洋風建築やレンガ造りの建物が多く残り，オランダ坂などで知られる（図Ⅲ-8-3）。

8. 港湾都市　111

図Ⅲ-8-2(a)　神　戸
注：1：50,000「神戸」(2006),「須磨」(2005).

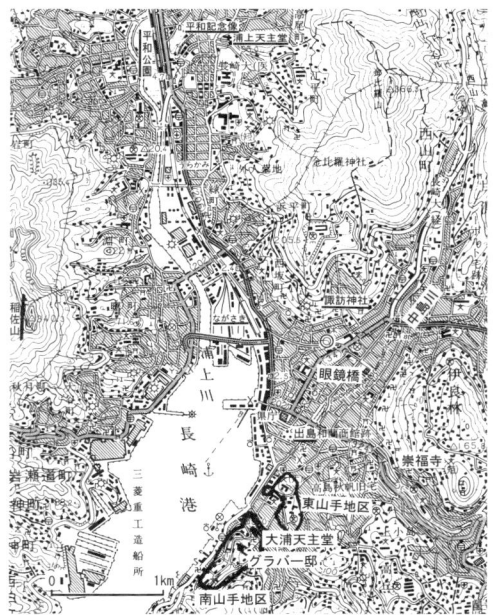

図Ⅲ-8-3(a)　長　崎
注：1：50,000「長崎」(1991).

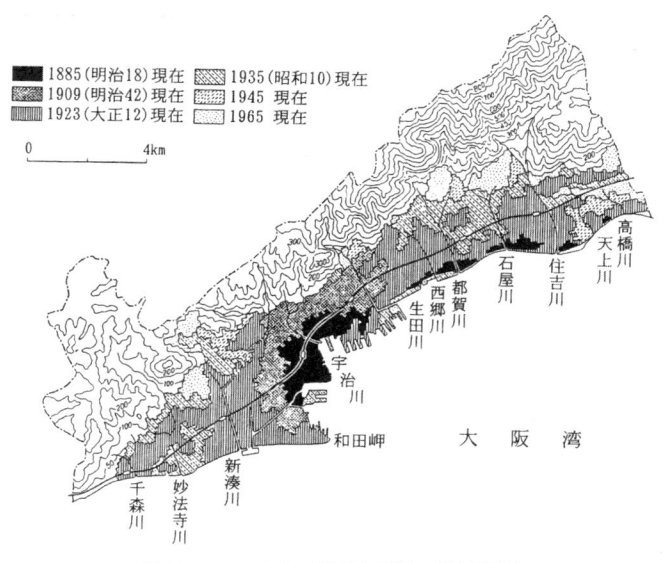

図Ⅲ-8-2(b)　神戸市街地の発達過程
出典：稲見悦治原図，青野寿郎・尾留川正平編（1973）:『日本地誌
　　第14巻　京都府・兵庫県』，二宮書店，p.56.

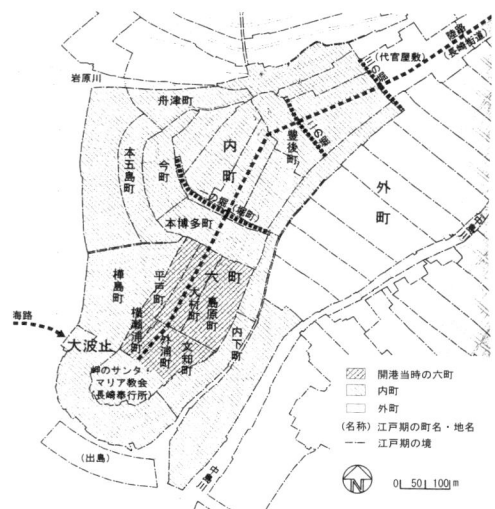

図Ⅲ-8-3(b)　明治初期の長崎
出典は図Ⅲ-8-1に同じ．p.189 より．

9. 城下町

　江戸時代には約300近くの藩に分れていた。近世の城郭と城下町の町割がそのまま残っている場所は少ないが，都市の歴史的核が景観的に確認できる貴重な存在であり，施設の一部は国宝，重要文化財，史跡などに指定されて，地域の重要なランドマーク（とくに天守閣）であり，観光対象となっているものも多い。表Ⅲ-1-1（89頁）で取り上げた34都市のうち19と半数以上を占めている。封建時代の象徴として明治維新後に天守閣の多くは取り壊され，残されたものも第二次世界大戦の空襲で焼失した（水戸，名古屋，大垣，和歌山，岡山，福山，広島）。戦後の混乱が落ち着く高度経済成長期に街のシンボルとして天守閣が多数再建されている。天守閣が失われた場合でも，櫓や門などの一部や堀と石垣が保存され，城の規模を想定することができる。旧二の丸，三の丸の区域が官庁街，学校用地として使われていることが多いが，多くの城内は公園として整備されて，桜や紅葉の季節に地元の人々が集まり親しまれている。新旧の地図を利用すると城下町の都市構造を武家屋敷，町人町，寺町などの残存形態から見出して，景観変遷を捉えられる。県庁所在地の大部分は城下町起源である（千葉，山口は近世ではないが）。県庁所在地以外の中規模な城下町都市（弘前，松本，彦根，姫路など）においては観光の役割が大きい（表Ⅲ-9-1，図Ⅲ-9-1）。城の立地は戦国時代の山城から近世の平城へと進むが，平地においても微高地が選ばれてきたので，天守閣や城址からの眺望はよく都市景観を楽しめる。

　現存する天守閣は，国宝として松本，彦根，姫路，犬山の4カ所と別格として京都二条城が加わる（1750年天守閣は消失，二の丸御殿が国宝）。それ以外に重要文化財が8あり，福井県の丸岡城が現存する最古（1613年）の天守閣である。これらのうち姫路は均整のとれた美しさと規模の大きさから，日本で最初に世界遺産に登録された。沖縄の首里城址（再建）と沖縄本島にある四つのグスク（城塞）が2000年世界遺産に登録された。県庁所在地クラスの大都市ではシンボルとして天守閣が再建されたものが多いし（大阪＝戦前，名古屋，和歌山，岡山，熊本など），天守閣はなくとも堀や石垣が残され（静岡，山形），あるいは櫓が残る（仙台，金沢）などの存在感がある。近年では篠山（京都），出石（兵庫）のような小城下町も注目されてきた。

　城下町の存在が近代以降に与えた効果として，文化的には弘前，松本，姫路のように県庁所在地でないにもかかわらず，旧制高等学校が置かれた。高等商業高校の彦根，工業高校の上田，米沢もこの系譜に入る。8までのナンバー校も京都の他は城下町の東京，仙台，金沢，熊本，岡山，鹿児島，名古屋であり，戦後の新制国立大学に引き継がれた（県庁級に置かれた10高校は浦和を除き城下町）。

　多くの城址は明治期に軍事拠点として陸軍師団司令部が置かれた（師団番号）。県庁の仙台（2），名古屋（3），大阪（4），広島（5），熊本（6），金沢（9），宇都宮（14），岡山（17）に弘前（8），姫路（10），小倉（12），高田（上越市13），豊橋（15）の城下町が加わる。より小都市に置かれたのは佐倉，新発田，久留米などであり，城址の使われ方の特徴がでている。軍隊や学生がその地域の活性化に果たした役割は大きい。世界遺産に登録された広島の爆心地原爆ドームも城（復元）に近接している。その慰霊碑，資料館などとともに，世界平和に向けた重要なツーリズム資源（外国では戦場地・墓地などを巡るブラックツーリズムという）であり，近年外国人も多く訪れている。

9. 城下町　113

図Ⅲ-9-1　日本の城下町

注：石井 進監修（1999）：『城と城下町』，山川出版社の巻末おもな城跡一覧より作成．数字は表Ⅲ-9-1に対応．

写真Ⅲ-9-1　国宝松本城（01年11月）

写真Ⅲ-9-2　国宝彦根城（01年3月）

写真Ⅲ-9-3　国宝姫路城（世界遺産登録）（06年12月）

写真Ⅲ-9-4　木曽川と国宝犬山城（08年7月）

表Ⅲ-9-1　城と城下町（2005年）

	天守閣	城	県	所在地	人口(千人)	建設年	再建年	石高(万)
1	A	松本	長野	松本市	227	1594		8-7
2	A	彦根	滋賀	彦根市	109	1606		18
3	B	犬山	愛知	犬山市	74	1620		1-3
4	A	二条	京都	京都市	1,474	1597		
5	SA	姫路	兵庫	姫路市	482	1618		15
6	B	弘前	青森	弘前市	173	1810		4-7
7	B	丸岡	福井	坂井市	45	1576		4-5
8	B	松江	島根	松江市	196	1611		18.6-24
9	B	備中松山	岡山	高梁市	38	1681		5-6.5
10	B	丸亀	香川	丸亀市	110	1647		6-15
11	A	松山	愛媛	松山市	514	1852		10-20
12	B	宇和島	愛媛	宇和島市	89	1665		10-12
13	B	高知	高知	高知市	333	1747		20
14	B	*福山	北海道	松前町	10	1854	1959	
15		江戸	東京	東京都	8,489	1590		
16		新発田	新潟	新発田市	104	1598		6
17	B	金沢	石川	金沢市	454	1583		102-120
18		掛川	静岡	掛川市	117	1580		3-7
19	A	*名古屋	愛知	名古屋市	2,215	1614	1959	47-62
20	A	*大坂	大阪	大阪市	2,628	1583	1931	
21	B	明石	兵庫	明石市	291	1617		6
22	B	*岡山	岡山	岡山市	674	1590	1966	28-51
23	B	*福山	広島	福山市	418	1622	1966	10
24	B	高松	香川	高松市	337	1588		12-17
25		大洲	愛媛	大洲市	50	1609		5.3-6
26	B	福岡	福岡	福岡市	1,401	1601		52
27	A	*熊本	熊本	熊本市	669	1601	1960	14.5-54
28		盛岡	岩手	盛岡市	294	1597		20.0
29	B	仙台	宮城	仙台市	998	1602		62.5
30		山形	山形	山形市	251	1592		5.0
31	B	若松	福島	会津若松市	122	1593	1965	23-60
32		水戸	茨城	水戸市	263	1590		35.0
33	B	小田原	神奈川	小田原市	198	1495	1960	4-10.3
34	B	高田	新潟	上越市	209	1614		15.0
35	B	岐阜	岐阜	岐阜市	413	1597	1956	3.2
36		駿府	静岡	静岡市	713	1607		
37	B	岡崎	愛知	岡崎市	354	1455	1959	5-6
38	B	上野	三重	伊賀市	98	1612	1935	
39	B	和歌山	和歌山	和歌山市	375	1585	1958	37-55.5
40	B	鳥取	鳥取	鳥取市	199	1601		32.5
41		広島	広島	広島市	1,154	1589	1958	42.6
42	B	萩	山口	萩市	59	1608		36.9
43		徳島	徳島	徳島市	261	1586		25.7
44		佐賀	佐賀	佐賀市	204	1615		35.7
45	B	平戸	長崎	平戸市	39	1707	1962	6.1
46	B	島原	長崎	島原市	38	1618	1964	7
47		中津	大分	中津市	85	1607	1964	10.0
48		鹿児島	鹿児島	鹿児島市	601	1602		77.0
49		首里	沖縄	那覇市	312	1627	1992	

注：再建天守閣は模擬天守閣を除き，大都市に限った．重文建造物に分類された城の＊印は再建．天守閣資料：石井進監修（1999）：『文化財探訪クラブ6 城と城下町』，山川出版社．平井 聖・小室榮一編（1994）：『図説 日本の名城』，河出書房新書．人口は2005年国勢調査．

10. 温泉都市

　風呂好きが多い日本人の観光にとって，温泉の存在は重要である。すでに江戸時代，東西に分けた温泉番付ができていた。火山の多い日本では温泉の分布密度も高く，山岳地にも海岸部にも存在する。近年では採掘技術の進歩により新規の温泉場が開発されて年々増えている。1934年に868カ所であったが1969年に1,617，2005年では3,162カ所にもなっている（図III-10-1）。

　温泉都市として成長した代表に西の別府，東の熱海，伊東がある。松山の道後，山口の湯田，やや郊外ではあるが神戸の有馬，福島の飯坂などの大都市内にも温泉が存在する。町規模の草津，城崎，下呂など古くから有名な温泉地も多い。都市から離れて北海道のニセコ温泉群，秋田の乳頭温泉群，志賀高原，箱根・伊豆半島，加賀温泉郷などの温泉地域や山間の1～数軒のみの静寂な温泉場と規模もさまざまである。10軒以上の宿泊施設が集積する温泉地はそれほど多くない。温泉地には土産物，酒場，ゲーム場などの歓楽街が形成されてきたが，バブル期におけるホテルの大型化は建物内にそれらの要素を取り込んだために街の賑わいが失われていった。熱海，鬼怒川などでは90年代後半から団体客を中心とした大型館が凋落し，他方個人・女性客に層が変わり，大分県湯布院，熊本県黒川温泉など山間の癒し系温泉が注目されている。

　大都市（圏）と温泉地の空間関係（都心からの直線距離km）をみると，奥座敷型歓楽地という表現は過去形であるが，身近に1日の仕事が終わってからも行ける温泉地がある。全体的には東日本の方が温泉地は多くて便利であり，西日本はいくぶん遠距離になる。

　札幌：定山渓20（市域），**仙台**：秋保14，作並25（市域），**東京**：鬼怒川100，湯河原84，箱根75，熱海100，伊東120，石和125，**名古屋**：下呂80，湯の山45，**京阪神**（距離は大阪から）：有馬25，城崎110，白浜110，芦原175，山代185，山中180，片山津195，**福岡**：二日市15，原鶴45。

熱　海

　徳川家康が湯治したことから江戸時代に名が知られていた。明治には尾崎紅葉の『金色夜叉』で有名となり，記念の松が海岸に植えられた。東海道本線の丹那トンネルが1934年に開通してから東京から近くて便利なために発展し，別荘地も開発され温泉都市として成長した。新幹線の開通後は関西方面からも来客するようになり，バブル期には企業関係の団体客が増え，それに合わせてホテルが巨大化したが，バブル崩壊後に客層が変わり，海岸沿いの大型ホテルの廃業が目立ち，都市景観を壊し，かつての賑わいは失せた。

別　府

　瀬戸内海の西端，別府湾に望む別府は日本最大の温泉都市（旅館数，湯量とも）であり，人口12万人の大分県第二の大都市である。南の高崎山（サルの餌付けで有名となる）で大分市と接する。三方山に取り囲まれ，その麓と南の駅付近の海岸部に温泉がある。北の鉄輪地区が最も温泉の種類が豊富で，地獄と呼ばれる噴気孔が多数あって湯煙が上がっている。西側には明礬，観海寺，南に浜脇という温泉場がある。港があり関西方面との航路により，かつては新婚旅行客で賑っていた。現在では韓国・台湾からの客が増えている。

10. 温泉都市　115

図Ⅲ-10-1　日本の主要温泉地100および県別温泉地数と宿泊施設数
資料：『日本百名湯』，日本経済新聞社，日経ムック（2004）および『数字で見る観光2007-2008』，日本観光協会，pp.28-29より作成．

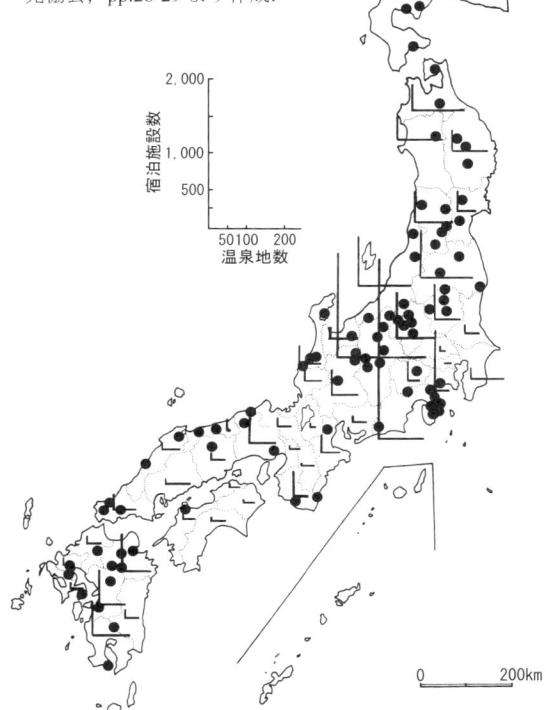

写真Ⅲ-10-1　湯布院温泉街と由布岳（04年5月）

写真Ⅲ-10-2　熱海中心部の展望（02年12月）

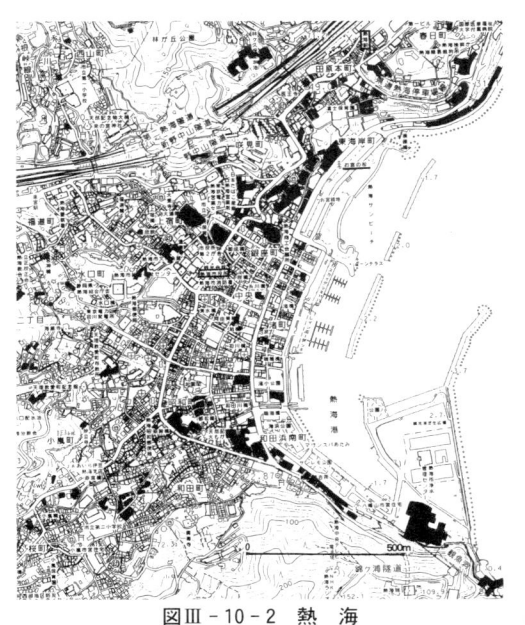

図Ⅲ-10-2　熱　海
注：熱海市都市計画図（2004）1：2,500から作成．
　　黒い部分が温泉旅館・ホテル．

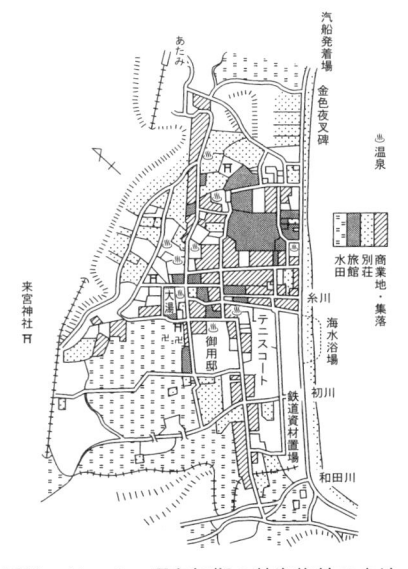

図Ⅲ-10-3　昭和初期の熱海旅館の立地
出典：松田法子・大場　修（2006）：近代熱海温泉における旅館の立地と建築類型．日本建築学会計画系論文集，602号，p.237；原資料は1925年の熱海市「最新熱海案内全図」．

11. 重要伝統的建造物群保存地区

1975年の文化財保護法の改正以後，個別の建物のみではなく，伝統的な建物（住宅）群として no 近代化以前の景観を保つ集落や街区を保全するようになった。点から線および面への拡大である。2008年現在全国83の地区が制定されている（表Ⅲ-11-1，図Ⅲ-11-1）。集落機能から分類すると武家・在郷町17，商家・茶屋町20，港町・漁村15，農山村11，宿場・門前町10，産業町10となる。分布は東日本15に対して西日本68となる。大都市の京都，神戸，金沢，長崎の県庁級から函館，高山，倉敷，川越などが都市的景観である。1976年の角館，妻籠，京都，萩が最初期に指定され，1980年代までに29，2000年以降に29と近年に指定が増えている。なかでも中山道宿場町の妻籠は，周辺の山地を広く指定して，面積は最大規模の1,245ha，1960年代から地元民により売らない，貸さない，壊さないをモットーに建物と環境の維持・保存活動が行われてきた重伝建地区の動きを象徴する地区であり，観光客が増加している。白川郷に次いで島根の大森銀山が世界遺産に登録された。

角　館（秋田県仙北市）

檜木内川のほとり古城山の南麓にある近世の城下町であり，秋田城の支城となった。南北の幅の広い通りに武家町が展開し，その南に町人町がある。黒板塀に囲われた武家屋敷は，広い敷地に多くの樹木が植えられている。6軒の保存状態のよい武家屋敷（主屋，倉，門）が公開され，かつての生活を偲ぶことができる。地区中央に公園と伝承館ふるさとセンターがあり，それらの間に飲食店・みやげ物店が違和感なく入り込んでいる。天然記念物のしだれ桜が武家町に調和する4月末の桜まつりと9月の重要無形民俗文化財に指定された祭りとで，年間200万人ほどが訪れる観光地となっている。

川越市一番街（埼玉県）

川越は太田道真・道灌親子によって築城された後，17万石の近世城下町になる。かつての商業中心地は札の辻から一番街にあり，1893年の大火後に蔵づくりの建物が焼け残ったところから，商家の土蔵建築が普及した。商業中心が次第に南に移り寂れていくなかで，蔵づくりの建物が戦後次第に取り壊されて行く。道路拡張計画が生まれるなかで市民が保存運動を起こし（70年代初め），市もそれに対応して商業活性化資金等をえて修復保存が進んだ。最も古い大沢家住宅（1792年）は重要文化財に指定されて公開されている。電線が地中化され，外灯の整備，建物の修復をすすめて街並み復元をしてきた。大火後に再建された「時の鐘」，旧第85国立銀行本店（1918年）が喜多院（域外）とともに観光資源となっている。

今井町（奈良県橿原市）

奈良盆地南部の交通の要所に位置する今井町は商業の町であるとともに本願寺の寺内町（1583年）であり，東西600m，南北300mの環濠集落であった。堀の一部は埋立てられ道路になっている。いち早く今西家住宅（1650年）は重要文化財に登録され，その後も合わせて10軒の住宅が重文指定を受けた。また，それ以外にも江戸期から昭和前期にかけての建物が数多く存在して（最大規模の520軒），切妻，低層瓦葺屋根の伝統的建物による景観が保たれている。1950年代から調査が始まり，保存地区の運動はここの成功に始まるといえる。通過交通の車が入ることもなく，静かな集落の生活環境が維持されている。建物の修復工事が80年代から進行し，道路等の環境整備もされている。外来資本の施設が入り込まず，落ち着いた街並みが維持されている。指定を受けていない建物の改築への対応と，周辺部の開発からどのように景観を守るかが問われる。

11. 重要伝統的建造物群保存地区

図Ⅲ-11-1　重要伝統的建造物群
　　　　　保存地区（2008）
注：表Ⅲ-11-1に同じ．
資料：文化庁（2000）：『歴史的集落・町並みの保存：重要伝統的建造物群保存地区ガイドブック』，第一法規およびその後の情報はインターネットによる．

- ● 商家
- ★ 武家・在郷町
- ▲ 港町・漁村
- ○ 農山村
- ＊ 宿場町・門前町
- × 鉱工業町
- □ 茶屋町

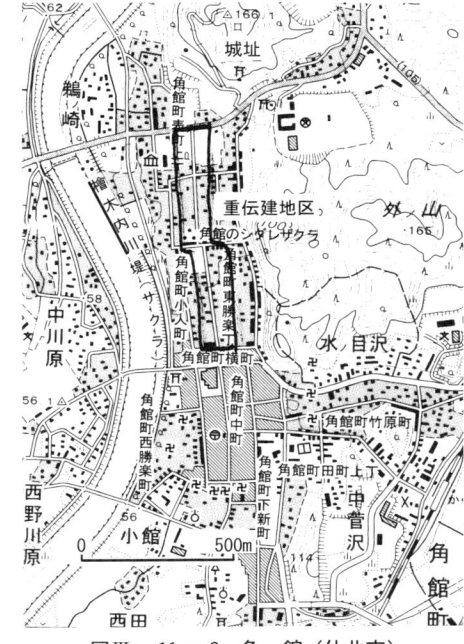

図Ⅲ-11-2　角　館（仙北市）
地形図1：25,000「角館」（2006）．

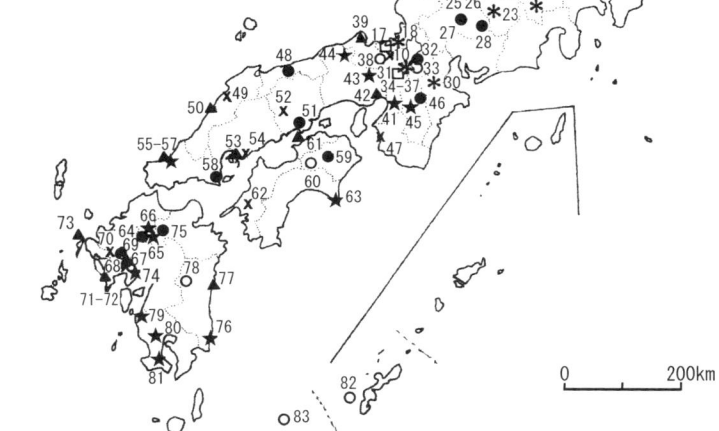

写真Ⅲ-11-1　角館の武家屋敷（08年4月）

表Ⅲ-11-1　重要伝統的建造物群保存地区

番号		市町村	地区名	人口（千人）	指定年	種類	建造物
1	北海道	函館市	元町・末広町	294	1989	港町	77
2	青森	弘前市	仲町	189	1978	武家町	30
3		黒石市	中町	39	2005	商家町	
4	岩手	金ケ崎町	諏訪小路	16	2001	武家町	25
5	秋田	仙北市	角館	32	1976	武家町	36
6	福島	下郷町	大内宿	7	1981	宿場町	44
7	群馬	六合村	赤岩	1	2006	山村	
8	埼玉	川越市	一番街	328	1999	商家町	77
9	千葉	香取市	佐原	88	1996	商家町	65
10	新潟	佐渡市	宿根木	68	1991	港町	107
11	富山	高岡市	山町筋	182	2000	商家町	93
12		南砺市	五箇山相倉	58	1994	山村	67
13			五箇山菅沼		1994	山村	28
14	石川	金沢市	東山ひがし	441	2001	茶屋街	89
15			主計町		2008	茶屋街	
16		加賀市	加賀橋立	76	2005	船主集落	

番号		市町村	地区名	人口(千人)	指定年	種類	建造物
17	福井	小浜市	小浜西組	32	2008	茶屋街	
18		若狭町	熊川宿	17	1996	宿場町	229
19	山梨	早川町	赤沢	1	1993	山村	84
20	長野	塩尻市	奈良井	66	1978	宿場町	160
21			木曾平沢		2006	漆工町	
22		東御市	海野宿	31	1987	宿場町	108
23		南木曽町	妻籠	5	1976	宿場町	209
24		白馬村	青鬼	9	2000	山村	29
25	岐阜	高山市	三町	95	1979	商家町	142
26			下二之町・大新		2004	商家町	
27		美濃市	美濃町	23	1999	商家町	115
28		恵那市	岩村町本通	56	1998	商家町	97
29		白川村	萩町白川郷	1	1976	山村	117
30	三重	亀山市	関宿	46	1984	宿場町	217
31	滋賀	大津市	坂本	323	1997	門前町	120
32		近江八幡市	八幡	67	1991	商家町	198
33		東近江市	五個荘町金堂	114	1998	農村	188
34	京都	京都市	上賀茂	1,392	1988	社家町	39
35			産寧坂		1976	門前町	204
36			祇園新橋		1976	茶屋街	56
37			嵯峨鳥居本		1979	門前町	35
38		南丹市	美山町北	35	1993	山村	68
39		伊根町	伊根浦	2	2005	漁村	
40		与謝野町	加悦	25	2005	製織町	
41	大阪	富田林市	富田林	122	1997	寺内町	181
42	兵庫	神戸市	北野町山本通	1,498	1980	港町	65
43		篠山市	篠山	46	2004	城下町	
44		豊岡市	出石	91	2007	城下町	
45	奈良	橿原市	今井町	124	1993	寺内町	504
46		宇陀市	松山	38	2006	商家町	
47	和歌山	湯浅町	湯浅	14	2006	醸造町	
48	鳥取	倉吉市	打吹玉川	52	1998	商家町	144
49	島根	太田市	大森銀山	41	1987	鉱山町	234
50			温泉津		2004	港町	
51	岡山	倉敷市	倉敷川畔	470	1979	商家町	237
52		高梁市	吹屋	37	1977	鉱山町	81
53	広島	呉市	御手洗	252	1994	港町	187
54		竹原市	竹原	30	1982	製塩町	134
55	山口	萩市	堀内	59	1976	武家町	19
56			平安古		1976	武家町	13
57			浜崎		2001	港町	101
58		柳井市	古市・金屋	36	1984	商家町	47
59	徳島	美馬市	脇町南町	34	1988	商家町	88
60		三好市	東祖谷山村落合	34	2005	山村	
61	香川	丸亀市	塩飽本町	111	1985	港町	113
62	愛媛	内子町	八日市護国	20	1982	製蝋町	89
63	高知	室戸市	吉良川町	18	1997	在郷町	120
64	福岡	八女市	八女福島	38	2002	商家町	174
65		うきは市	筑後吉井	33	1996	在郷町	151
66		朝倉市	秋月	61	1998	城下町	76
67	佐賀	鹿島市	浜庄津・浜金屋	32	2006	港町	
68			八本木宿		2006	醸造町	
69		嬉野市	塩田津	30	2005	商家町	
70		有田町	有田内山	22	1992	製磁町	160
71	長崎	長崎市	東山手	455	1991	港町	26
72			南山手		1991	港町	41
73		平戸市	大島村神浦	39	2008	港町	
74		雲仙市	神代小路	51	2005	武家町	
75	大分	日田市	豆田町	75	2004	商家町	
76	宮崎	日南市	飫肥	45	1977	武家町	11
77		日向市	美々津	64	1986	港町	96
78		椎葉村	十根川	3	1998	山村	32
79	鹿児島	出水市	出水麓	57	1995	武家町	93
80		薩摩川内市	入来麓	103	2003	武家町	
81		南九州市	知覧	13	1981	武家町	26
82	沖縄	渡名喜村	渡名喜島	0.4	2000	農村	102
83		竹富町	竹富島	4	1987	農村	112

写真Ⅲ-11-2 大内宿 南山通り 宿場町（08年2月）

写真Ⅲ-11-3 妻籠 中山道 宿場町（08年7月）

写真Ⅲ-11-4 嵯峨鳥居本 愛宕神社門前町（04年2月）

写真Ⅲ-11-5 上賀茂 神社社家町（04年11月）

写真Ⅲ-11-6 近江八幡 商家町（08年2月）

資料：文化庁編（2000）:『歴史的集落・町並みの保存』, 第一法規ほか.

11. 重要伝統的建造物群保存地区　119

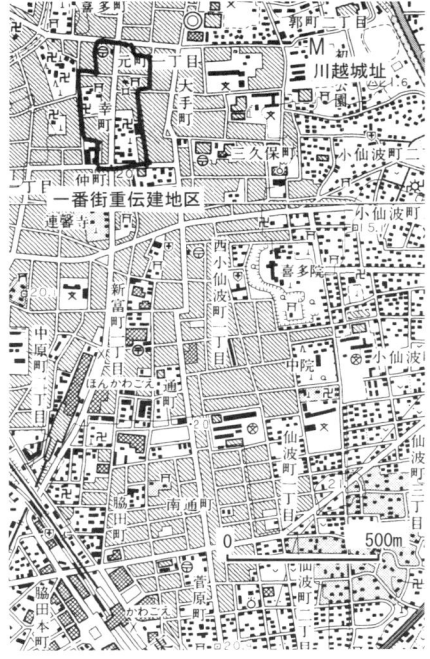

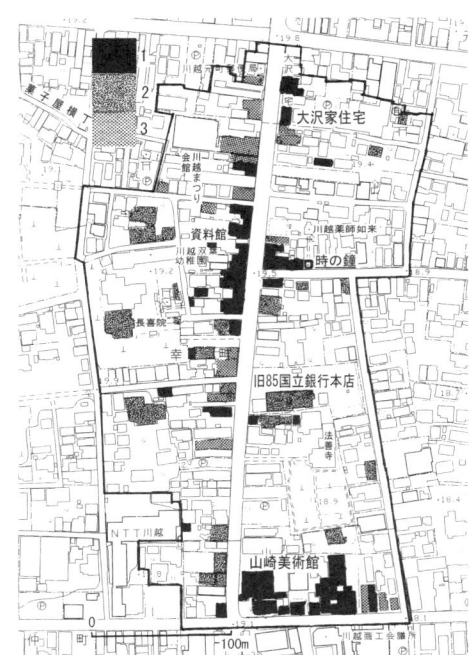

図Ⅲ-11-4　川越一番街
1：伝統的建造物（蔵造，土蔵，真壁造り町家），2：伝統的建造物（その他の建築），3：指定外の伝統的様式の町家（著者の現地調査による）．
注：川越市都市景観課(2009)：伝統的建造物の資料を基に，1：2,500 都市計画図に作成．

図Ⅲ-11-3　川　越
地形図1：25,000「川越北部」「川越南部」．

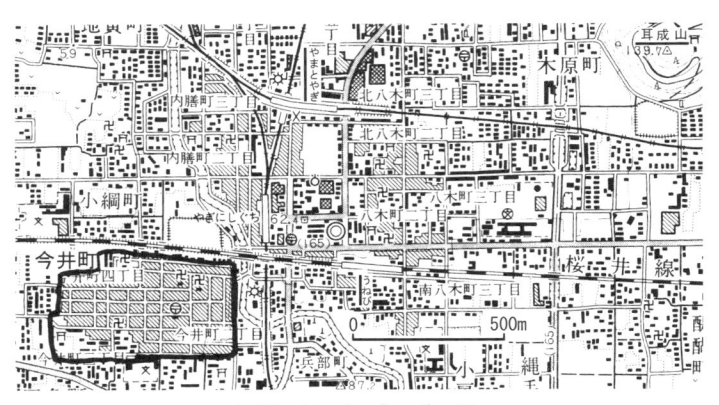

図Ⅲ-11-5　今　井　町
地形図1：25,000「桜井」(2001)．

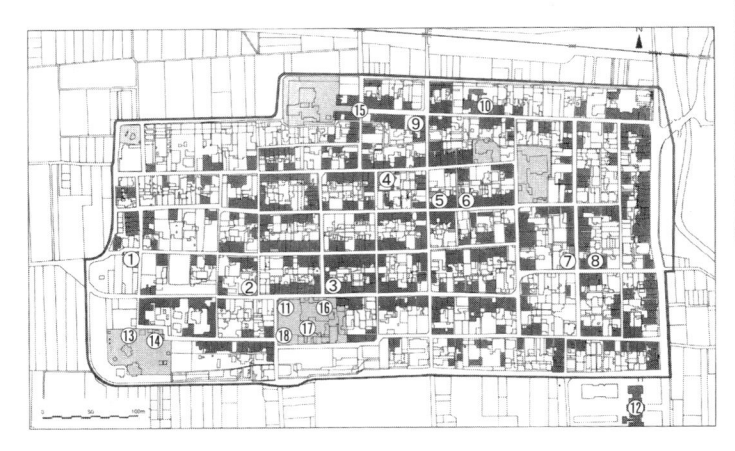

写真Ⅲ-11-7　川越・一番街　商家町
（09年3月）

写真Ⅲ-11-8　今井町　寺内町（06年3月）

図Ⅲ-11-6　今井町重要伝統的建造物群保存地区
出典：『今井の建物』，今井町町並み保存会，1998, p.130.
注：黒が指定建造物．①〜⑧が重要文化財．

参 考 文 献

文献は原則として学術誌等の論文を除き，日本語の単行本に限り入手しやすいものを選んだが絶版もありうる。

〔第Ⅰ章〕
ダグラス・ピアス，内藤嘉昭訳（2000，原 1995）：『現代観光地理学』明石書店，524p.
クリストファ・ロー，内藤嘉昭訳（1997，原 1993）：『アーバン・ツーリズム』近代文芸社，328p.
ジョン・アーリ，加太宏邦訳（1995，原 1990）：『観光のまなざし』法政大学出版局，289p.
岡本伸之編（2001）：『観光学入門－ポスト・マスツーリズムの観光学－』（有斐閣アルマ），有斐閣，370p.
日本交通公社編（2004）：『観光読本』東洋経済新報社，284p.
山村順二（1995）：『新観光地理学』原書房，270p.
佐々木 博（1998）：『観光と地域』二宮書店，271p.
浦 達雄（1998）：『観光地の成り立ち－温泉・高原・都市－』古今書院，179p.
淡野明彦（2004）：『アーバンツーリズム－都市観光論－』古今書院，140p.
リュック・ブノワ，水嶋英治訳（2002）：『博物館学への招待』（文庫クセジュ），白水社，165p.

〔第Ⅱ章〕
レオナルド・ベネーヴォロ，佐野敬彦・林 寛治訳（1983，原 1975）：『図説都市の世界史 1～4』相模書房．
世界の建築・街並みガイド（2003～04）：『1 フランス／スペイン，2 イギリス／北欧，3 イタリア／ギリシャ，4 ドイツ／スイス／オランダ，5 オーストリア／チェコ，6 アメリカ』エクスナレッジ．
都市史図集編集委員会編（1999）：『都市史図集』彰国社，294p.
阿部和俊編（2009）：『都市の景観地理－大陸ヨーロッパ編－』古今書院，113p.

　フランス
Y・コンボー著，小林 茂訳（2002）：『パリの歴史［新版］』（文庫クセジュ 853），白水社，159p.
福井憲彦・稲葉広爾（2003）：『パリ－建築と都市－』山川出版社，191p.
和田幸信（2007）：『フランスの景観を読む－保存と規制の現代都市計画』鹿島出版会，269p.
高橋伸夫ほか編（2003）：『EU 統合下におけるフランスの地方中心都市』古今書院，265p.

　イギリス
大阪市立大学経済研究所編（1985）：『世界の大都市 1 ロンドン』東京大学出版会，345p.
菊池 威（2004）：『田園都市を解く－レッチワースの行財政に学ぶ－』技法堂出版，239p.

　ドイツ
木戸衛一編（1998）：『ベルリン－過去・現在・未来－』三一書房，240p.
熊谷 徹（2009）：『観光コースでないベルリン－ヨーロッパ現代史の十字路－』高文研，286p.
中村静夫（1989）：『市民参加の大都市づくり国際都市ミュンヒエン』集文社，182p.

　イタリア
河辺泰宏（2001）：『図説ローマ「永遠の都」都市と建築の 2000 年』河出書房新社，143p.
長尾重武（1997）：『ローマ－イメージの中の「永遠の都」』（ちくま新書 138），筑摩書房，237p.
陣内秀信（1988）：『都市を読む＊イタリア』法政大学出版局，503p.
陣内秀信（2004）：『迷宮都市ヴェネツィアを歩く』（角川 Ope テーマ 21），角川書店，279p.
中嶋浩郎・しのぶ（2003）：『素顔のフィレンツェ案内』（白水ブックス），白水社，211p.

　スペイン
R・ラケスタ，A・ゴンザレス，入江正之訳（1992，原 1990）：『建築の旅カタロニア近代の建築』彰国社，207p.
関 哲行編（2002）：『世界歴史の旅　スペイン』山川出版社，187p.

　中央・北ヨーロッパ諸国
浮田典良（1999）：『スイスの風景－スイスに関する 80 章－』ナカニシヤ出版，166p.
ヘルマン・ヤンセン，堀川幹夫訳（2002，原 1993）：『アムステルダム物語－杭の上の街－』鹿島出版会，108p.
田中充子（2001）：『プラハを歩く』（岩波新書 757），岩波書店，231p.

上田浩二（1997）:『ウィーン－「よそもの」がつくった都市－』（ちくま新書 102），筑摩書房，253p.
松岡由季（2004）:『観光コースでないウィーン－美しい都市のもうひとつの顔－』高文研，226p.

地中海圏諸国

陣内秀信・新井勇治編（2002）:『イスラーム世界の都市空間』法政大学出版局，572p.
浅見泰司編（2003）:『トルコ・イスラーム都市の空間文化』山川出版社，175p.
寺阪昭信編（1994）:『イスラム都市の変容－アンカラの都市発達と地域構造－』古今書院，277p.
鈴木　薫（1993）:『図説イスタンブル歴史散歩』河出書房新社，127p.
松原康介（2008）:『モロッコの歴史都市－フェスの保全と近代化－』学芸出版社，271p.
別冊「環」14（2008）:「トルコとは何か」藤原書店，295p.
川島重成（1995）:『ギリシャ旅行案内』（同時代ライブラリー 220），岩波書店，301p.
萩野矢慶記（2004）:『ギリシャを巡る』（中公新書カラー版 1748），中央公論新社，230p.

アメリカ合衆国

大阪市立大学経済研究所編（1987）:『世界の大都市 4 ニューヨーク』東京大学出版会，353p.
亀井俊介（2002）:『ニューヨーク』（岩波新書 775），岩波書店，227p.

〔第Ⅲ章〕

平岡昭利編（1997～2006）:「地図で読む百年シリーズ　全 10 巻」古今書院.

東　京

正井泰夫（1987）:『城下町東京－江戸と東京都の対話－』原書房，217p.
陣内秀信（1985）:『東京の空間人類学』筑摩書房，306p.
岡本哲志（2009）:『銀座を歩く－江戸とモダンの歴史体験－』学芸出版社，175p.

京　都

山上　徹（2000）:『京都観光学』法律文化社，215p.
大西國太郎（1992）:『都市美の京都－保存・再生の論理－』鹿島出版会，330p.
山本良介（1999）:『京都－建築と町並みの＜遺伝子＞－』建築資料研究社，180p.

鎌　倉

松尾剛次（1997）:『中世都市鎌倉を歩く－源頼朝から上杉謙信まで－』（中公新書 1392），中央公論社，184p.

大　阪

芝村篤樹（1999）:『都市の近代－大阪の 20 世紀－』思文閣出版，214p.
橋爪紳也監修（2007）:『大大阪モダン建築－輝きの原点。大阪モダンストリートを歩く－』青幻舎，167p.

札　幌

蝦名賢造（2000）:『札幌市の都市形成と一極集中』西田書店，231p.

那　覇

吉川博也（1989）:『那覇の空間構造－沖縄らしさを求めて－』沖縄タイムス社，288p.

港湾都市

岡本哲志＋日本の港町研究会（2008）:『港町の近代－門司・小樽・横浜・函館を読む』学芸出版社，206p.
『横浜タイムトリップガイド』（2008），講談社，147p.
小樽再生フォーラム編（1995）:『小樽の建築探訪』北海道新聞社，158p.

城下町

矢守一彦（1988）:『城下町のかたち』筑摩書房，277p.
藤岡道夫（1988）:『城と城下町』中央公論美術出版，241p.
佐藤　滋＋城下町都市研究体編（2002）:『図説城下町都市』鹿島出版会，183p.

重要伝統的建造物群保存地区

文化庁編（2000）:『歴史的集落・町並みの保存－重要伝統的建造物群保存地区ガイドブック－』第一法規，270p.
八甫谷邦明編（2006）:『今井町甦る自治都市－街並み保存とまちづくり－』学芸出版社，207p.
都市観光を創る会編（2002）:『都市観光でまちづくり』学芸出版社，230p.
西村幸夫・埒　正浩（2007）:『証言・町並み保存』学芸出版社，221p.

索　引

事項索引

〔ア　行〕

ウォーターフロント　108
映画祭　20, 46
オリンピック　14, 21, 46, 48, 52, 59, 74, 84, 90, 104
音楽祭　20

〔カ　行〕

カーニバル　21
ガイドブック　12
観光産業　4
航空会社　9
高速鉄道（網）　8, 28
国際会議（場）　14, 23, 94, 108
古都保存法　96, 98, 100

〔サ　行〕

時刻表（鉄道）　7, 13
重要伝統的建造物群保存地区　106, 108, 110, 116～119
城下町　102, 106, 112, 113, 116
世界遺産　15, 16, 34, 40, 44, 50, 56, 70, 94

〔タ　行〕

中華街（チャイナタウン）　40, 80, 84, 108, 110
ツーリストの受入国　4
ツーリストの送出国　4
ツーリズム（定義）　2
テーマパーク　14, 102
デズニーランド　14, 34, 84
トーマス・クック　7, 11

〔ナ　行〕

日本人の海外旅行　6

〔ハ　行〕

博物館　14, 16, 18, 46, 80
ハブ空港　8, 9
万国博覧会　7, 19, 30, 59, 104
美術館　14, 16, 56, 60, 78
ホテル　10, 12, 24

〔マ　行〕

祭り　20, 94, 104
見本市　24
メッセ・展示会　14, 24
モーターショー　24

〔ヤ・ラ・ワ行〕

ヨーロッパ文化都市　34, 42
旅行会社　11, 14, 22

都市名索引：世界
（Mは地図，Fは写真掲載頁を示す）

〔ア　行〕

アウグスブルク　44
アッシジ　50
アテネ　21, 70, 74, M75, F75
アムステルダム　23, 62, M69, F69
アンカラ　74, M75
アンタリヤ　74, M75, F75
アントワープ　21
イスタンブル　24, 26, 72, M73, F73
インスブルク　22, 62
ヴァチカン　50, 52
ウィーン　17, 23, 66, M67, F69
ヴィルニュス　62
ヴェネツィア　20, 46, 54, M55, F51
ヴェルサイユ　34, M35, F35
ヴュルツブルク　44
エヴァレット　78
エディンバラ　20, 38
オーランド　78
オックスフォード　38, 42, M43, F39

〔カ　行〕

カイロ　70, 76, M77, F77
カサブランカ　76, M77, F77
カーディフ　38
カンタベリー　38
カンヌ　20, 28, 46
ギザ　76
グラスゴー　38
グラナダ　60, M61
グリニッジ　38, 42, M43, F1
ケルン　44
ケンブリッジ　38
コペンハーゲン　23, 68, M69
コルドバ　60, M61, F61

〔サ　行〕

ザルツブルク　20, 62
サン・マロ　28
サン・ディエゴ　78
サン・モリッツ　22
サンアントニオ　78
サンタ・フェ　78
サンチャゴ・デ・コンポステラ　56
サンフランシスコ　78
シアトル　78
シエナ　50
ジェノヴァ　50
シカゴ　64, 78, 84, M85, F79
シャルトル　28, 34, F35
ジュネーブ　23, 24, 26, 64, M65, F1
ストラスブール　26, 36, M37, F36
ストラトフォード・アポン・エーヴォン　38
セビリャ　19, 60, M61
ソルズベリー　38

〔タ　行〕

ダーラム　38
ダブリン　38
タリン　62
チューリッヒ　64, M65
ツェルマット　64, M65
テッサロニキ　70
デトロイト　24
デュッセルドルフ　44
トゥール　24
トリーア　44
トリノ　22, 50
ドレスデン　44

〔ナ　行〕

ナポリ　50
ニース　36, M37, F37
ニューオーリンズ　78
ニューヨーク　15, 78, 80, M81, F81
ネルトリンゲン　44

〔ハ　行〕

バース　38, 42, F43
ハイデルベルク　48, M49
パリ　15, 17, 19, 21, 23, 24, 26, 30, 32, M31, M33, F31, F33
バルセロナ　15, 21, 56, 59, M59, F57

パレルモ　50
ハンブルク　44
ビルバオ　17, 56, 60, F57
フィラデルフィア　78
フィレンツェ　50, 52, M55, F51
フェス　70, 76, M77
フォンテンブロー　28
フュッセン　44
ブダペスト　24
プラハ　26, 66, M67, F27
フランクフルト　18, 24, 26, 44
ブリュッセル　23, 26, 62
ベルリン　17, 20, 23, 26, 44, 46, M47, F25, F47, F49
ベルン　64, M65, F27
ボストン　78, 82, M83, F79
ポツダム　46
ポルト　56
ボルドー　28
ポワッシー　34, F35
ボン　44

〔マ 行〕
マイアミ　78
マドリード　17, 26, 56, 58, M58, F58
マラケシュ　70
マルメ　66
ミュンヘン　15, 21, 44, 48, M49, F49
ミラノ　50, 52, M55, F55
メクネス　70
モナコ　22, 28, 36

〔ラ 行〕
ライデン　62
ラスヴェガス　78
ラバト　76
ランス　34
リール　24, 28, 34, M35, F35
リガ　62
リスボン　56
リヴァプール　38, 42, M43, F43
リューベック　48, M49, F49
リヨン　28, 36, M37, F36
ル・アーブル　28
ルクソール　70
ルツェルン　24
ル・マン　22
ルルド　28
レッチワース　42, M43
ローマ　17, 26, 50, 52, M53, F25, F51

ロサンゼルス　20, 21, 78, 84, M85, F85
ロッテルダム　62
ロンドン　17, 18, 19, 21, 23, 26, 38, 40, M41, F39, F41

〔ワ 行〕
ワシントンD.C.　18, 78, 82, M83, F83

都市名索引：日本

北海道　札幌　20, 22, 88, 104, 114, M105, F87, F105
　　　　函館　104, 108, 116, M105, F105
　　　　小樽　106, M107, F107
青森　青森　20
　　　弘前　112
宮城　仙台　20, 22, 88, 112, 114
秋田　秋田　20
　　　角館（仙北市）116, M117, F117
山形　山形　112
　　　米沢　112
福島　福島　114
茨城　水戸　112
栃木　宇都宮　112
　　　日光　88
群馬　草津　114
埼玉　さいたま　22
　　　川越　116, M119, F119
千葉　千葉　23, 112
　　　佐倉　112
　　　成田　21
東京　東京　18, 19, 20, 23, 88, 90, 92, 114, M91, F91
神奈川　横浜　18, 22, 88, 108, M109, F87, F109
　　　　鎌倉　88, 100, M101, F101
新潟　新潟　22, 23
　　　新発田　112
　　　上越市（高田）112
石川　金沢　88, 112, 116
福井　丸岡　112
長野　長野　21
　　　松本　112, F113
　　　上田　112
岐阜　大垣　112
　　　高山　88, 116

静岡　静岡　112
　　　熱海　88, 114, M115, F115
　　　伊東　88
愛知　名古屋　88, 102, 112, 114, M103, F103
　　　豊橋　112
　　　犬山　88, F113
三重　伊勢　88
滋賀　大津　94
　　　彦根　112, F113
京都　京都　18, 20, 23, 88, 94, 96, 112, 116, M95, F95, F97, F118
　　　宇治　88, 94
大阪　大阪　19, 20, 23, 88, 102, 114, M103, F103
兵庫　神戸　22, 23, 88, 108, 110, 114, 116, M111, F109
　　　姫路　88, 112, F113
　　　篠山　112
　　　出石　112
　　　城崎　114
奈良　奈良　88, 98, M99, F99
　　　橿原市（今井町）116, M119, F119
和歌山　和歌山　112
島根　出雲　21
岡山　岡山　112
　　　倉敷　116
広島　広島　88, 112, F87
　　　福山　112
山口　山口　112, 114
　　　萩　88, 116
徳島　徳島　20
香川　琴平　20, 21
　　　丸亀　108
愛媛　松山　114
高知　高知　20
福岡　福岡　23, 88, 114
　　　北九州（門司）108
　　　小倉（北九州）112
　　　久留米　112
長崎　長崎　88, 108, 110, 116, M111, F109
熊本　熊本　112
大分　大分　22
　　　別府　114
　　　湯布院　114, F115
鹿児島　鹿児島　112
沖縄　那覇　88, 104, M107

〔著者紹介〕
寺阪昭信（てらさか　あきのぶ）
1939年，徳島県生まれ。京都大学大学院文学研究科博士課程中退．
埼玉大学教養学部，東京都立大学理学部を経て，現在，流通科学大学経済学部教授．
専門は都市地理学・商業地理学．
〔おもな著書〕
北村嘉行・寺阪昭信編：『流通・情報の地域構造』，大明堂，1979．
北村嘉行・寺阪昭信・富田和暁編：『情報社会の地域構造』，大明堂，1989．
寺阪昭信編：『イスラム都市の変容』，古今書院，1994．
平岡昭利・寺阪昭信・元木　靖編：『関東Ⅰ・Ⅱ　地図で読む百年』，古今書院，2003．

書　名	**大学テキスト　観光地理学 －世界と日本の都市と観光－**
コード	ISBN978-4-7722-5243-0 C1025
発行日	2009年11月10日　初版第1刷発行
著　者	寺阪昭信
	© 2009 Akinobu TERASAKA
発行者	株式会社古今書院　橋本寿資
印刷者	（株）理想社
発行所	古今書院
	〒101-0062　東京都千代田区神田駿河台2-10
電　話	03-3291-2757
ＦＡＸ	03-3233-0303
URL	http://www.kokon.co.jp/
	検印省略・Printed in Japan

いろんな本をご覧ください
古今書院のホームページ

http://www.kokon.co.jp/

★ 500点以上の**新刊・既刊書**の内容・目次を写真入りでくわしく紹介
★ 環境や都市, GIS, 教育など**ジャンル別**のおすすめ本をラインナップ
★ **月刊『地理』**最新号・バックナンバーの目次＆ページ見本を掲載
★ 書名・著者・目次・内容紹介などあらゆる語句に対応した**検索機能**
★ いろんな分野の関連学会・団体のページへ**リンク**しています

古 今 書 院

〒101-0062　東京都千代田区神田駿河台 2-10
TEL 03-3291-2757　　FAX 03-3233-0303
☆メールでのご注文は order@kokon.co.jp へ